Die Dresdner
Frauenkirche

Reinhard Appel (Hrsg.)

Die Dresdner Frauenkirche

„Aus Ruinen auferstanden..."

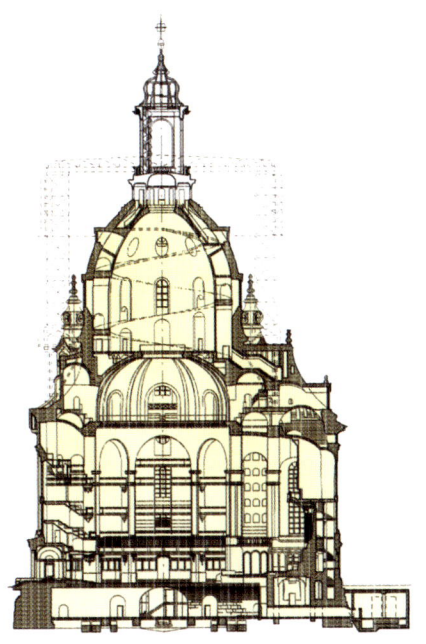

■ LINGEN

Inhaltsverzeichnis

Aus Ruinen auferstanden

Vorwort von Reinhard Appel

Obwohl zahlreiche im Krieg zerstörte Gebäude – auch Kirchen – in der Vergangenheit wiederaufgebaut worden sind, besitzt die archäologische Enttrümmerung und die Rekonstruktion der Frauenkirche in Dresden 60 Jahre nach Kriegsende eine besondere, eine einzigartige Symbolkraft.

Die Sinnlosigkeit der Zerstörung im Februar 1945, als der Krieg längst entschieden war, die Diskussionen, ob die Ruine als Anklage und Mahnung bestehen bleiben solle, und die Frage der künftigen Nutzung, nachdem es eine Kirchengemeinde um die Frauenkirche nicht mehr gibt, lähmten jahrzehntelang eine Entscheidung. Das Umdenken – vom Erhalt der Ruine, um die Wunden und Narben des Krieges nicht zu „beschönigen" bis zu einer Entscheidung für den Wiederaufbau – fiel den Dresdnern nicht leicht. Erst die „Wende" zur Wiedervereinigung, die neue Überlegungen zuließ, öffnete eine realistische Chance, zumal sich viele Menschen auch in Westdeutschland und weltweit für den Wiederaufbau der Frauenkirche einsetzten.

Der Dresdner Musiker Prof. Ludwig Güttler, der ursprünglich auch gegen einen Wiederaufbau war, gibt uns eine Erklärung für das Umdenken: „Das Bemühen um historische Substanz war bei der Gemäldegalerie, dem Zwinger und der Hofkirche erfolgreich, aber bei der Frauenkirche stand es erkennbar im Widerspruch zum Selbstverständnis der proletarischen Kultur", aber „die ehrfürchtige Liebe gegenüber der Ruine ist der demütigen Bewunderung vor dem einmaligen Werk des Wiederaufbaus gewichen."

Um die vielfältigen künstlerischen, architektonischen, kirchlichen und städtebaulichen Aspekte zu erfassen, habe ich 15 Zeitzeugen der Zerstörung und sachkundige Autoren des Wiederaufbaus um Beiträge gebeten: Der Historiker Michael Schippan beschreibt in spannender Weise das geschichtliche Umfeld, in das die Frauenkirche in den vergangenen 262 Jahren eingebettet war. Der Kurfürst von Sachsen, August der Starke, wurde Katholik, um polnischer König werden zu können. Aber Dresden war vorwiegend protestantisch, weshalb der Abriss der uralten und der Neubau der evangelischen Frauenkirche durch George Bähr wohl auch einer kirchenpolitischen Balance-Taktik entsprach. Die Frauenkirche wurde eine steinerne Zeugin dramatischer Entwicklungen: Napoleon nutzte sie als großen Speicher, bis er in der Völkerschlacht bei Leipzig in die Flucht geschlagen wurde; der Preußenkönig Friedrich II., der „Alte Fritz", versuchte vergeblich, die steinerne Kuppel zu zerstören; 1848 bietet sie sechs Tage nach der Erschießung Robert Blums in Wien den Ort für die Gedenkfeier des Deutschen Vaterländischen Vereins; beim Dresdner Maiaufstand, der von den Preußen blutig niedergeschlagen wurde, sperrten die Preußen über 400 Aufständische unter entwürdigenden Bedingungen in die Frauenkirche ein.

Reinhard Appel trifft Ingolf Roßberg, Oberbürgermeister der Stadt Dresden. Roßberg würdigt in seinem Beitrag den Wiederaufbau der Frauenkirche vor allem als Ereignis nationaler Bedeutung, unterstreicht aber auch den Völker verbindenden Aspekt dieser einzigartigen Aufbauleistung.

„Erinnerung in die Zukunft tragen"

Oberbürgermeister Ingolf Roßberg, den ich in Dresden besuchte, würdigte die Leistung des Wiederaufbaus als Ereignis von nationaler Bedeutung und als Krönung der gesamten Stadtsilhouette. „Eine lang blutende Wunde wird geschlossen, aber die schmerzliche Erinnerung an die Zerstörung im Februar 1945, wie auch beispielsweise die Wiederherstellung des goldenen Turmkreuzes durch die Engländer, gilt es als versöhnende Geste in die Zukunft zu tragen".

Für den Mitinitiator des „Ruf aus Dresden" von 1990, dem engagiertesten Verfechter des Wiederaufbaus und erfolgreichsten Spendensammler Ludwig Güttler ist „ein Traum verwirklicht worden", wie der begnadete Trompeter uns in seinem Dresdner Haus versicherte.

Ludwig Güttler, einer der Mitinitiatoren des „Ruf aus Dresden", mit Herausgeber Reinhard Appel. Güttler ist eine der „Galionsfiguren" der Bürgerinitiative für den Wiederaufbau der Frauenkirche und hat wesentlich zu dessen Erfolg beigetragen.

„Der Wiederaufbau ist die nicht immer verbal bekundete Sehnsucht, Hoffnung und Vision, an einer Stelle der Stadt etwas zu verwirklichen, wo das Gemeinsame über das Trennende gestellt wird."

Für das ZDF, das den Wiederaufbau von Anfang an aktiv begleitete, alle Baufortschritte in zahlreichen Sendungen festhielt und weit über fünf Millionen Euro an Spenden sammelte, haben die Intendanten Stolte und Schächter als Initiatoren beträchtlich zum Erfolg beigetragen. Markus Schächter bezeichnet in einem tiefgründigen, nachdenklichen Beitrag über die Kirche als Mittler zwischen Himmel und Erde „die größte Kuppelkirche nördlich der Alpen" als „Symbol deutscher Identität".

Der Oberbürgermeister in der DDR-Zeit, Wolfgang Berghofer, geht u. a. auf die Zerstörung Dresdens und der Frauenkirche im Februar 1945 ein und qualifiziert sie als „Kriegsverbrechen und militärisch völlig sinnlos". Sie diente „weder der Beschleunigung des Vormarsches sowjetischer Truppen, noch schwächte der Angriff in irgendeiner Weise deutsche Streitkräfte... Der Angriff war ausschließlich eine Demonstration der militärischen Stärke des Westens gegenüber Stalin".

Die Chronologie des Spendenaufkommens gleicht einer Hymne auf die Solidarität und das Engagement von Millionen Menschen für den Wiederaufbau. Der Finanzfachmann Heinz Wissenbach erläutert die vielfältigen, verschiedenartigsten Aktivitäten zugunsten der Frauenkirche, die in das bewundernswerte Ergebnis einmünden, dass 60 Prozent der Wiederaufbaukosten, nämlich rund 100 von 179 Millionen Euro, aus privaten Spenden aufgebracht worden sind.

Mein Kollege Friedrich Karl Fromme, langjähriger Korrespondent und Mitherausgeber der „Frankfurter Allgemeinen Zeitung", erlebte den Bombenangriff auf Dresden als Kind und schildert eindrucksvoll seine Erlebnisse und

Gedanken über die zerstörerische Nacht. Dr. Klaus Zimmermann, ein ehemaliges Mitglied des berühmten Kreuzchors, erinnert sich an die letzten Konzerte und Chorproben in der Frauenkirche.

Die Frauenkirche George Bährs im Jahre 1900.

Der ehemalige deutsche Botschafter in London und langjährige Vorsitzende der Deutsch-Englischen Gesellschaft, Karl-Günther von Hase, der den Besuch der britischen Königin nach Dresden initiierte und sie auch begleitete – wobei sie an der Frauenkirche jedoch ohne Halt vorbeifuhr –, kommt zu dem Urteil, dass in der britischen Bevölkerung die Erkenntnis gewachsen ist, dass die Zerstörung Dresdens „nicht nur militärisch zweifelhaft, sondern auch menschenverachtend" war.

Aber „die Wunde", resümiert von Hase, „beginnt zu heilen".

Der ehemalige Staatsminister im Bundeskanzleramt und jetzige Rot-Kreuz-Präsident, Rudolf Seiters, stand neben dem damaligen Bundeskanzler Helmut Kohl, als dieser am 19. Dezember 1989 vor der Ruine der Frauenkirche mit frenetischem Beifall als Hoffnungsträger für die Wiedervereinigung Deutschlands gefeiert wurde. Kohl sprach in diesem Zusammenhang zu Seiters den für die Entwicklung zur Wiedervereinigung berühmt gewordenen Satz: „Die Sache ist gelaufen". Aufschlussreiche Beiträge des Denkmalpflegers Heinrich Magirius, des Sachverständigen für Geläute und Turmuhren, Rainer Thümmel, und des Glockengießers Albert Bachert, des Bauleiters Frank Spiegel, des Orgelbauers Daniel Kern, den ich in Straßburg besuchte, und des Malers der Innenkuppel der Frauenkirche, Christoph Wetzel, den ich in Dresden traf, runden meine Textsammlung ab, mit der ich als Chronist dazu beitragen möchte, dass für eine grandiose Wiederaufbauleistung durch Zeitzeugen und sachkundige Autoren eine bleibende Erinnerung bewahrt wird.

Der Verlagsleitung sowie dem Lektor, Herrn Heinrich Hengst, danke ich für die engagierte Begleitung und Betreuung des Buches.

Reinhard Appel

Bonn/Berlin im Juli 2005

Die Dresdner Frauenkirche 2004 – die originalen, wieder verwendeten Steine, die sich harmonisch in den Neubau fügen, tragen „die Erinnerung in die Zukunft".

Die historische Silhouette der Altstadt von Dresden im September 2003. Die „Steinerne Glocke" fügt sich bereits wieder in das Stadtpanorama.

Die Frauenkirche in Krieg und Frieden

Von den Anfängen bis zum 15. Februar 1945

Michael Schippan

Am 27. Mai 1743 wurden auf die Laterne, die den steinernen Kuppelbau der Dresdener Frauenkirche krönte, ein vergoldeter kupferner Knopf und ein Kreuz aufgesetzt. Damit war nach annähernd 17 Jahren der Bau vollendet. Die Stadt hatte ein Wahrzeichen erhalten, das für mehr als zwei Jahrhunderte ihre Silhouette prägen sollte. Besonders reizvoll war der Anblick der Frauenkirche, wenn man über die Elbe auf das Bauensemble der Dresdener Altstadt schaute.

Auf den weltbekannt gewordenen Veduten des italienischen Künstlers Bernardo Bellotto, genannt Canaletto, bildete die mächtige Kuppel der Frauenkirche einen wirkungsvollen Kontrast zu dem nach 1738 emporgewachsenen schlanken Turm der katholischen Hofkirche mit seiner kleinen Zwiebelhaube sowie dem Schlossturm.

Dresden vom rechten Elbufer unterhalb der Augustusbrücke, Replik von Bernardo Bellotto, genannt Canaletto (1721–1780). Auf der Vedute Canalettos sind die Frauenkirche sowie die noch im Bau befindliche Hofkirche zu sehen, die über Jahrhunderte diese weltberühmte Silhouette bestimmten.

Von den evangelischen Dresdenern wurde der am Neumarkt errichtete Bau eines neuen Gotteshauses als Symbol der in Sachsen triumphierenden lutherischen Kirche aufgefasst. Nördlich der Alpen hatte in einem Gebiet, in dem vorwiegend Protestanten lebten, nur noch London mit der unter Leitung von Sir Christopher Wren erbauten St.-Pauls-Kathedrale einen vergleichbaren steinernen Kuppelbau aufzuweisen.

Es bedurfte langer Auseinandersetzungen, bis die Dresdener Frauenkirche in dieser Gestalt entstehen konnte.

Die Vollendung des Baus war der Triumph seines Architekten, des aus dem Osterzgebirge stammenden Ratszimmermeisters George Bähr (1666-1738).

An der Außenseite des Langen Ganges, der das Johanneum mit dem Georgentor des Schlosses verbindet, ist auf Meißener Fliesen der Fürstenzug dargestellt, im Vordergrund August der Starke, Kurfürst von Sachsen und König von Polen (1670-1733).

Im Jahre 1694 wurde der besonders ehrgeizige und auf Ruhm bedachte Prinz Friedrich August (1670-1733) nach dem Tode seines Bruders Johann Georg IV. neuer Kurfürst von Sachsen. Wie andere Regenten seiner Zeit war er vom „Bauwurm" befallen. Der Kurfürst zog namhafte Architekten, Bildhauer und Spezialhandwerker nach Dresden, um seine Residenz durch Aufsehen erregende Bauwerke zu verschönern. Nach dem Tode des polnischen Königs Jan III. Sobieski 1696 war Friedrich August, den man später wegen seiner besonderen Körperkräfte „August den Starken" nannte, von dem Ehrgeiz erfüllt, die polnische Krone zu erwerben.

Um König in diesem Wahlkönigtum werden zu können, war es jedoch nicht nur nötig, mehr Bestechungsgelder für die zur Wahl versammelten polnischen Adligen bereitzustellen als der andere konkurrierende Anwärter, der französische Prinz Conti. Zwei Millionen Gulden wurden dafür aufgebracht. Im katholischen Polen musste August, der bisher protestantische Thronkandidat, auch die Religion wechseln.

So trat er zum Katholizismus über und wurde 1697 als August II. zum König von Polen gekrönt. Er tat diesen Schritt nicht als einziger Fürst seiner Zeit. Zwischen 1680 und 1720 wechselten im Heiligen Römischen Reich mehr als 20 Angehörige fürstlicher Häuser ihre Religion und wurden ausnahmslos Katholiken, weil sie glaubten, so ihre machtpolitischen Ziele in Übereinstimmung mit der Religion des Reichsoberhauptes besser verwirklichen zu können. Darin wurden sie von eifrigen, um Konvertiten werbenden katholischen Geistlichen bestärkt.

Um verstehen zu können, in welcher Atmosphäre der neue, für eine vorwiegend von Protestanten bewohnte Stadt ungewöhnlich großzügig angelegte Neubau der Frauenkirche entstand, ist es nötig, den Wechsel der Stimmungen in der Dresdener Bürgerschaft in den ersten Jahrzehnten des 18. Jahrhunderts zu betrachten.

Für die Menschen jener Zeit hatte die ungehinderte Religionsausübung einen außerordentlich hohen Stellenwert.

Jan III. Sobieski auf einem Kupferstich von 1717 von Jan Lauwryn Krafft (1694–1779). Jan III. König von Polen (1674–1696) siegte in der Schlacht am Kahlenberg 1683 an der Spitze eines fast gesamteuropäischen Heeres über die Türken und gilt daher als Befreier Wiens.

Die protestantische Bevölkerung Kursachsens fühlte sich zunächst von der Konversion des Königs wenig berührt. Sie hatte eher unter den Folgen des Nordischen Krieges um die in schwedischem Besitz befindlichen Gebiete und Flussmündungen an der Ostsee zu leiden, in den König August sich und sein Land leichtfertig gestürzt hatte. 1706 griff der Krieg auch direkt auf Kursachsen über.

heimlich zum Katholizismus übergetreten sei. Zwar garantierte der nach dem Dreißigjährigen Krieg 1648 ausgehandelte Westfälische Friede den Protestanten, dass in Kursachsen der evangelisch-lutherische Glaube die herrschende Konfession bleiben würde. König August selbst, der in einem für den Kronprinzen bestimmten Testament vor einer zu großen Macht der Geistlichen im Staate

Stadtansicht Dresdens auf einem kolorierten Kupferstich um 1730.

Die Kernländer des Kurfürstentums wurden von den schwedischen Truppen König Karls XII. besetzt.
Im Oktober 1717 wurde in Sachsen der 200. Jahrestag der Reformation besonders festlich begangen. Wittenberg als Ausgangspunkt der reformatorischen Bewegung, wo der Augustinermönch Martin Luther einst seine gegen den Ablasshandel gerichteten 95 Thesen angeschlagen hatte, lag auf dem Gebiet des Kurfürstentums, das bisher als Schutzmacht der Protestanten galt und das „Corpus Evangelicorum" im Heiligen Römischen Reich deutscher Nation anführte. Da verbreitete sich die Nachricht, dass auch der Kurprinz Friedrich August, der 1697 geborene Sohn Augusts des Starken, auf seiner Kavalierstour durch mehrere europäische Länder

warnte, verhielt sich den religiösen Gebräuchen gegenüber eher gleichgültig und verfolgte in Religionsangelegenheiten im Wesentlichen eine pragmatische Politik.
Doch weitere Anzeichen ließen viele evangelische Untertanen Augusts des Starken befürchten, dass das Kräfteverhältnis in Sachsen zugunsten der Katholiken verändert würde. Sicher ließen sich die Dresdener Einwohner von der überaus prachtvollen Hochzeit des Kurprinzen Friedrich August mit der katholischen Kaisertochter Maria Josepha beeindrucken, die außer Bällen und Feuerwerken auch solche Bilder bot, wie einen festlichen Aufzug von mehr als eintausend Freiberger Bergleuten am 26. September 1719. War aber die Habsburgerin in der für sie neuen, fremden Umgebung in Dresden nicht auch

von ränkevollen Jesuiten umringt, die dem als gutmütig bekannten Thronfolger so manches gegen die Lutheraner einflüstern konnten?

Die in Pretzsch an der Elbe lebende Gattin Augusts des Starken, die auf ihrem lutherischen Glauben beharrende Kurfürstin Christiane Eberhardine, wurde hingegen als „Fels des Glaubens" in Sachsen besonders geachtet. Der berühmte Leipziger Thomaskantor Johann Sebastian Bach schuf mehrere Kantaten, mit denen er die allseits beliebte Fürstin ehrte und sie nach ihrem Tod 1727 auch betrauerte. Wenig bekannt ist der Umstand, dass die durch den Roman Ignacy Kraszewskis und in neuerer Zeit durch mehrere Filme populär gewordene Gräfin Cosel ebenfalls zu den zeitweise einflussreichen Bewahrern des Protestantismus in Sachsen gezählt worden war.

Als Kritiker des Hofes trat zu jener Zeit der Dresdener Superintendent Valentin Ernst Löscher (1673-1749) hervor, der maßgeblichen Einfluss auf den Bau der Frauenkirche nehmen sollte. Sodann erregte 1724 das „Blutbad von Thorn" die Gemüter. Nach einer vergleichsweise harmlosen Rangelei mit Jesuitenschülern wurden neun angesehene evangelische Bürger dieser zum Königreich Polen gehörenden Stadt zum Tode verurteilt und hingerichtet. König August, der glaubte, auf die katholische Mehrheit in Polen Rücksicht nehmen zu müssen, konnte das gewaltsame Vorgehen der Justiz nicht aufhalten, Preußen und Russland protestierten vergeblich. Schließlich wühlte auch in Dresden selbst eine Bluttat die protestantischen Einwohner auf. Am 21. Mai 1726, mittags gegen ein Uhr, überfiel ein gewisser Franz Laubler den Diakon der Dresdener Kreuzkirche Hahn mit den Worten „Ans Kreuz mit Dir, Betrüger!", stieß ihm ein Messer in die Brust und begann seine grausige Ankündigung wahr zu machen, indem er die Arme seines Opfers auf dem Erdboden mit Zimmermannsnägeln zu befestigen suchte. Der Täter wurde überwältigt. Doch in der Dresdener Bevölkerung machten Hitzköpfe die Katholiken für den Mord verantwortlich. War nicht auch Laubler ein Konvertit und bei den Jesuiten ein- und ausgegangen? Vor den Gesandtschaften katholischer Höfe kam es zu Zusammenstößen, die glücklicherweise leere Karosse des kaiserlichen Botschafters wurde umgeworfen. Schließlich wurde der Belagerungszustand über Dresden verhängt, und vier Regimenter der Armee rückten in die Residenz ein, deren Bewohner sich nur mit Mühe beruhigten.

Während sich in Dresden die zahlenmäßig kleine, vor allem am Hof versammelte Gruppe der Katholiken immer mehr zu stärken schien, verfielen protestantische Kirchen, wie die im Mittelalter errichtete Frauenkirche. Ursprünglich hatten sich auf beiden Seiten der Elbe slavische Fischerdörfer befunden, die von den „Nisanern" bewohnt wurden. Aus dieser Zeit rührt auch der Name der späteren Stadt, die erstmals 1206 als „Dresdene" (vom sorbischen drezdzany = Ort der Sumpfwaldleute) und 1216 bereits als „civitas" urkundlich erwähnt wurde. Nachdem im 11. Jahrhundert von Meißen aus der Landesausbau und die deutsche Besiedlung der Gegend eingesetzt hatten und eine Burg auf dem Taschenberg, einem Hügel über der Elbniederung, entstanden war, wurde der erste Bau der Frauenkirche im romanischen Stil errichtet. Seit 1485 war Dresden die Residenz der Wettiner albertinischer Linie. Gegenüber anderen Städten gewann die zuvor eher unbedeutende Siedlung durch eine rege Bautätigkeit an Bedeutung. Nach 1520 erweiterte sich die Altstadt durch die Einbeziehung der Vorstadt um die Frauenkirche. Später als in anderen Teilen Sachsens, erst im Jahre 1539, wurde hier die Reformation eingeführt, nachdem der 66-jährige evangelische Herzog Heinrich an die Macht gelangt war, und die Frauenkirche somit zu einem lutherischen Gotteshaus.

Christina Eberhardina. Königin in Polen und Churfürstin in Sachsen.

Christiane Eberhardine Kurfürstin von Sachsen und Königin von Polen (1671-1727) auf einem zeitgenössischen Kupferstich. Auch nachdem ihr Gemahl August der Starke und der königliche Hof katholisch wurden, blieb sie evangelisch. Von den Protestanten erhielt sie den Namen „die Betsäule" und wurde als „Fels des Glaubens" von ihren Untertanen verehrt.

August der Starke mit dem Architekten Matthäus Daniel Pöppelmann auf dem Baugerüst des Zwingers in Dresden 1711, auf einem Holzstich nach einer Zeichnung von Emil Sachse (1828–1887).
Das von Pöppelmann und dem Bildhauer Balthasar Permoser geschaffene Barockensemble diente den sächsischen Kurfürsten als Festplatz.

In ihrer Bedeutung für die Dresdener Protestanten stand sie jedoch der zentral am Altmarkt gelegenen Kreuzkirche nach. Im Dreißigjährigen Krieg (1618-1648) kam es nicht zu nennenswerten Verwüstungen in der Stadt, so dass die alte Frauenkirche diese düstere Periode der deutschen Geschichte ebenso unbeschädigt überstand, wie den Brand in der Dresdener Altstadt vom Jahre 1685.

Das Schicksal des mittelalterlichen Kirchengebäudes war erst in der Regierungszeit Augusts des Starken besiegelt, als der Herrscher die Dresdener Residenz mit neuen Bauten ausstattete und zugleich die zunehmende Baufälligkeit der Frauenkirche offenkundig wurde. Auf dem Gelände der überflüssig gewordenen Befestigungswerke im Westteil der Stadt wuchsen ab 1711 die weiträumigen Anlagen des Zwingers empor. Die Symbolik des dazu gehörigen Kronentors wies auf die noch weiter reichenden Ambitionen des Königs hin: für eine gewisse Zeit hegte August II. sogar die Hoffnung, nach dem Tode Josefs I. zum Kaiser des Heiligen Römischen Reiches gekrönt zu werden.

Dem aus Westfalen stammenden Architekten Matthias Daniel Pöppelmann war es allerdings nicht vergönnt, das Ensemble des Zwingers nach der Elbe hin abzuschließen. Dies geschah erst Mitte des 19. Jahrhunderts durch den von Gottfried Semper geleiteten Bau der Gemäldegalerie sowie durch das nach Entwürfen des gleichen Architekten errichtete Opernhaus auf dem bis dahin freien Platz zwischen Zwinger und Elbufer. Demgegenüber hatte der östliche Teil der Dresdener Altstadt um die ehemalige Frauenkirchen-Vorstadt herum noch seinen mittelalterlichen Charakter bewahrt.

1715 wich gemäß dem Willen des Königs der westliche Teil des um die Frauenkirche herum gelegenen Kirchhofes einem neuen Wachthaus, das – vom Neumarkt aus gesehen – nunmehr das Kirchengebäude

Zeichen weltlicher Macht und Symbol weit reichender politischer Ambitionen: Blick auf das Kronentor des Dresdner Zwingers.

verdeckte. Während dieses Baugeschehens wurden zahlreiche Familiengräber aufgelassen, was wiederum bei Superintendent Valentin Ernst Löscher und den Gemeindemitgliedern für Unruhe und Proteste sorgte. Ohne auf die Pietät der Einwohner Rücksicht zu nehmen, hatte der König eigenmächtig die Entfernung der Gräber verfügt, ließ sie aber letztlich doch in Ruhe, um nicht den Frieden in der Stadt zu gefährden.

Seit 1722 befasste sich der Dresdener Rat mit dem Neubau der Frauenkirche. Es wurde eine Baukommission geschaffen. Am 2. April 1722 wurden schwere Bauschäden an der alten Frauenkirche festgestellt.

Die Glocken mussten aus dem achteckigen Dachreiter, der bisher die Kirche krönte, in ein hölzernes Gestell neben dem Gotteshaus überführt werden, da ihre Schwingungen das Mauerwerk auseinander reißen konnten. Es war nicht mehr zu verantworten, die 1.600 Menschen, die in dem Gotteshaus Platz finden konnten, einer solchen Gefahr auszusetzen. Der Ratszimmermeister George Bähr und der Ratsmaurermeister Gottfried Fehre wiesen darauf hin, dass nur noch der Abriss des altersschwachen Gebäudes und ein vollständiger Neubau in Frage kämen. 1723 bereitete George Bähr einen ersten Entwurf für die neue Frauenkirche vor. 1705 war der Leineweberssohn George Bähr als Ratszimmermeister in Dresden berufen worden, wohin er um das Jahr 1689 gekommen war. Er entwarf in der Folgezeit in mehreren sächsischen und schlesischen Ortschaften protestantische Zentralkirchen und ließ in Dresden Stadtpaläste errichten. Daneben beschäftigte er sich auch mit mechanischen Handwerkskünsten und konstruierte mit einem Blasebalg angetriebene Musikautomaten, die sogar nach Florenz verschickt wurden. Der Umstand, dass der Ratszimmermeister am Beginn seines Wirkens zuerst das Zimmermannsgewerbe erlernt und vorwiegend in Holz gearbeitet hatte, ließ immer wieder Zweifel an seiner Eignung aufkommen, ein in seinen Dimensionen bisher unvergleichlich großes steinernes Kirchengebäude errichten zu können. Zunächst sah Bähr denn auch eine Kirche mit dem Grundriss eines griechischen Kreuzes vor. Eine sie bekrönende hölzerne Kuppel sollte mit einem Dach aus Kupfer oder Blei bedeckt werden. Bähr und Fehre kalkulierten die Baukosten auf 103.075 Taler, eine für jene Zeit gewaltige Summe. Zunächst war überhaupt nicht klar, woher dieses Geld kommen sollte. Die Kirchgemeinde hatte kaum Geld, der Rat der Stadt auch nicht. Der Gouverneur von Dresden, Graf August Christoph von Wackerbarth, lehnte den ersten Entwurf George Bährs unumwunden ab. Superintendent Löscher wiederum hielt ihn für viel zu aufwändig. Wackerbarth wünschte einen noch größeren Kirchenbau und beauftragte seinerseits den Landbaumeister Johann Christoph Knöffel, einen Entwurf für die Frauenkirche anzufertigen. Zwanzig Jahre jünger als George Bähr, allerdings ebenfalls aus einfachen Verhältnissen stammend, hatte Knöffel ganz andere architektonische Vorstellungen als der Ratszimmermeister aus dem Erzgebirge. Sein Züge des Rokokostils aufweisender Entwurf für die Frauenkirche, den er im November 1725 vorlegte, wirkte im Vergleich zu der Kuppelkonstruktion George Bährs graziler und eleganter. Er wies nur zwei Glockentürme auf. Wackerbarth zeigte sich unschlüssig.

Blick auf die Semperoper bei Nacht. Der Architekt Gottfried Semper (1803–1879) prägte mit dem Bau der Oper entscheidend das Dresdner Stadtbild.

Das Projekt Knöffels gefiel ihm auch wieder nicht so recht. Schließlich beauftragte er den Ratszimmermeister George Bähr, entsprechend den ihm übersandten Rissen und Entwürfen des Landbaumeisters ein Holzmodell anzufertigen. Der empfand dieses Ansinnen als eine Zumutung und beeilte sich nicht mit der Erledigung dieser Aufgabe. Erst am 18. März 1726 wurde das Modell nach dem Entwurf Knöffels im Oberbauamt begutachtet. Das Mitglied der Jury, Zacharias Longuelune, der ab 1724 mit Pöppelmann für die Errichtung des Schlosses Pillnitz verantwortlich war, beanstandete freilich, dass nicht auch ein Modell nach dem Entwurf George Bährs angefertigt worden war. Nach der Meinungsäußerung des angesehenen Matthias Daniel Pöppelmann entschied sich Wackerbarth für eine machtvolle Kuppel, die eher dem Bährschen Plan entsprach, allerdings umstellt von vier gleich hohen Glockentürmen. George Bähr hatte über Knöffel den Sieg davongetragen. Am 13. Mai 1726 legte der Rat den dritten Bauentwurf Bährs vor, der nunmehr gemäß dem Wunsche des Gouverneurs die Errichtung von vier Glockentürmen vorsah. Wackerbarth erteilte daraufhin am 26. Juni seine Genehmigung zum Bau der neuen Frauenkirche.

König August II. zeigte sich aus einem Gespür für architektonische Wirkungen heraus von dem Entwurf George Bährs angetan. Die inzwischen in der Literatur geäußerte Vermutung, der Monarch habe durch die Stiftung einer repräsentativen „Marienkirche" in Dresden seine Stellung gegenüber dem Vatikan stärken wollen, ist als unbegründet zurückgewiesen worden. Ausschlaggebend für das anhaltend große Interesse Augusts am Bau der Frauenkirche dürfte sein Bestreben gewesen sein, durch die Errichtung eines Zentralbaus den Glanz seiner Residenz zu erhöhen. Allerdings konnte der Herrscher dem chronischen Geldmangel beim Bau nicht abhelfen. Als zu kostspielig erwiesen

sich andere Bauten und Kunstkäufe sowie Hoffeste, Mätressen und militärische Schaustellungen, wie das „Zeithainer Lager" 1730, die „Generalrevue über die ganze Armee", die selbst den ebenfalls anwesenden preußischen „Soldatenkönig" stark beeindruckte. Wenn August als zum Katholizismus Übergetretener den Bau eines evangelischen Zentralbaus beförderte, so zeigt das nur, dass ihm dabei religiöse Belange eher gleichgültig waren. Die Katholiken erhielten ihre Hofkirche erst nach Fertigstellung des Rohbaus der Frauenkirche. Doch August der Starke hatte auf seiner Kavalierstour die Kuppeln der Kirchen in Rom, Florenz, Venedig und Paris gesehen. Der Architekt George Bähr selbst kannte sie hingegen nur von Kupferstichen, eine Auslandsreise ist von ihm nicht bezeugt.

Eine solche Kuppel konnte nach dem Willen des Königs auch der königlichen Residenz Dresden neue Pracht verleihen. Das Königliche Oberlandbauamt erhielt als Instrument des sich zumeist in Warschau aufhaltenden Herrschers den Auftrag, den Bau zu fördern. Am 26. August 1726 wurde feierlich der Grundstein zur neuen Frauenkirche gelegt. Etwa 10.000 Menschen sollen dazu erschienen sein. 100 Mann der Bürgerwehr waren vom Altmarkt an bis zum Frauenkirchhof aufgestellt, um für Ordnung zu sorgen. Von halb acht Uhr morgens zog unter Glockengeläut eine Prozession vieler schwarz gekleideter Männer – Bürgermeister, Senatoren, Kirchenväter, Älteste der Innungen, Vertreter der Zünfte – zur alten Frauenkirche. Kreuzkantor Theodor Christlieb Reinhold hatte aus diesem Anlass eine eigene Kirchenmusik zu den sinnigen Worten komponiert „O Herr hilf! O Herr, lass alles gut gelingen!" In den Grundstein wurde ein Kästchen eingelassen, das eine Gedächtnismedaille, einen Satz Münzen, ein gedrucktes Exemplar der Augsburger Konfession von 1530 als Bekenntnisschrift der Lutheraner sowie eine Gedächtnisschrift des Stadtrates enthielt. Superintendent Löscher predigte, der Stadtsyndikus und Oberkonsistorialrat Paul Christian Schröter hielt eine Rede und der Geheime Rat von Leipziger als Gesandter des Kurfürsten-Königs eine Gegenrede. Vor Beginn der Zeremonie waren drei Bürgersfrauen in eine sich plötzlich öffnende Grube gestürzt, ohne allerdings Schaden zu nehmen. Manch einer der Anwesenden deutete diesen Vorfall als ein böses Omen.

Auf Anordnung des Königs und Wacker-barths wurde mit dem Bau begonnen. Als Baumaterial dienten ausschließlich die auf Lastkähnen aus den Steinbrüchen bei Pirna herangeförderten Elbsandsteinquader sowie Eisen und Blei.

Seit Ende Mai trafen die Steine ein, die zunächst auf dem Kirchhof gestapelt wurden. Für die Konstruktion wurde kein Holz verwendet. Man brach die alte Frauenkirche ab, die bis zuletzt, bis zum 9. Februar 1727, für den Gottesdienst genutzt worden war. Doch hatte der Rat noch längst nicht die nötigen finanziellen Mittel für den Neubau beisammen. Wackerbarth versprach 1.000 Taler zu spenden, aber viel war das nicht, und außerdem: Er hatte diese Summe lediglich versprochen. Doch trafen bis 1730 in Wirklichkeit nur 510 Taler ein. Um den Nöten abzuhelfen, wurde im Oktober 1726 eine Frauen-kirchen-Baulotterie ausgeschrieben. Immer wieder erfolgten Klagen über mangelnde Gelder. Bis 1727 waren bereits 27.151 Taler ausgegeben, die sich der Rat bei den anderen Kirchgemeinden Dresdens leihen musste. Bähr hatte die Kosten eher zu niedrig angesetzt, um das Bauvorhaben nicht zu gefährden. Auch bei der Bauzeit hatte man sich verschätzt. Ursprünglich sollte die Frauenkirche nach fünf Jahren, 1731 vollendet sein. Doch war ein Abschluss der Arbeiten in diesem Jahr noch nicht in Sicht. Da sorgte ein unerwarteter Umstand für Geldzufluss. 1732 zogen die vom Salzburger Erzbischof

aus ihren Dörfern vertriebenen Protestanten auch durch Sachsen. Überall wurden sie als Opfer katholischer Intoleranz von der evangelischen Bevölkerung willkommen geheißen und bewirtet. Löscher regte eine Kollekte für die Salzburger an. Innerhalb kurzer Zeit kam die erstaunliche Summe von 28.366 Talern und 21 Groschen zusammen. Doch da die Emigranten beabsichtigten, nicht in Sachsen zu bleiben, sondern in die Länder des Preußen-königs weiterzuziehen, wies der Kurfürst von Sachsen kurzerhand an, das Geld, das sonst außer Landes gegangen wäre, nicht den Opfern zukommen zu lassen, sondern für den Bau der Frauenkirche zur Verfügung zu stellen.

Im Äußeren wies die emporwachsende Frauenkirche im Unterschied zu katholischen Kathedralbauten keinen figürlichen Schmuck auf. 1733-1736 wurde vor allem der Innenausbau unter der Leitung von Johann Christian Feige d. Ä. fortgesetzt. Sparsam schmückten die Künstler das Innere. Auf der Altarwand war die Ölbergszene zu sehen. Die Innenkuppel wurde mit Malereien versehen, die die Evangelisten mit ihren Attributen sowie die Tugenden als Frau-engestalten wiedergaben. Ab Februar 1734 war das Kirchenschiff so weit fertig, dass Gottesdienste abgehalten werden konnten. Im Januar 1736 begann der Einbau der Orgel, an der Gottfried Silbermann, der berühmteste Orgelbauer seiner Zeit

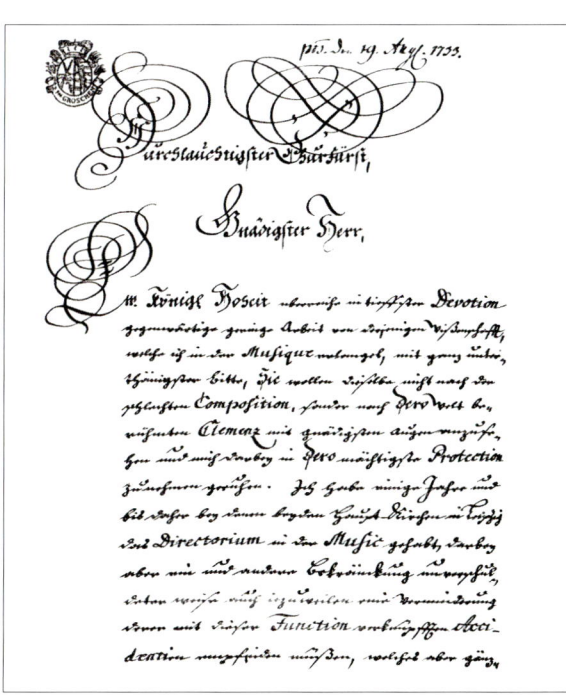

Die 1. Seite der Widmungsschrift Johann Sebastian Bachs (1685–1750) an den Kurfürsten Friedrich August von Sachsen zum „Kyrie" und „Gloria" der H-moll-Messe vom 19. August 1733. Der Leipziger Thomaskantor schuf einige seiner Kantaten auch für die 1727 verstorbene Kurfürstin Christiane Eberhardine.

Der nach dem Krieg eingemauerte Altar der Dresdner Frauenkirche konnte 1994 zum ersten Mal wieder von der Öffentlichkeit besichtigt werden. Beim Wiederaufbau der Frauenkirche wurde versucht, den recht gut erhaltenen Altar in seiner Versehrtheit entsprechend einer „archäologischen Rekonstruktion" wiederherzustellen.

im mitteldeutschen Raum, in seiner Freiberger Werkstatt schon seit Jahren gearbeitet hatte. Bei der feierlichen Weihe der Frauenkirche am 25. November 1736 konnte die Orgel erklingen. Der Kreuzkantor Theodor Christlieb Reinhold fertigte anlässlich der Orgelweihe ein Lobgedicht auf Silbermann an. Der hervorragende Klang dieses Meisterwerks war schließlich ausschlaggebend dafür, dass man sich nach lebhaft geführten Auseinandersetzungen in jüngster Zeit bei der Wiedererrichtung der Dresdener Frauenkirche am historischen Werk Gottfried Silbermanns orientierte.

Je höher die Mauern des Kirchenbaues emporwuchsen, desto mehr näherte man sich der Entscheidung über die Frage, aus welchem Material die Kuppel bestehen sollte. Kupferplatten auf einem Holzgerüst? Das erschien angesichts der chronischen Geldknappheit denn doch zu teuer zu werden. George Bähr

nannte den von ihm geplanten Bau in seinen Schriftstücken zumeist eine „Pyramide" oder einen „Obelisken". Möglicherweise hegte er insgeheim schon lange die Absicht, ein steinernes Wahrzeichen protestantischer Beständigkeit, eine vollständig aus Sandstein gefügte Kuppel zu errichten. Zunächst war nur vorgesehen, den Kuppelanlauf aus Stein zu mauern und es bei einer mit Kupfer belegten Holzkonstruktion zu belassen. Doch George Bähr gelang es, die für den Bau Verantwortlichen von einem steinernen Kuppelbau zu überzeugen. Zwar bereitete ihm sein bisheriger Verbündeter, der Ratsmaurermeister Fehre, noch einmal unerwartete Schwierigkeiten, als dieser plötzlich die Haltbarkeit der steinernen Kuppelkonstruktion in Frage stellte. War man nicht schon in Florenz am Ausgang des 17. Jahrhunderts besorgt über ein mögliches Reißen der Kuppel des zwischen 1420 und 1434 unter Leitung von Filippo Brunelleschi erbauten Domes?

1737 war endgültig die Frage zu klären, ob der Laternenaufsatz aus Holz oder aus Stein erfolgen solle. Der italienische Architekt Gaetano Chiaveri, der ab 1738 den Bau der katholischen Hofkirche leitete, wurde von Graf Brühl beauftragt, das Projekt Bährs für den Abschluss der Bauten zu prüfen. Chiaveri zeigte keinerlei Verständnis für die steinerne Kuppel und lehnte sie ab. Dafür setzte sich der Leipziger Landbaumeister David Schatz für die Architekturvorstellungen Bährs ein. Das gab den Ausschlag. Die später so genannte Steinerne Glocke konnte den Kirchenbau krönen!

Der Hof entschied am 4. Juli 1739 die Weiterführung der Arbeiten gemäß den Vorstellungen George Bährs. Unter dem 24. November 1743 vermeldete schließlich die Zeitungschronik „Kern Dreßdnischer Merckwürdigkeiten": „Beym Beschluß des Kirchenjahres hat der Herr Stadt-Prediger Weller in der Frauenkirche wegen nunmehro gäntzlich geendeten Kirchenbaues besonders gedancket, und Göttlicher Gnade gepriesen, daß er bey diesen 17jährigen Kirchenbau alle Unglücksfälle väterlich abgewendet". Lediglich 1730 habe sich Melchior Ernst Baron von Kröcher als Selbstmörder von der Frauenkirche hinuntergestürzt.

Die Friedenszeit, in der der Bau der Frauenkirche erfolgte, neigte sich für Sachsen dem Ende zu, bald nachdem das Kreuz auf der Kuppel befestigt war. In unmittelbarer Nachbarschaft der unter König Friedrich II. aggressiv auftretenden preußischen Militärmacht betrieb der leitende sächsische Minister Graf Brühl eine Politik, die sich für das Land verderblich auswirken sollte. Sicher war der Kurfürst mit einer Habsburgerin verheiratet und dadurch an die österreichischen Interessen gebunden. Doch Sachsen sah sich nahezu wehrlos dem Zugriff des Preußenkönigs ausgesetzt. Im Dezember 1745 wurde die österreichisch-sächsische Armee in der Schlacht bei Kesselsdorf, vor den Toren Dresdens, von den Preußen unter Leopold von Anhalt-Dessau vernichtend geschlagen. Frierende Flüchtlinge und zahllose Verwundete strömten in die Stadt.

Der nächstfolgende, letztlich sieben Jahre während Krieg, in dem Sachsen wiederum mit den Gegnern des Preußenkönigs verbündet war, begann am 29. August 1756 mit einem Angriff Friedrichs II. auf das Kurfürstentum. Der König zog in Dresden ein, hielt sich an den Besitzungen des nach Polen geflüchteten Grafen Brühl schadlos und ließ die in der Residenz verbliebene Königin seine Missachtung spüren. Die sächsische Armee wurde auf dem Lilienstein eingekreist und musste sich ergeben. Ganze Regimenter vertauschten zwangsweise die sächsische Uniform gegen die preußische.

Blick auf den Theaterplatz in Dresden mit dem Schloss und der von dem italienischen Architekten Gaetano Chiaveri (1689–1770) ab 1738 erbauten Hofkirche.

Am 7. November 1756 ordinierte Feldpropst Decker in der Dresdener Frauenkirche acht sächsische Kandidaten der Theologie zu Feldpredigern für jene preußischen Regimenter, die ursprünglich der sächsischen Armee angehört hatten. Offenbar glaubte Friedrich, dass diese „Landeskinder" die zwangsgepressten Soldaten eher vom

Die „Steinerne Glocke" erstrahlt erneut in altem Glanz. Seit Februar 2005 war die Aussichtsplattform der wiedererstandenen Frauenkirche wieder für Besucher geöffnet. Im Hintergrund die Kunstakademie und das Coselpalais.

Desertieren abhalten konnten. Sonntags fand von 10 bis12 Uhr der preußische Garnisonsgottesdienst in der Frauenkirche statt. Vielerorts im protestantischen Deutschland verbanden sich mit dem Vordringen der Preußen als „Verteidigern des evangelischen Glaubens" gegen die „papistischen Kaiserlichen" zahlreiche Hoffnungen. Friedrich II., der selbst der reformierten Konfession angehörte, in Glaubensdingen aber, wie bekannt ist, gleichgültig war, nahm im November sowie am zweiten Weihnachtsfeiertag 1756 an Gottesdiensten in der Kreuzkirche teil. Er wollte den dort seit 1750 als Pfarrer und Superintendenten amtierenden Johann Joachim Gottlieb am Ande predigen hören, dessen Ruf als theologischer Schriftsteller und begabter Kanzelredner über die sächsischen Landesgrenzen hinaus gedrungen war. Doch das Kriegsglück neigte sich in der Folgezeit wieder der Gegenseite zu. Die sächsische Residenz fiel in kaiserliche Hände. Am 19. und 20. Juli 1760 wurde Dresden gnadenlos von den preußischen Truppen beschossen, die unter Führung des Königs Friedrich II. zur Belagerung herangerückt waren. Zahlreiche Einwohner entschlossen sich zur Flucht. Doch wurden auch viele Dresdener, zumeist „Glaubensbrüder" der Preußen, Opfer des mörderischen Bombardements. Die Einwohnerzahl der Stadt sank in jenen Tagen von 63.000 auf 44.000. In der Frauenkirche diente das Motto „Gott bei uns in der Not" in der Predigt dazu, den bedrängten Bürgern Trost zu spenden.
Auf der steinernen Kuppel der Frauenkirche, die ebenfalls dem Geschützfeuer ausgesetzt wurde, schlugen mehr als 100 Kanonenkugeln ein. Angeblich hatte der Preußenkönig auf der Galerie, die die Kirche säumte, einen feindlichen Beobachtungsposten entdeckt. Die Sandsteinquader der steinernen Kuppel hielten jedoch diesem Beschuss stand. Das mehrte im nachhinein den Ruf ihres Erbauers George Bähr, dessen statische Berechnungen

sich als richtig erwiesen hatten. Doch 416 Häuser, darunter 226 Bürgerhäuser in der Altstadt, wurden zerstört. Die Ruinen der Kreuzkirche ragten in den Himmel. Der Künstler Canaletto hielt das erschütternde Bild auf einer Radierung fest. Nach diesen Werken der Zerstörung zogen die Preußen ab. Erst 1782 war die Dresdener Altstadt bis auf

14 Häuser wieder aufgebaut. Noch Jahrzehnte später erinnerte sich Johann Wolfgang Goethe in seinen autobiographischen Aufzeichnungen „Dichtung und Wahrheit", wie er während seines Besuches in Dresden im Jahre 1768 die Kriegsverwüstungen wahrnahm: „Von der Kuppel der Frauenkirche sah ich diese leidigen Trümmer zwischen die schöne

Die Trümmer der Kreuzkirche in Dresden, Gemälde von Bernardo Bellotto (1721–1780) von 1765. Die Kreuzkirche war durch preußisches Bombardement 1760 zerstört worden, 1765 stürzte ihr Turm ein.

Charles Burney
„Tagebuch einer musikalischen Reise" (1772)

„Sonntags, den 20. September

Heute früh ging ich in die lutherische Frauenkirche, welche an einem großen Marktplatze liegt. Es ist ein sehr edles und feines Gebäude von Quadersteinen und hat eine hohe Kuppel in der Mitte; auswendig ist es ein Viereck, aber inwendig hat es die Gestalt eines Amphitheaters. Vor dem Altartische ist eine Erhöhung, über welcher man eine prächtige Orgel gebauet hat. Dies ist das einzige mir bekannte Exempel einer an der Ostseite der Kirche angelegten Orgel. Alle, die ich gesehen habe, lagen am Ende des Chores westlich oder auf einer Seite.

Das Singen unter Begleitung eines so schönen Instruments tut hier ungemeine Wirkung. Die ganze Gemeinde, an dreitausend Personen stark, singt im Einklange meist so langsame Melodien als die, welche in unsern Pfarrkirchen üblich sind; allein, da die Leute hierzulande musikalischer sind als bei uns und von Jugend auf gewöhnt worden, den größten Teil des Kirchengesanges selbst zu singen, so hielten sie besser Ton und machten eins der größten Chöre, die ich je gehört habe.

Das Gebäude ist sehr hoch und geräumig, zwischen den Pfeilern sind vier Empor-kirchen von schöner Form übereinander; die Sitze an der Erde gehen im Kreise herum, alle haben das Gesicht nach dem Altare zu. Überhaupt war dies eine der andächtigsten, ehrwürdigsten Gemeinen, die ich gesehen habe. Die Bomben konnten in der preußischen Belagerung dieser Kirche nichts anhaben, weil sie von der kugelförmigen Kuppel alle herabrollten, so viel auch darauf gerichtet wurden. Diese Kirche sticht unter den hiesigen so hervor wie die Peterskirche in Rom und die Paulskirche zu London."[1]

Der englische Musikgelehrte Charles Burney (1726–1814) unternahm 1770 und 1772 zwei Reisen durch mehrere europäische Länder. In Frankreich und Italien, in deutschen Territorien, in Böhmen und in Österreich besuchte er Opernhäuser, Konzertsäle, Musikschulen und Kirchen, um sich aus eigener Anschauung ein Bild vom Stand der Musik zu machen. Burney lernte dabei zahlreiche Komponisten kennen, wie Carl Philipp Emanuel Bach, Johann Adolf Hasse und Christoph Willibald Gluck, André Ernest Modeste Grétry und Jean Jacques Rousseau, Niccolò Jommelli und Niccolò Piccini. Angesichts der Ziele seiner Musikreisen ist es auch nicht verwunderlich, dass ihn in der Dresdener Frauenkirche vor allem der Chorgesang beeindruckte. Die Dimensionen der Frauenkirche, die einen Vergleich mit den Kuppelkathedralen in Rom und in London nahe legen, erlaubten das Musizieren mit Chören, die mehrere Tausend Mitglieder umfassten.

städtische Ordnung hineingesät; da rühmte mir der Küster die Kunst des Baumeisters, welcher Kirche und Kuppel auf einen so unerwünschten Fall schon eingerichtet und bombenfest erbaut hatte. Der gute Sakristan deutete mir alsdann auf Ruinen nach allen Seiten und sagte bedenklich lakonisch: ‚Das hat der Feind getan.'"
Der Feind – das waren ebenfalls Deutsche und zudem noch evangelische Glaubens-brüder, deren König sich nicht gescheut hatte, seine Geschütze auf ein Gotteshaus zu richten.
Für die Bewohner der Stadt Dresden folgten nach dem Siebenjährigen Krieg ruhige Jahr-zehnte des Friedens und eines bescheidenen wirtschaftlichen Aufschwungs. 1774 wies der sächsische Staatshaushalt einen Über-schuss von 380.000 Talern auf. Neue Gebäude entstanden im klassizistischen Stil, entwor-fen vor allem von dem Baumeister Friedrich August Krubsacius und seinen Schülern.
Durchblättert man die Berichte jener Jahr-zehnte, die auswärtige Reisende über ihren Besuch in Dresden verfassten, so wundert man sich allerdings wohl, kaum eine aus-führlichere Bemerkung über die Frauenkirche zu finden, die doch später nahezu als „achtes Weltwunder" gepriesen wurde. Mehr Beach-tung in diesen Erinnerungen fand hingegen die katholische Hofkirche, die wegen ihrer Größe und der in ihr inszenierten katholi-schen Liturgie als ein dem Kernland des Protestantismus fremdes Element bestaunt wurde.
Dass der englische „musikalische Reisende" Charles Burney 1772 besonders vom Chor-gesang in der Frauenkirche beeindruckt war, ist sicher weniger verwunderlich. Der russi-sche Adlige Wassili Sinowjew gab einen eher zwiespältigen Eindruck von der Architektur der Frauenkirche wieder, wenn er in seinem Reisetagebuch aus dem Jahre 1784 in einer sowieso nicht ganz klaren Passage über einen der Glockentürme berichtete, dieser sei derart

missraten, „dass er, angesichts so eines vortrefflichen Baus, eher lächerlich wirkt, als der Verschönerung dient".

Im anbrechenden 19. Jahrhundert folgte für die Dresdener und für die Frauenkirche wieder eine Kriegszeit. Zwar war der Kurfürst von Sachsen, Friedrich August III. (1750-1827), bei der Verteilung des Erbes des 1806 untergegangenen Heiligen Römischen Reiches zum König von Napoleons Gnaden befördert worden. Doch erwies sich sein Bündnis mit dem Kaiser der Franzosen ebenso wenig segensreich für Sachsen, wie 50 Jahre zuvor die Anhänglichkeit des Grafen Brühl an die österreichischen Hausmachtinteressen. Napoleon, der nach Friedrich dem Großen als nächster herausragender Feldherr gerühmte Korse, nahm die Frauenkirche auf eine ihm eigene Weise in den Blick. Er ließ sich während eines Aufenthalts in Dresden den Schlüssel zur Kirchenpforte bringen und trat ins Innere. Wurde er von der Pracht des klassischen Baus angerührt? Wir wissen es nicht.

Doch sein für derlei Dinge geschärftes Auge erblickte sofort die Möglichkeit, die Frauenkirche als großen Speicher zu nutzen. In das Gotteshaus wurden nun große Mengen an Proviant und Gerätschaften geschleppt. Diese Zweckentfremdung wurde später nur noch übertroffen durch die Nutzung der Frauenkirche als Gefängnis.

Wilhelm von Kügelgen hielt in seinen „Jugenderinnerungen eines alten Mannes" fest, was er im Frühjahr 1812 vor dem verhängnisvollen Abzug der französischen „Großen Armee" in die Weiten Russlands zu sehen bekam: „Zu Anfang Mai erschien Napoleon selbst und empfing, von zahlreichen anderen Vasallenfürsten umgeben, auch die Besuche seiner hohen Verbündeten ...

Die Anwesenheit so vieler Kriegsheere erfüllte die Stadt mit kriegerischem Pomp; Glocken und Kanonen spielten zum Empfang edler Fürsten auf, großartige Paraden und Manœuvres unterhielten sie, und bei Nacht erstrahlte

Aus dem Reisetagebuch des Wassili Nikolajewitsch Sinowjew

Dresden 1784

„Am anderen Tag kam ich glücklich in Dresden an, am 4. November. Die Stadt ist recht gut und ihre Lage ist außerordentlich angenehm; sie ist von allen Seiten von Bergen umgeben; hat einen außerordentlich schnell dahinströmenden und breiten Fluss, der die neue Stadt von der alten trennt, sie hat eine Verbindung über eine schöne Brücke, die bemerkenswert lang ist und noch länger ausgefallen wäre, doch die Kirche, die man neben dem Schloss gebaut, zwang dazu, sie zu verkürzen und den Platz einzunehmen, wo sie war.

Bauten, die der Beachtung wert sind – die katholische Kirche, die lutheranische, genannt die „Frans-Kirche" [= gemeint ist die Frauenkirche – Anm. d. Ü.], der nur ein Glockenturm fehlt und das wegen einer seltsamen Begebenheit: der erfahrene Architekt, der sie errichtete, war darüber erbost, dass man ihm nicht die für ihre Erbauung versprochenen Gelder auszahlte – unter dem Vorwand, dass sie nicht stabil genug gebaut sei – er zerriss den Plan im Zorn und starb gramvoll; und so war man gezwungen, dann schon nach seinem Tod, einen Glockenturm hinzuzufügen, der derart missraten ist, dass er, angesichts so eines vortrefflichen Baus, eher lächerlich wirkt, als der Verschönerung dient."[2]

Sicher, diese Reisebeschreibung des russischen Adligen Wassili Nikolajewitsch Sinowjew (1755–1827) liest sich recht naiv. Doch war sie die erste und sollte für lange Zeit die einzige Notiz aus der Feder eines Reisenden aus dem Russischen Reich bleiben, in der die Frauenkirche erwähnt wurde. Der berühmte russische Schriftsteller und Historiker Nikolaj Michajlowitsch Karamsin (1766–1826), ein Bekannter Sinowjews, der Dresden im Jahr der Französischen Revolution 1789 ebenfalls besuchte und seine Eindrücke in den „Briefen eines russischen Reisenden" festhielt, schrieb hingegen nichts über die Frauenkirche. Wassili Sinowjew, der der Fraktion um den von der Zarin Katharina II. gehassten Sohn und Thronfolger Paul nahe stand, war wenige Tage vor seiner Ankunft in Dresden in die Freimaurerloge „New York" aufgenommen worden. Der Reisende bewunderte nicht die architektonische Leistung der steinernen Kuppel, sondern bemängelte das Fehlen eines Glockenturmes (russisch: Kolokolnja). Der schlanke Turm der Dresdner katholischen Hofkirche mochte ihm hingegen eher zugesagt haben. Möglicherweise erzählte man dem russischen Adligen in Dresden Anekdoten von dem Architekten der Frauenkirche George Bähr, dessen Name ihm indes unwichtig oder entfallen war. An der Version, die Sinowjew wiedergab, stimmt lediglich, dass sich Bähr in chronischen Geldnöten befand und seine Kuppelkonstruktion auf Anfeindungen stieß.

Ernst Theodor Amadeus Hoffmann
Aus: „Drei verhängnisvolle Monate
(Auszug aus meinem Tagebuch für die Freunde)"

Dresden, 26. August 1813

„Zwischen 4 und 5 Uhr donnerten die Kanonen am heftigsten – Schlag auf Schlag –, man konnte die Kugeln sausen hören. Ich bemerkte es zuerst, man wollte mir es aber nicht glauben, gleich darauf stürzte aber in einer Entfernung von höchstens 25 Schritt eine Feuermauer, von einer Kugel getroffen, ein, und nun war es wohl klar, daß Geschütz auf die Stadt gerichtet worden...
Alle Bewohner des Hauses – Frauen, Männer, Kinder – versammelten sich auf der gewölbten, steinernen Treppe des ersten Stocks, die aus der Richtung der Fenster lag! – Da gab es bei jeder Explosion der jetzt häufiger, doch in größerer Entfernung hineinfallenden Granaten ein Jammern und Wehklagen! – Nicht einmal ein Tropfen Wein oder Rum zur Herzstärkung – ein verdammter, ängstlicher Aufenthalt – ich schlich leise zur Hintertüre heraus und durch Hintergäßchen zum Schauspieler Keller, der auf dem Neumarkt wohnt – wir sahen ganz gemütlich mit einem Glase Wein in der Hand zum Fenster heraus, als eine Granate mitten auf dem Markte niederfiel und platzte, in demselben Augenblick fiel ein westfälischer Soldat, der eben Wasser pumpen wollte, mit zerschmettertem Kopfe tot nieder – und ziemlich weit davon ein anständig gekleideter Bürger.
– Dieser schien sich aufraffen zu wollen – aber der Leib war ihm aufgerissen, die Gedärme hingen heraus, er fiel tot nieder. (Zu bemerken: fünf Minuten später ritt der Kaiser über den Neumarkt, gerade wo der Bürger getroffen, nach dem Pirnaer Tor.) Noch drei Menschen wurden an der Frauenkirche von derselben Granate hart verwundet. Der Schauspieler Keller ließ sein Glas fallen – ich trank das meinige aus und rief: 'Was ist das Leben! Nicht das bißchen glühend Eisen ertragen zu können, schwach ist die menschliche Natur!' – Gott erhalte mir die Ruhe und den Mut in Lebensgefahr, so übersteht sich alles besser! – Es gelang mir, den Kaufmann Schmidt aus seinem verschlossenen Gemach hervorzutreiben; der belud mich mit Wein und Rum für mich und meine Hausgenossen. Ich trat wieder ein wie eine Erscheinung des Trostes und der Beruhigung. Eine der Frauen (Mad. Stein), die gerade im obersten Stock wohnte, hatte den Mut gehabt, allerlei nützliche Lebensmittel herabzubringen. Das war alles bonum commune, und uns allen, die wir keinen Mittag gegessen, schmeckte es im Biwak auf der Treppe herrlich; das Kelchglas ging eifrig herum, und unter dem Donner der Kanonen, unter dem Prasseln der Granaten ging uns allen ein fröhlicher guter Humor auf, der immer der Nachklang einer durch Gefahr exaltierten Stimmung ist. Erst als es ganz finster war, ließ das Schießen nach. Die Garden hatten, wie man nun erfuhr, die genommenen Schanzen wieder erstürmt und die verbündete Armee sich auf die Höhen zurückgezogen. – Das Kammermädchen der Gräfin Breza trat vor die Haustüre, vor welcher der Wagen stand, der die Gräfin in Sicherheit in ein anderes Stadtviertel bringen sollte; in ebendemselben Augenblicke wurde sie aber von einer Granate im strengsten Sinne des Wortes zerrissen."[3]

die Stadt im Zauberglanze tausendfältiger Lampen..."
Auch die Glocken der Frauenkirche ertönten in diesen Tagen.
Die Kriegsfurie erreichte in den Augusttagen des Jahres 1813 wieder die sächsische Metropole.
Zum letzten Mal gelang es Napoleon in der zweitägigen Schlacht bei Dresden am 26. und 27. August 1813, die verbündeten Russen, Preußen und Österreicher zu besiegen. Dabei spielten sich Kämpfe im Großen Garten, in unmittelbarer Nähe des Stadtkerns von Dresden, ab.
Der Schriftsteller E.T.A. Hoffmann berichtete in seinem Tagebuch, wie in der Umgebung der Frauenkirche das Geschützfeuer der Russen und Österreicher Tod und Verderben spie. Granaten schlugen ein und töteten Soldaten wie auch mehrere friedliche Bürger. Wenige Minuten später ritt Napoleon über die Stelle, an der diese Menschen ihr Blut vergossen hatten. Im Oktober 1813 wurden die französischen Truppen in und um Leipzig von den Truppen der Verbündeten eingekreist und in der dreitägigen „Völkerschlacht" zur eiligen Flucht gezwungen. Von etwa 500.000 auf beiden Seiten eingesetzten Soldaten fielen vom 16. bis zum 19. Oktober etwa 126.000 Mann.
Im entscheidenden Moment dieses Gemetzels drehten die an der Seite Napoleons kämpfenden sächsischen Truppen ihre Gewehre um und wechselten zu den Befreiern Sachsens über.
Nach dem Sieg über Napoleon und dem Einmarsch der russisch-preußisch-österreichischen Verbündeten in Paris fand 1814 um die Frauenkirche herum eine Friedensfeier statt. Der Generalgouverneur Fürst Repnin-Wolkonski, der sich bei der provisorischen Verwaltung Sachsens das Ansehen der Bevölkerung erwarb, ließ russische Truppen vor der Frauenkirche aufmarschieren. An diesem Ort wurden auch die aus dem Feldzug heim-

kehrenden sächsischen Freiwilligen festlich von ihren Landsleuten begrüßt.

Während die Stärke des so genannten Banners der freiwilligen Sachsen ursprünglich auf 3.000 Mann festgelegt worden war, hatten sich im Herbst 1813 binnen kurzer Zeit mehr als 3.300 Kampfeswillige in den Werbebüros Dresdens, Leipzigs und Meißens gemeldet. Sie konnten jedoch nur noch an der Belagerung und Einnahme der Festung Mainz im Juni des darauf folgenden Jahres teilnehmen.

Für Jahrzehnte kehrte in Sachsen wieder Friede ein. Die im Kampf gegen Napoleon verbündeten Mächte hatten sich nun in der „Heiligen Allianz" zusammengeschlossen, um dem Prinzip der Legitimität der Monarchien Geltung zu verschaffen und die immer stärker werdenden liberalen und demokratischen Bestrebungen in Europa gemeinschaftlich abzuwehren. In diesen Friedensjahren konnten 1817 in der Frauenkirche eine Renovierung des während der napoleonischen Besetzung arg mitgenommenen Inneren sowie 1818/19 eine Orgelinstandsetzung in Angriff genommen werden. Mit dem Tode König Friedrich Augusts im Jahre 1827, der von seinen Lobrednern „August der Gerechte" genannt wurde, ging für Dresden die „Alte Zeit" zu Ende, die scheinbar von Ruhe und Ordnung geprägt war und in der die Bürger in biedermeierlicher Beschaulichkeit lebten.

Die Frauenkirche nahm im Musikleben Dresdens eine wichtige Stellung ein, wenn auch die städtische Sophienkirche und die Kreuzkirche noch mehr Aufführungen boten. Im 19. Jahrhundert und bis 1945 kamen die Oratorienwerke Bachs und Händels durch die besondere Akustik der Frauenkirche eindrucksvoll zu Gehör. In ihr fanden Konzerte, Chortreffen, Feiern und Jubiläen der königlichen Familie sowie musikalische Benefizveranstaltungen statt. Richard Wagner schrieb am 13. Juli 1843 an seine Schwester Caecilie

Avenarius über die Aufführung eines seiner Werke in der Frauenkirche: „Denke Dir einen Chor von 1.200 Männern, alle vollkommen einstudirt, auf einem Orchester, welches fast das ganze Schiff der Kirche einnahm, dahinter ein Orchester von 100 Instrumenten, von welcher Wirkung dies sein mußte!" Mit dem ihm schon in jungen Jahren eigenen Selbstbewusstsein triumphierte Wagner: „Etwas ähnliches, in einer Kirche – hat noch nirgends u. niemals stattgefunden. Auch an diesem Tage trug ich den Preis davon; meine Composition, betitelt: ‚Das Liebesmahl der Apostel', enthielt die Ausgießung des Heiligen Geistes u. riß Alles hin. Wo ich mich nachher nur blicken ließ unter der Masse von Sängern, die aus allen Theilen Sachsens herbeigeströmt waren, tönte mir VIVAT! u. Hurrah entgegen, u. der Jubel hatte kein Ende." Noch in Wagners „Parsifal" bezeugte ein „Gesang der Knaben aus der Kuppel" seine Erinnerung an die Aufführungen in der Frauenkirche.

Im Jahre 1849, sechs Jahre später, sollte sich der Künstler in den Revolutionsereignissen an der Seite der Dresdener Aufständischen wiederfinden, zu denen sowohl der junge russische Adlige Michail Bakunin als auch Gottfried Semper, der Architekt der Dresdener Galerie und des Opernhauses, zählten. Am 15. November 1848, sechs Tage nach der Erschießung des demokratischen Publizisten

Friedrich August I. von Sachsen (1750-1827), ab 1763 Friedrich August III. Kurfürst und ab 1806 König von Sachsen, auf einem Stich von Medardus Thoenert (1754-1814) nach einem Gemälde von Anton Graff (1736-1813). Das Bündnis Friedrich Augusts mit Napoleon, durch dessen Gnade er zum König der Sachsen wurde, sollte für Dresden und ganz Sachsen wenig segensreich sein. Während der Kaiser der Franzosen in Dresden weilte, wurde die Frauenkirche als Speicher genutzt.

Der Schriftsteller und Komponist E.T.A. Hoffmann (1776-1822), der als Musikdirektor der Secondaschen Schauspielergesellschaft in Dresden weilte, wurde am 26. und 27. August 1813 Augenzeuge einer Schlacht des Befreiungskrieges, in der der französische Kaiser Napoleon I. seinen letzten Sieg über die verbündeten Russen, Preußen und Österreicher errang, bevor er in der Völkerschlacht bei Leipzig im Oktober vernichtend geschlagen wurde. Die Kämpfe tobten selbst in der Dresdener Innenstadt und in unmittelbarer Nähe der Frauenkirche. Sie forderten auch, wie es der romantische Dichter in dramatischen Szenen schildert, Opfer unter der Zivilbevölkerung. Wie vielen aus der Oper „Hoffmanns Erzählungen" bekannt sein dürfte, sprach Ernst Theodor Amadeus Hoffmann häufig im Übermaß dem Wein zu, was dazu führte, dass er die Geschehnisse durch den Schleier des Rausches wahrnahm.

Friedrich August III. König von
Sachsen (1865-1932) in einer
Porträtaufnahme um 1910.
Der Ausgang des Ersten Weltkrieges zwang auch den sächsischen König dazu, die Krone
niederzulegen – Dresden sollte
von nun an nicht mehr Residenzstadt sein.

Robert Blum in Wien, fand in der Frauenkirche eine Gedenkfeier statt, die vom „Deutschen Vaterlandsverein" in Dresden als kirchliche, nicht als politische Veranstaltung angemeldet worden war. Nur so konnte sie von den Behörden genehmigt werden. Ein langer Trauerzug bewegte sich zur Frauenkirche, und es zeigte sich, dass der vor der Revolution von 1848 als Redakteur und Staatswissenschaftler in Sachsen wirkende Robert Blum überaus beliebt gewesen war. Die Trauerrede hielt Diakon Pfeilschmidt, und der gemeinsame Gesang des trutzigen lutherischen Liedes „Eine feste Burg ist unser Gott" zeugte von der Verbundenheit der Teilnehmer angesichts der Bluttaten der Reaktion. Nachdem auch im Dresdener Maiaufstand 1849 ein letztes Aufbäumen des Widerstandes angesichts des Abklingens der revolutionären Ereignisse in Europa durch preußische Truppen blutig niedergeschlagen worden war, erhielt die Frauenkirche zeitweilig eine schmachvolle Bestimmung: Mehr als 400 Aufständische wurden in ihr unter entwürdigenden Bedingungen eingesperrt.

In den Jahren 1867 bis 1890 war Ernst Julius Meier Prediger auf der Kanzel der Frauenkirche. In seine Amtszeit fiel der deutschfranzösische Krieg von 1870, den der Geistliche in seiner Predigt als „Verhängnis und Gottesgericht" bezeichnete. In jenen Jahren vollzog sich unter Meiers Beteiligung eine „Luther-Renaissance" im deutschnationalen Sinne.

1897 erhielt die Frauenkirche ein eigenes Kantorat unter Friedrich August Bruchmann, das am Ende des Ersten Weltkrieges ebenso aufgelöst wurde, wie ein aus 40 Knaben und 20 Seminaristen bestehender Chor. 1910/11 erfolgte wieder ein Umbau, der vor allem durch den Besorgnis erregenden Zustand der Orgel nötig geworden war.

1910 hatte Dresden bereits 548.000 Einwohner. Um das Jahr 1900 gab es 349.117 evangelische Christen – von denen 6.000 ihren Platz in der Frauenkirche finden konnten – und 36.910 Katholiken.

Während des 1914 ausbrechenden Ersten Weltkrieges erfuhren die Dresdener von immer mehr jungen Männern, die auf den Schlachtfeldern in Flandern wie im Osten Europas den Tod gefunden hatten. Je länger der Krieg dauerte, um so mehr übernahmen die Frauen die Verantwortung für die Ernährung der Familien und die Versorgung der Kinder. Die Frauenkirche büßte wie andere Gotteshäuser ihr Glockengeläut ein. Doch auch die eingeschmolzenen Glocken, die Geschütze und die Munition, konnten die Niederlage des kaiserlichen Deutschland nicht aufhalten. Am Abend des 8. November 1918 versammelte sich auf dem Altmarkt eine große Menschenmenge, aus der die Rufe erschallten: „Nieder mit dem Krieg! Wir wollen Freiheit!" Die Tore des Festungsgefängnisses wurden geöffnet und die politischen Gefangenen befreit. Der Revolutionäre Arbeiter- und Soldatenrat übernahm die öffentliche Gewalt. König Friedrich August legte die Krone nieder. Dresden war nicht mehr die Residenzstadt.

1925 wurden die inzwischen neu gegossenen Glocken der Frauenkirche festlich eingeholt und an ihren angestammten Platz emporgehoben. Vom Hauptbahnhof bis zum Neumarkt säumte eine riesige Menschenmenge die Straßen, als die Wagen mit den Glocken vorbeifuhren. Alle evangelischen Kirchgemeinden, die Verbände und Vereine, die Schulklassen waren angetreten, um ihre Verbundenheit mit der Frauenkirche zu bezeugen.

1933 brach die für das Schicksal der Frauenkirche düsterste Periode an. Während des Nationalsozialismus wurden auch in der Gemeinde der Frauenkirche Auseinandersetzungen zwischen der reichstreuen „Deutschen Kirche" und der „Bekennenden Kirche" ausgetragen, deren Angehörige sich nicht für die Ziele des Regimes vereinnahmen lassen

wollten. Seit 1922 galt die Dresdener Sophien-
kirche als Dom, Ludwig Ihmels wurde erster
Landesbischof im Freistaat Sachsen. Am
7. Juni 1933 verstarb er.
Der dem Nationalsozialismus ergebene
Landesbischof Coch ließ nunmehr 1934 die
Frauenkirche als „Dom- und Bischofskirche"
bezeichnen und der Reichsbischof Müller sie
zum „Dom in Dresden" ausrufen.

Die Bekennende Kirche lehnte dies als Großmannssucht ab und behielt für das Gotteshaus den Namen Frauenkirche bei.
Der der Bekennenden Kirche angehörende
Hugo Hahn, seit 18. Mai 1930 Superintendent und Pfarramtsleiter an der Frauenkirche,
suchte das Vordringen der „Deutschen Kirche"
aufzuhalten, deren Anhänger im Kirchenvorstand freilich die Mehrheit innehatten.

*Die Dresdner Frauenkirche am Neumarkt vor ihrer
Zerstörung. Bereits 1933 brach für die Frauenkir-
che und ihre Gemeinde eine schwierige Zeit an.
Die Gemeinde war gespalten in die reichstreue
„Deutsche Kirche" und die gegen das Regime ein-
stehende „Bekennende Kirche".*

*Die Frauenkirche nach ihrer Zerstörung im Februar 1945. Am Morgen des 14. Feb-
ruar retteten sich die letzten Flüchtlinge aus den Kellern des Gotteshauses.*

Während des Pfingstfestes 1933 bezeichnete Hahn die „Deutschen Christen" als „Ärgernis in der Kirche". Zum ersten Mal war damit von der Kanzel der Frauenkirche aus ein derartiger Angriff auf die Reichskirche erfolgt. Der zweite Pfarrer an der Frauenkirche, Arthur Schuknecht, schloss sich hingegen den „Deutschen Christen" an.

Am 29. Januar 1934 protestierten 122 Männer und Frauen aus Dresden mit einer an Reichsbischof Müller gerichteten Sammelbeschwerde gegen das von den Machthabern über Hugo Hahn verhängte Predigtverbot. Ihr Wortführer war der angesehene Woldemar Graf Vitzthum von Eckstädt, 1930 Präsident des Deutschen Evangelischen Kirchentages. Hugo Hahn, der im August 1937 zum zweiten Mal verhaftet worden war, wurde im Mai 1938 seines Amtes enthoben und aus Sachsen ausgewiesen.

In den Jahren 1938-1942 war die Frauenkirche wegen Einsturzgefahr und dringend notwendiger Restaurationsarbeiten geschlossen, und es fanden in ihr keine Konzerte mehr statt. Nach der umfassendsten Sanierung der Kirche seit ihrer Fertigstellung vor mehr als 200 Jahren wurde im November 1942 ein Festgottesdienst abgehalten. Während der Aufführung des Weihnachts-Oratoriums von Johann Sebastian Bach in der Frauenkirche am 13. Dezember 1942 werden die Gäste gewiss Sehnsucht nach Frieden verspürt haben.

In dem erneuerten Gotteshaus trat bis 1944 der Kreuzchor auf.

Die Bitte um eine Evakuierung der Silbermannorgel wurde abgelehnt, so sicher wähnte man sich in Dresden. Bis in die ersten Wochen des Jahres 1945 hinein dachten die meisten Einwohner, um eine Zerstörung ihrer Stadt herumgekommen zu sein. Zwar hatte es bereits zwei Angriffe auf Dresden gegeben, die Hunderte von Todesopfern forderten und zuletzt bereits das Stadtinnere erfasst hatten. Doch konnten sich die Dresdener nicht vorstellen, dass die von Flüchtlingen und Kriegsheimkehrern angefüllte Stadt mit ihren weltbekannten Bauten und Kunstschätzen noch zum Ziel eines größeren Angriffs werden würde. Als am Abend des 13. Februar 1945 offenkundig wurde, dass große angloamerikanische Bomberverbände im Anflug auf Dresden seien, befanden sich nur ein Sachverständiger, Hermann Weinert, ein Unteroffizier und zwei Soldaten im Inneren der Frauenkirche. Gegen 21.45 Uhr erfolgte der erste Angriff. Die Flammenvase eines Glockenturmes stürzte herunter.

Beim zweiten Alarm befanden sich etwa 300 Schutzsuchende in der Kirche, die zitternd die Einschläge in der Umgebung wahrnahmen. Am 14. Februar, zwei Uhr morgens, begann glühende Lava ins Kircheninnere zu strömen. Hölzerne Emporen, Betstübchen und das Schiffsgestühl wurden in Brand gesetzt. Am Morgen retteten sich die letzten Flüchtlinge aus den Kellern und liefen zur Brühlschen Terrasse.

15. Februar 1945. Gegen 10.15 Uhr hatte der stundenlange Brand im Innern die Steine der Kuppel ausgehöhlt. Es entwickelten sich Temperaturen bis zu 2.000 Grad, doch der Sandstein verträgt nur etwa 1.000 Grad. Der Bau sank donnernd in sich zusammen. Es gab kaum Augenzeugen dieses Vernichtungswerks. Die meisten Dresdener waren aus der brennenden Innenstadt geflohen.

Rund 60 Jahre nach Kriegsende: Die Dresdner Frauenkirche spiegelt sich fast so wie vor 250 Jahren in der Elbe.

Blick von der Brühlschen Terrasse auf den Sächsischen Kunstverein und die im Wiederaufbau befindliche Bährsche Kuppel im Sommer 2003.

Zusammenbruch und Durchbruch der Frauenkirche

Friedrich Karl Fromme

Der Wiederaufbau nach alten Plänen und traditionellen Methoden war für alle Beteiligten eine große Herausforderung.

Fällt der Name der Stadt Dresden, denkt man unwillkürlich an ein Bauwerk: die Frauenkirche. Seit Sommer 2004 ist sie wieder sichtbarer Mittelpunkt der am 13./14. Februar 1945 durch britische und amerikanische Bombenangriffe zerstörten Stadt. Der in den Jahren 1722 bis 1744 unter Leitung des Ratszimmermeisters George Bähr im Auftrag des Rats der Stadt errichtete quadratische Zentralbau, gekrönt von einer mächtig aufragenden und zugleich wie schwebend wirkenden Kuppel, hat, so verwunderlich das klingen mag, seinen besonderen Rang erst gewonnen durch das Unheil der Zerstörung und das unerwartete Glück des lange Zeit fast von niemandem ernsthaft für möglich gehaltenen Wiederaufbaus. Tatsächlich ist es ein Neuaufbau, wenn auch von einer „archäologischen Rekonstruktion" die Rede ist, was einen Bau nach den alten Plänen und weitgehend traditionellen Methoden meint, sowie, soweit es ging, aus geborgenen Steinen.

Vorhersehbar war das nach dem Februar des Jahres 1945 nicht, schon gar nicht für den, die Zerstörung der Stadt miterlebt hatte. Ich habe in den Morgenstunden des 14. Februar 1945 mein zerstörtes Elternhaus verlassen, das 2.150 Meter Luftlinie von der Frauenkirche entfernt lag, hart südlich des Hauptbahnhofs, dicht bei dem, aber zum Glück nicht im Feuersturmgebiet. Die Davongekommenen dachten, als die auf 16 Stunden zusammengedrängten drei Bombenangriffe vorbei waren, welche nach Erkenntnissen seriöser Geschichtsforschung die Zivilbevölkerung treffen und so die Moral der kämpfenden Truppe zerstören sollten, nicht an die

Verluste der Stadt an Bauwerken von Denkmalrang. Man dachte auch zunächst nicht daran, wie viele Menschen auf schreckliche Weise umgekommen sein mochten; die wohl immer unsicher bleibenden amtlichen Zahlen haben sich bei 35.000 oder etwas mehr Toten befestigt.

Das Interesse jedes Einzelnen wandte sich der notdürftigen Versorgung der spärlichen, vor den Flammen geretteten Habe zu. Dazu gehörte ihr Schutz vor dem verständlichen Bedürfnis der Umherirrenden, die nichts mehr hatten, sich das Notwendigste aneignen wollten. Auf die beiden schweren britischen Nachtangriffe folgte ein dritter, diesmal amerikanischer Bombenangriff am 14. Februar, dem Aschermittwoch, gegen Mittag, dem am 15. Februar ein weiterer folgte. Diese Angriffe gelten in der Geschichtsschreibung als minder schwer.

„Leicht" waren sie aber auch nicht. Waren bei den zwei Nachtangriffen 1.500 Tonnen Spreng- und 1.200 Tonnen Brandbomben gefallen, waren es beim Mittagsangriff des folgenden Tages immerhin 475 Tonnen Spreng- und 300 Tonnen Brandbomben, am 15. Februar waren die Zahlen ähnlich. Zumal für die bereits Ausgebombten war es schlimm, die keine noch so fragwürdige Zuflucht mehr finden konnten im Keller ihres einstigen Wohnhauses, der nun offen war gegen den rauchverdunkelten Himmel. Für mich gab es einen nüchternen Anlass, mich in Richtung Innenstadt auf den Weg zu machen. Wie es dort aussehe, das hatte man – ohne Einzelheiten – schon in der Nacht gehört von denen, die sich aus der mit sächsisch-nüchternem Pathos treffend so bezeichneten Hölle gerettet hatten, darunter manche Bekannte, die vergeblich auf Unterkunft bei uns hofften. Es wäre Zufall gewesen, wenn einer über die Frauenkirche berichtet hätte, die übrigens die Bombennacht und den folgenden Tag zunächst im äußeren Gehäuse überdauert hatte.

Das lodernde Feuer der Häuser, welche die Frauenkirche auf drei Seiten dicht umgaben, war durch die vom Luftdruck zerborstenen Fenster ins Innere gedrungen. Die viel zu spät begonnene Vermauerung der Fenster war nicht zum Ende gelangt.

Die Ruine des Schlosses in Dresden. Den Bombenangriffen im Februar 1945 waren rund 35.000 Menschen zum Opfer gefallen.

Die in Holz ausgeführten Emporen hatten Feuer gefangen, desgleichen das Gestühl. Der so im Inneren der Kirche entfachten Glut war der Sandstein nicht gewachsen, aus dem auch die acht schlanken Säulen gefertigt waren, die einen Teil der Last der Steinkuppel tragen sollten – und mehr als 200 Jahre getragen haben, allerdings unter ständiger Ausbesserung von Schäden. Die Quelle für die Kenntnis von den letzten Stunden der Frauenkirche ist ein erhalten gebliebener Bericht des Kirchenoberinspektors (und Luftschutzbeauftragten) Hermann Weinert vom 5. März 1945.

Nach dem zweiten Nachtangriff seien etwa 300 Bewohner der umliegenden, eng zusammengedrängten Häuser, die in der Kirche Schutz gesucht hatten, hinausgebracht worden auf die Brühlsche Terrasse, einem Bollwerk über der Elbe. Weinert fährt fort: „Gegen 8 Uhr früh ging der Unterzeichnete noch einmal in die Domkeller zurück, um sich zu überzeugen, dass keine Menschenleben in der furchtbaren Nacht zu beklagen waren. Als ich am Donnerstag, dem 15. Februar gegen 11 Uhr beim Hineinkommen in die tote Stadt in dem milchigen Nebel die Domkuppel suchte, sah ich zu meinem Schreck ins Leere... bereits eine Stunde vorher war meine Frau auf der Suche nach mir Zeugin dieser Tragödie gewesen, als nach anfänglichem leisen Knistern die Kuppel langsam in sich zusammensank und dann mit einem ungeheuren Knall die Außenwände der Kirche barsten und eine nachtschwarze Staubwolke die ganze Umgebung erfüllte."

Zurück vom großen zum kleinen, persönlichen Schaden. In den Morgenstunden war das Elternhaus niedergebrannt, die verzweifelten, aber ohne Verlustgefühle für den großen Rest unternommenen Versuche, einiges Mobiliar und Einrichtung zu retten, waren vorbei. Manches Entbehrliche war darunter, aber auch manches, was durch Überlegung als lebenswichtig erkannt worden war: so zum Beispiel zwei Betten, die sich später als nützlich erwiesen. Im Rückblick ist es merkwürdig, wie schwach der Kummer über verlorene Schätze war und auch blieb. Ich dachte kaum an meine dahingeloderte

Die Reste der Frauenkirche nach dem Bombenangriff auf Dresden am 14. Februar 1945. Erst am Morgen des 15. Februar war die Frauenkirche in sich zusammengesunken. Der Sandstein hatte der Hitze des Flammeninfernos nicht standgehalten.

Briefmarkensammlung, obwohl der Vater gegen Ende des Krieges bei abendlichen Spaziergängen mit dem getreuen Hund, einem viel geliebten Airedaleterrier – er war bei uns das einzige Bombenopfer – Briefmarkenkäufe in der 100-Mark-Nähe für die Ergänzung meiner Sammlung tätigte und ohne Rücksicht darauf, dass dies „Wehrkraftzersetzung" sei, diese Großzügigkeit damit erklärte, dass ich vielleicht – das konnte nicht anders sein als nach verlorenem Krieg – vom Erlös der Briefmarken eine Weile würde leben können.

Der Vater, Angehöriger einer Generation strikten Pflichtbewusstseins, hatte sich nach dem ersten Angriff auf den Weg gemacht von seinem bedrohten Haus in das von ihm, was das Chirurgische betraf, geleitete Friedrichstädter Krankenhaus. Er wurde begleitet von seiner Sekretärin, die in der Nähe ihr möbliertes Zimmer eingebüßt hatte. Sie war an dem, wie man das damals nannte, vorerst „nur ausgeblasenen" Haus (keine Fenster und kaum noch Türen) erschienen und hatte sich zusammen mit dem Vater auf den Fußmarsch zum Krankenhaus begeben. Die Familie wusste lange nicht, ob die beiden Marschierer rechtzeitig vor dem zweiten Angriff angekommen seien; der Vater erzählte später mit stiller Freude, dass er, 63 Jahre alt, den normalerweise 45 Minuten, jetzt wegen zahlreicher Umwege drei Stunden brauchenden Weg noch besser bewältigt hätte als die rund 20 Jahre jüngere, etwas korpulente Sekretärin.

Nach einer Woche war es der Familie endlich gelungen, zu dem Krankenhaus vorzudringen, in dem zwei Kliniken Totalschaden erlitten hatten, ebenso die Wäscherei und Desinfektionsanlagen; gekocht wurde das Essen für das auf 1.600 Betten insgesamt ausgelegte Krankenhaus auf Fußabtreterrosten, die auf Steinen aus den Trümmern lagen, und unter denen mit halb verkohlten Balken offenes Feuer genährt wurde. In den

Fluren, auch in den unterirdischen Gängen, die die einzelnen Häuser verbanden, waren Notlager errichtet worden. Wir trafen den Vater erschöpft an. Er hatte, wie das Personal, soweit es sich im Krankenhaus eingefunden hatte, eine Woche lang nahezu durchgearbeitet, hoffend, dass die Familie davongekommen sei. Soweit ein wenig Schlaf zwischen den Operationen unerlässlich war, musste irgendeine Liege, und sei es eine Krankenbahre, genügen.

Die Tagesangriffe vom Mittag des 14. Februar, als sich das Tageslicht nur mühsam durch die dunklen Rauchnebel quälte, und abermals am 15. Februar, trafen vorzugsweise den Westen Dresdens, die Gegend um das Krankenhaus Friedrichstadt, dessen Dächer hinreichend kenntlich gemacht waren mit roten und weißen, zu dem internationalen Kreuzzeichen gelegten Ziegeln. Die ärztliche Tätigkeit musste immer wieder einmal vertauscht werden mit der eines Betriebs-Hilfsfeuerwehrmannes: Wassereimer schleppen, Brandbomben zu löschen versuchen. Das hieß: einen papierenen Sandsack über die sprühende Brandbombe halten, bis der Boden durchgebrannt war und der ausfließende Sand die Bombe erstickte.

Warum aber der bombennächtliche Fußmarsch des Vaters – warum nicht die Fahrt mit dem Automobil, das dem Chefarzt einer großen Klinik noch zur Verfügung stand? Haus und angebaute Garage hatten den ersten Angriff überstanden. Aber dem kleinen Auto – einem rundbuckligen, den späteren Volkswagen-Käfer vorwegnehmenden Steyr 55 – fehlte das Kraftzentrum, die Batterie. Da der Vater es, wohl aus einer Art Trotz, meistens vorzog, mit der Straßenbahn zur Arbeit zu fahren, musste die Batterie alle paar Monate nachgeladen werden. Der standesgemäße Horch 850 war zu Beginn des Krieges beschlagnahmt worden unter der tröstlichen Versicherung, das werde das Fahrzeug eines Generals, und unter Hinterlassung eines Gutscheins für die Wiederanschaffung eines entsprechenden Gefährts nach dem „Endsieg".

Vor 1990, aber auch danach, gab es keine Behörde, die diesen „Schaden" irgendwie anerkannt hätte, wie auch Haus und später enteignetes Grundstück ohne Entschädigung blieben. Schon bei diesem ersten Wiedersehen mit dem Vater war beeindruckend, dass er, ganz Angehöriger einer auf Pflicht ausgerichteten Generation, kein Wort des Bedauerns fand über seine eigenen, nun aber absehbar für seine in späten Jahren ins Bescheidene gewandelten Lebensverhältnisse, und dies für einen Krieg, an dessen Sinn und Erfolg er nie geglaubt hatte.

Die Dresdner Innenstadt war durch die Bombenangriffe fast völlig zerstört worden. Nur notdürftig konnte sich die Bevölkerung in dieser Trümmerlandschaft versorgen.

Bedauern äußerte er auch später nur über den Verlust seiner großen Fachbibliothek, der Papiere, auf denen er Vorbereitungen für spätere wissenschaftliche Arbeiten festgehalten hatte, und der unersetzbaren Familienbilder.

Am düsteren Morgen des 14. Februar machte ich mich mit dem Hausmeister, dessen Souterrainwohnung auch ein Opfer der Flammen geworden war, auf in Richtung Innenstadt – aber wiederum nicht, um nach der Frauenkirche oder sonst Kostbarem zu sehen. Vielmehr galt der zunehmend bedrückende Weg der Großen Plauenschen Gasse jenseits der Bahngleise in der Innenstadt.

Es war eine hässliche, enge Straße, mit dreistöckigen Mietskasernen, die in ihren Hinterhöfen Platz für Kleingewerbe boten. Sie war mir wohl vertraut, weil sie ein Stück des täglichen Schulwegs zum Vitzthumschen Gymnasium in der Dippoldiswaldaer Gasse gebildet hatte, bis im Jahre 1943 die Schule zum Reservelazarett umfunktioniert wurde.

Auf dem Plauenschen Platz musste man erkennen, dass der Eingang zu der schmalen Gasse, in der die Batterie zwei Tage zuvor abgegeben worden war, verschüttet und unzugänglich war. Auf dem Platz stand ein ausgebrannter Sanitätskraftwagen. Vom Fahrersitz schauten die beiden Rotkreuzler aus starren Augen dem Mann und dem Halbwüchsigen zu, die sich unter der Motorhaube an der Batterie zu schaffen machten. Leider stimmte die Voltzahl nicht.

Eine andere Autoruine, ein großer Mercedes mit SS-Kennzeichen, bot Passendes. Der Versuch, dies zu bergen, wurde unterbrochen durch die scharfe Frage, was wir da täten. Der Hausmeister, den Kopf tief im Motorraum, äußerte: „Das sehen Sie doch, wir bauen die Batterie aus". Uns wurde mulmig, als die Streife – ob „Kettenhunde" der Wehrmacht oder SS, weiß ich nicht mehr – etwas zu murmeln begann von Plündern und Standgericht.

Doch milderten meine Beteuerungen über die Notwendigkeit, den Wagen des „Chefchirurgen der Festung Dresden" flottzumachen, den Pflichteifer der beiden Hüter der schwer gestörten Ordnung. Wir einigten uns schließlich darauf, dass ich auf dem Meldeblock den Empfang der Batterie aus dem bombenbeschädigten und nicht fahrtüchtigen Kraftwagen quittierte. Noch heute steht die Forderung der Bundesvermögensverwaltung aus nach Ersatz einer auf die Bundesrepublik übergegangenen Forderung über die Kosten einer 12-Volt-Batterie, wie sich versteht mit seit dem 14. Februar 1945 aufgelaufenen Zinsen.

Der Hausmeister versorgte mit dem flottgemachten Steyr zunächst, was verständlich ist, seine gerettete Habe in Richtung Freital, wo er auf ein Quartier hoffte. Wir fanden eine Notunterkunft im Schloss Nöthnitz, an dem heute noch auf der Fernstraße 170 der Verkehr in Richtung Osterzgebirge vorbeibraust. Ein Zimmer im Schloss war es, Matratzen auf dem Boden, in drei Ecken je eine Familie. Überflüssig fand ich es, dass die Schlossherren uns bei nächtlichem Fliegeralarm gnadenlos in einen Apfelkeller hinaustrieben, in dem die Ernte kühl gelagert wurde. Erfreulich war die Gelegenheit, im Schlosshof mit kaltem Wasser, es war Winter, wenn auch für einen Februar milde, das geschwärzte Gesicht, Arme und Hände zu waschen.

Bei dem Wiedersehenstreffen mit dem Vater im Krankenhaus wurde mehr beiläufig erzählt, dass die Frauenkirche in einen Trümmerhaufen verwandelt sei. Gesehen habe ich das erst Anfang März. Der Anblick der weiten Fläche der Zerstörung, bis zu einem scheinbar grenzenlos gewordenen Horizont, der Blick in die einst belebten Straßen, die nur noch einen schmalen Trampelpfad bildeten, zwischen aufgestapelten, die Trümmer bändigenden Mauersteinen, führte wohl zu einer Art Abhärtung. Neben Torbögen, die Beschriftungen über den Verbleib einstiger Bewohner trugen – manchmal hieß es: „alle tot" –, aufragenden Treppentürmen, die durch die in Dresden üblichen steinernen Wendelstufen zusammengehalten wurden, registrierte man die Baudenkmäler allenfalls abgestuft nach „vollkommen dahin" oder „in Resten noch da".

Zur Verhärtung muss vor allem beigetragen haben der Anblick der Toten allenthalben. An der Bismarckstraße, auf dem Fußweg direkt am Hauptbahnhof, über dem zwei zusätzliche Gleise an den zu eng gewordenen Hauptbahnhof angebaut worden waren und, von quadratischen Säulen getragen, eine Art Dach bildeten, lagen unzählige Tote zum Abtransport aufgestapelt. Es war die Straße, die ich täglich gequert hatte auf meinem Schulweg, und am Hauptbahnhof hatte ich zuletzt alle zwei Wochen nächtlich eintreffende Flüchtlinge, nun schon aus dem mittleren Reichsgebiet, zu ihren Notunterkünften geleiten müssen. Im nahe gelegenen, wie zum Hohn einst „Amerikanisches Viertel" genannten Teil der südlichen Vorstadt hatte ich nach Freunden gesucht oder nach einer Nachricht über ihren Verbleib. In diesem noch fast unberäumten Trümmerfeld lagen immer noch Tote.

Neben alledem hatte ich beim Anblick der Reste der Frauenkirche nicht das Gefühl eines grenzenlosen Verlustes. Ich notierte das später vielfach im Bild Festgehaltene: den Berg aus Sandsteinblöcken, an der einen Seite aufragend den Chor, welcher den nur wenig beschädigten Altar enthielt, der erst später, zum Schutz vor Kunsträubern, eingemauert wurde. Gegenüber die stummelhaften Reste des Turms über dem einstigen Eingang E. Erschütternd die bronzene Gestalt Martin Luthers, der von seinem Denkmalsockel gestürzt war und das Gesicht wie zur Abwehr des umgebenden Schreckens gegen das Pflaster gewendet hatte; daneben die Bodenplatte mit den über den Knöcheln

abgebrochenen Füßen. Das Gefühl, dass sich an diesem Ort der erlittene Verlust symbolhaft konzentrierte, entwickelte sich erst allmählich, bei Besuchen der Heimatstadt, welche die sich leise verändernde Ruine, die zuletzt von einer Hecke aus wilden Rosen umhegt war, niemals ausließen. Als Gras über die umgebenden, abgeräumten Flächen gewachsen war, konnte man dort gelegentlich eine friedlich grasende Schafherde sehen. Mit dem Bewusstsein, ein Versäumnis zu gestehen, bekenne ich, dass ich, wiewohl 1930 in Dresden geboren und dort wohnhaft, nur einmal in der „alten" Frauenkirche gewesen bin.

Mit dem Gesicht zum Boden und von der Frauenkirche abgewandt liegt das beschädigte Denkmal Luthers nach der Bombardierung Dresdens zwischen den Trümmern. Das Standbild Luthers von Ernst Rietschel und Adolf von Donndorf war 1885 zu Ehren des Reformators errichtet worden.

Das Bauwerk kannte ich wohl. Es beeindruckte bei der Fahrt mit der Straßenbahn, Linie 11, die vom Schweizer Viertel durch die schon vor dem Kriege im Verkehr erstickende, immer schmaler werdende Prager Straße, dann durch die Waisenhausstraße über den Neumarkt direkt an der Frauenkirche vorbei, über die Augustusbrücke in die Neustadt führte. Vom Waldschlösschen bot sich noch einmal ein Blick auf die Stadt mit ihren Türmen.

Der Bewohner einer mit Baudenkmälern prunkenden Stadt nimmt diese nicht selten nur unvollkommen zur Kenntnis, wegen der Gewöhnung, auch in dem sich immer weiter in die Zukunft verlängernden Gefühl, die genaue Besichtigung könne man jeden Tag vornehmen. Vielleicht fehlte es mir auch an kunstsinniger Verwandtschaft, die bei einem Besuch dringend verlangte, das, was man vorher über Dresden erfahren hatte, das „deutsche Florenz", wie Gottfried Herder die Stadt genannt hat (nicht Elbflorenz), im Einzelnen anzusehen, wobei dann der heranwachsende Sohn des Hauses schon aus erzieherischen Gründen mit der Aufgabe des Fremdenführers betraut worden wäre. Auch die zahlreichen Onkel, Tanten, Vettern und Cousinen, eine Großmutter und einen Großvater nicht zu vergessen, glühten offenbar nicht schon im Taxi vom Bahnhof her vor Begierde, die viel gerühmte Stadt gründlich kennen zu lernen.

In Jugendjahren ist das geringe Interesse an Bauten vielleicht entschuldbar. Mein Besuch in der Frauenkirche war am 17. Dezember 1944, es gab ein vorweihnachtliches Konzert, wohl unter Mitwirkung des Kreuzchors. Die Kirche war brechend voll, anders als – nach Zeitzeugen-Berichten – bei den Gottesdiensten. Pfarrer der Frauenkirche war der den Nationalsozialisten kritisch gegenüberstehende Superintendent Hugo Hahn gewesen, 1935 aber vom Dienst suspendiert, schließlich des Landes Sachsen verwiesen.

In Württemberg fand er Zuflucht. Von 1947 bis 1953, unter abermals schwierigen Umständen, war er Landesbischof von Sachsen. Er stand im Konflikt mit dem Landesbischof Friedrich Coch, der sich zu den von den Nationalsozialisten gewollten Deutschen Christen bekannte und sich, nach dem frühen Tode seines konservativ eingestellten Vorgängers, Ludwig Ihmels, in der Frauenkirche in Abwesenheit des von den Nationalsozialisten Ende 1933 eingeführten „Reichsbischofs" Ludwig Müller selbst in sein Amt eingeführt hatte. Wohl auf Cochs Betreiben sollte die Frauenkirche „Dom" genannt werden; die Bezeichnung hat sich in Dresden nie eingebürgert.

Ich erinnere mich gut an den Anblick der vier Emporen, an die Verglasung der untersten. Hier gibt es eine merkwürdige Nähe zur Gegenwart. Um zusätzliche Geldmittel für den Bau im 18. Jahrhundert zu bekommen, waren die Emporen aufgeteilt in eine Art kircheninterner Reihenhäuschen, die verkauft wurden an Adelsfamilien, auch an reiche Bürgersippen. Um die 300 Taler hat ein solches Kirchen-Appartement gekostet. Spender größerer Beträge konnten jetzt, beim Wiederaufbau, symbolisch einen Sitzplatz in der Kirche erwerben. Das dort anzubringende Namensschild begründet aber keine wie immer gearteten Eigentumsrechte an diesem Sitz.

Mit aller Vorsicht darf man sagen, dass erst allmählich, im Laufe der runden 200 Jahre, welche die Frauenkirche bis zu ihrer Zerstörung 1945 an ihrem Platz gestanden hatte, das Bewusstsein dafür gewachsen ist, sie als eine Art Mitte der Kunststadt Dresden zu sehen. Viele Männer des Worts nahmen Dresden zum Ziel ihrer Reisen. Schiller und Kleist waren, der eine längere Zeit, der andere nicht nur für ein paar Tage, zu Gast in Dresden. Ausgesprochen schwärmerische Schilderungen der Stadt, speziell der Frauenkirche, hinterließen sie nicht. Goethe nennt die Frauenkirche nicht um ihrer selbst willen, sondern erwähnt sie – bei seinem Besuch im Jahre 1760 – in „Dichtung und Wahrheit" als den Aussichtsplatz, von dem aus er seinen erschütterten Blick über das vom preußischen

Bombardement verwüstete Dresden schweifen ließ: „Von der Kuppel der Frauenkirche sah ich diese leidigen Trümmer zwischen die schöne städtische Ordnung hineingesät." Über seinen zweiten Besuch in Dresden am 11. August 1813 hält Goethe in seinem Tagebuch fest: „Auf den Frauen Thurn (sic!) Sonnenuntergang. Mondsaufgang... Herrlicher Abend."

Über das Bauwerk, das ihm diesen Ausblick eröffnete, schrieb er nichts auf.

Näher an der Sache waren die bildenden Künstler. Sie entdeckten aber auch nicht von Beginn an die Frauenkirche als Symbol für das Dresdner Stadtbild.

Zu nennen ist an erster Stelle der malende Stadtchronist Bernardo Bellotto, genannt Canaletto, der die Getreulichkeit der Wiedergabe durch eine „Camera obscura" erreichte (wobei in Kauf zu nehmen ist, dass die Verzerrung durch die Linse, die das Bild mit Hilfe eines schräg gestellten Spiegels auf eine Mattscheibe warf, den Vordergrund ungebührlich weiträumig erscheinen lässt). Auf seinen Stadtansichten rückt die Frauenkirche oft in den Mittelpunkt.

Der Dresdner Kunsthistoriker Hans-Joachim Neidhardt weist darauf hin, dass die Romantiker, von Caspar David Friedrich bis zu Ludwig Richter, schon wegen der inneren Abkehr von dem gerade vergangenen Barock die Frauenkirche zwar vorkommen ließen, sie aber gelegentlich auf groteske Weise verkleinerten.

Der Neumarkt in Dresden, vom Judenhofe aus, Gemälde von Bernardo Bellotto (1721–1780) von 1751. Die getreue Wiedergabe aller Einzelheiten erreichte der Künstler durch die Verwendung einer „Camera obscura", wodurch die Dimensionen jedoch verzerrt wirken und wie hier den Vordergrund zu groß erscheinen lassen.

Carl Gustav Carus (1789-1869), der ein bedeutender Arzt war und zugleich ein Maler von Rang, muss hier genannt werden. Er hat eine späte Würdigung erfahren, indem die 1954 gegründete Medizinische Akademie auf Betreiben führender Dresdner Ärzte – zur Abwehr des Namens des Kommunistenführers aus der Weimarer Zeit, Ernst Thälmann – seinen Namen erhielt, der jetzt als Bezeichnung der nach 1990 als medizinische Fakultät der Technischen Universität eingegliederten Akademie fortlebt. Carus hat einen weit ausgreifenden Blick auf Dresden gemalt und neben einer geduckten Andeutung der Frauenkirche drei gotische Türme erscheinen lassen, die es nur in seiner Phantasie gab. Die bedeutenden Städtemaler des 20. Jahrhunderts, voran Gotthardt Kuehl, auch sein Schüler Fritz Beckert, haben bei ihren Stadtbildern die Frauenkirche mehr in den Mittelpunkt gerückt, besonders Fritz Beckert auf seinem berühmten Bild, das den Blick durch die Rampische Straße mit ihren bürgerlichen Barockhäusern auf die Frauenkirche zeigt. Zahlreiche Fotografen haben späterhin, professionell und privat, diesen Blick zum Motiv genommen. Im Winter boten die gleitenden Schneefelder auf der Kuppel eine reizvolle Möglichkeit, Bewegung in der Architektur darzustellen. Auch Maler der Moderne, etwa Richard Müller, auch Ernst Ludwig Kirchner, haben auf ihre neue Weise die Frauenkirche als Markierungspunkt der Innenstadtansicht erkannt, gelegentlich mit Blick über die eng zusammengedrängten, dürftigen Häuser zwischen der Brühlschen Terrasse und der umso beherrschender ragenden Kuppel.

Als die Frauenkirche nur noch einen Berg von Steinen bildete, bot sich die Ruine als Motiv von Symbolkraft an. Es scheint fast so, als sei erst in der Zerstörung die Frauenkirche zu dem geworden, was die Initiative zu ihrem Neubau letztlich getragen hat: zur konzentrierten Erinnerung an das alte Dresden.

Der Maler Otto Griebel, der 1945 in der Ostbahnstraße, dicht an den südlichen Ausfahrtgleisen des Hauptbahnhofs seine Atelierwohnung verloren hatte (sein Sohn Matthias hat nach 1990 als Direktor des Dresdner Stadtmuseums viel für die Erinnerung an die Stadt getan), berichtet von einer Rückkehr nach Dresden im August 1945 – die Rote Armee hatte inzwischen die Stadt besetzt:

„Zuerst wandten wir uns der Brühlschen Terrasse und der Frauenkirche zu, deren klägliche Überreste nach einer regelrechten Kletterpartie vor uns lagen… eine heftige Erschütterung packte mich vor diesem gewaltigen Berg von Trümmern, dem man es nicht glauben mochte, dass er das Überbleibsel eines unserer schönsten und stolzesten Bauwerke war… Nie bin ich schmerzlicher berührt worden als jetzt, da wir stumm um das Trümmerwerk schritten."

Der Wiederaufbau der Frauenkirche ist von Anfang an erwogen, als Wunsch gehegt und auch geäußert worden, bis nach dem Sturz des SED-Regimes auch die materiellen Möglichkeiten gegeben waren. Der am 7. Januar 1946 von der Dresdner Stadtverordnetenversammlung verabschiedete, vom damaligen „bürgerlichen" Stadtbaurat Conert entworfene „Große Dresdner Aufbauplan", ein heute selten gewordenes Dokument auf dem rauen Papier, das in den damaligen Vervielfältigungsapparaten verwendet wurde, enthielt unter den Bedingungen des verlorenen Krieges realitätsfern erscheinende, kühne Vorschläge. Um ein profanes Beispiel zu nennen: Angekündigt wurde die Wiederherstellung des Güntzbades – eines Hallenschwimmbades, das eine Frauen- und eine Männerschwimmhalle bot, die an einem Familientag in der Woche zur gemeinsamen Benutzung freigegeben waren.

Das zerstörte Dresden, Gemälde von Wilhelm Rudolph (1889–1982) von 1952. Nicht nur die Frauenkirche Bährs in ihrem städtebaulichen Zusammenspiel mit den sie umgebenden Gebäuden, sondern auch die Ruine des Gotteshauses wurde in ihrer Symbolkraft von zahlreichen Künstlern im Bild festgehalten.

Das Jugendstilgebäude, in eine Häuserflucht seitlich der Carolabrücke über die Elbe eingebunden, war ausgebrannt, aber das Feuer fand in der Badeanstalt, in der nur die Umkleidekabinen und die Türen aus Holz waren, wenig Nahrung. In den fünfziger Jahren, da sich unter dem SED-Oberbürgermeister Walter Weidauer der „Aufbau" zunächst auf eine brutale Abräumung der Innenstadt konzentrierte, wurden die meisten Vorschläge des hochgemuten „Großen Planes" gegenstandslos. In dem Plan war von einem Aufbau der Frauenkirche nicht die Rede, aber auch nicht von einer Abräumung des Trümmerberges. Immerhin forderte das Papier die Wahrung

der barocken Haltung im Stadtinneren, des Maßstabes in diesen Straßen- und Platzräumen, der durch die Baudenkmäler gegebenen Grundlinie. Für den Fall, so heißt es, dass ein Wiederaufbau der Frauenkirche „unmöglich" sei, müsse Sorge getragen werden, dass „ein beherrschender Bau, eine Stadtkrone in ähnlicher Form wie die Frauenkirche wiederkommt".

Der nach dem Zweiten Weltkrieg am Altmarkt errichtete „Kulturpalast" mit großem Konzert- und Veranstaltungssaal sollte anfänglich in seiner Höhe die noch erhalten gebliebenen Türme der Hofkirche und des Schlosses überragen und somit das Stadtbild „krönen".

Der Neubau der Dresdner Mitte konzentrierte sich anfangs auf den zentralen Platz, den Altmarkt, und die ihn im Norden streifenden Wilsdruffer- und König-Johann-Straße. Die SED beschränkte sich zunächst darauf, das „König" zu streichen; später wurde die Straße insgesamt nach Ernst Thälmann und großartig „Magistrale" genannt. Das geschah nicht ganz zu Unrecht, denn die Straße wurde ins Unmäßige verbreitert. Sie sollte als An- und Abmarschweg für die Massen-Aufzüge dienen hin zu dem ebenfalls um die Hälfte seines schon vordem beträchtlichen Umfangs (100 zu 120 Meter) erweiterten Altmarkt, wo die Tribünen aufgebaut wurden für die SED-Oberen. Nördlich des Altmarkts war ein „Kulturhaus" geplant, das mit einer Höhe von 100 Metern die erhalten gebliebenen Dresdner Türme (Katholische Hofkirche, Rathaus, Schloss, zunächst stand auch noch einer der beiden Türme der nach dem Willen der SED erst im Sommer 1972 abgerissenen Sophien-Kirche) überragen sollte.

Der Knappheit der Mittel ist es zu danken, dass die Pläne für das Kulturhaus immer mehr an Höhe verloren. Schließlich entstand der noch heute stehende „Kulturpalast", nicht höher als normale Innenstadthäuser. Er sollte im Überschwang der Revolution von 1990 dem Abriss überantwortet werden. Dieser Plan hat sich auf den eines maßvollen Umbaus dieses den einzigen großen Saal in der Landeshauptstadt bietenden Gebäudes reduziert. Schon 1950 sagte ein amtliches Papier in allgemeiner Form: „Verlorenes muss aufgegeben werden". Dass aber die Frauenkirche hierzu gehören sollte, wurde mit klaren Worten von hoher Amts-, das heißt Parteistelle, nicht gefordert. Zwar war mit dem Abtransport von Steinen zur anderweitigen Verwendung begonnen, diese Aktion aber bald wieder eingestellt worden. Einer (partei-)amtlichen Äußerung wurde freilich der manche Möglichkeiten enthaltende Zusatz beigefügt, dass man „bei der künftigen... Wiederherstellung des äußeren Erscheinungsbildes von Baudenkmälern den Einsatz von modernen Techniken und Materialien im Inneren prüfen" solle. Deutlicher wurde Weidauer in einer Diskussion im Jahre 1958, als er die (wohl als Versuchsballon gemeinte) Frage stellte, ob es nicht richtiger sei, „als Ersatz für die Frauenkirche das große sozialistische Kulturhaus an diesen Platz zu stellen". Das wäre die neue „Stadtkrone" anstatt der Frauenkirche gewesen (Matthias Lerm, Abschied vom alten Dresden, Leipzig 1993, S. 148).
Hier ist ein die Jahre bis 1990 beherrschender Konflikt markiert: Die einen, die alles bestimmende Minderheit, strebten die neue, die „sozialistische" Stadt an, waren aber bei der Verwirklichung dieser Ziele – neben dem Mangel an Subsidien – behindert durch die andere, in Dresden nie ganz erloschene und nicht ganz machtlose Position, dass eine Wiederherstellung des alten Stadtbildes wünschenswert sei.

Blick auf den Zwinger und die Sophien-Kirche um 1935. Im Sommer 1972 wurde der von der Sophien-Kirche erhaltene Turm nach dem Willen der SED abgerissen.

Für diese Gruppe, die ohne Macht den Willen vieler Machtloser vertrat, für die beispielhaft der Denkmalschutz zu nennen ist, rückte immer mehr der Wiederaufbau der Frauenkirche nach vorn.

In dem 1955 in erster Auflage im Sachsenverlag Dresden erschienenen Werk des Kunsthistorikers, Denkmalpflegers und einmaligen Kenners der Stadt, Fritz Löffler, „Das alte Dresden" – es war ein Buch, das damals nur „unter dem Ladentisch" zu haben war und das nicht die Förderung der offiziellen Kultur-

politik erfuhr – wird festgestellt, dass die erhalten gebliebenen Baupläne, die bei der Restaurierung zwischen 1924 und 1943 unter Leitung von Arno Kiesling gefertigt worden waren, die Möglichkeit böten, die Frauenkirche originalgetreu wieder aufzubauen.

Löffler wörtlich: „Es wird Aufgabe der Zukunft sein, das über der Stadt schwebende Kuppelwunder, das als Wahrzeichen des Barock die Silhouette beherrschte, wiederherzustellen."

Götz Bergander hat in seinem Standardwerk „Dresden im Luftkrieg" (Böhlau-Verlag Köln, 1994) beschrieben, wie er am Nachmittag des 15. Februar 1945 von der nur wenig beschädigten Wohnung seiner Eltern in der Friedrichstadt durch die Schrecknisse des frisch zerstörten Dresden gewandert war. Er schreibt: „Ich suchte nach der Kuppel der Frauenkirche. Sie fehlte. Wir warfen einen Blick durch die Bogenöffnung in der Brühlschen Terrasse in die zur Frauenkirche führende Münzgasse. An deren Ende türmten sich die Gesteinsbrocken des Kuppelbaus. Ungeachtet der deprimierenden Eindrücke dieses... Marsches durch die totale Verwüstung gab mir dieser Anblick den Rest, begriff ich wohl erst jetzt die Bedeutung des Bombardements in seiner vollen Tragweite". Beide Bücher bilden übrigens auf ihren Einbänden die Frauenkirche ab, bei Bergander ist es ein Blick auf den Steinberg, bei Löffler der goldgeprägte Umriss der Kirche, wie sie war – und nach dem Willen des Autors wieder sein sollte.

Mit dem Aufbau der Dresdner Baudenkmäler war schon in der Zeit vor 1990 begonnen worden, zuerst unter Förderung durch traditionsbewusste Kulturoffiziere der sowjetischen Besatzungsmacht.

Bald nach 1945 war mit einer ersten Restaurierung des Zwingers begonnen worden, eines vom Kurfürst August dem Starken veranlassten, ungefähr gleichzeitig mit der Frauenkirche entstandenen, vom Landbaumeister Pöppelmann verwirklichten hochbarocken Bauwerks, das schwer beschädigt war. Es folgten die Katholische Hofkirche, später das Anleihen beim Barock nehmende Opernhaus von Gottfried Semper, die klassizistische Galerie, ebenfalls von Semper, die einen etwas stilfremden Nordabschluss des unvollendet gebliebenen Zwingers bildete, sogar mit der Wiederherstellung des Dresdner Schlosses wurde zaghaft begonnen.

Der Pauschalvorwurf an die SED, sie habe den traditionellen Charakter Dresdens durchweg nicht als bewahrenswert angesehen, ist nicht berechtigt, trotz aller Sünden. Allerdings wurde die ganze, einst bewohnte und belebte Innenstadt geopfert. Vieles, was hätte wiederhergestellt werden können, wurde abgeräumt. Es ist zu hoffen, dass die Stadt mit der Frauenkirche, die dank einer großen, weit über Dresden in alle Welt hinausreichenden Bewegung ganz überwiegend aus Spendenmitteln originalgetreu wieder aufgebaut wurde, ihre Seele wiedergewonnen hat.

Eine besondere, ins „Politische" reichende Bedeutung hatte der Trümmerberg, der von der Frauenkirche geblieben war, spätestens am 13. Februar 1982 gewonnen. An diesem Tage hatte sich das alljährliche Gedenken in Dresden an die Vernichtung der Stadt sichtbar verwandelt in eine Demonstration für den Frieden. Die Versammlung von stummen Kerzenträgern, viele Jugendliche darunter, an der Ruine war den SED-Oberen unheimlich, aber sie wollten gegen eine stille Friedenskundgebung an einer von ihnen selbst als Mahnmal gegen den Krieg, was freilich nur den der „Imperialisten" meinte, gedeuteten Ruine nicht vorgehen. Die Kerzen-Demonstrationen an der Frauenkirche-Ruine festigten sich zu einem alljährlichen Brauch; es war ein erstes Aufbegehren der Bevölkerung, das auch den „kalten Krieg" meinte, aber die Schuld an dessen Existenz stillschweigend nicht der einen, von den Machthabern dafür vorgesehenen weltpolitischen Seite zuschrieb.

Das war das Fundament für den „Ruf aus Dresden" zum Wiederaufbau der Frauenkirche. Er wurde am 13. Februar 1990 beschlossen.

Der Anfang war die planmäßige Abtragung des Trümmerbergs und die Sortierung der wieder zu verwendenden Steine in den Jahren 1994/95.

Die Ruine der Frauenkirche wurde zunehmend zu einem politischen Symbol für den Frieden. Am 13. Februar 1984 nahmen 120.000 Teilnehmer an einer Großkundgebung zum 39. Jahrestag der Zerstörung Dresdens teil.

Beim „archäologischen" Wiederaufbau hielt man an dem Gedanken fest, das Bauwerk – wie einst die Ruine – solle Mahnmal gegen Krieg und für Frieden sein.

Gegen die Erhaltung der Ruine als Mahnmal wurden technische Argumente gesetzt. Es wurde gesagt, der Trümmerberg werde durch die fortdauernde Pflege, deren er je länger umso mehr bedurft hätte, zur Künstlichkeit entarten. Am überzeugendsten war der Einwand, dass die nach dem Fall der Fesseln im Jahre 1990 unausweichliche Bebauung des Dresdner Stadtzentrums, auch des Gebiets um den Platz der Frauenkirche, die Ruine mehr und mehr zu einem Fremdkörper machen würde, bei dem die Antwort auf die Frage nach seinem Sinn

es immer schwerer haben würde, Glauben und Vertrauen zu finden.

So ergab sich zwangsläufig ein Disput um die organische Eingliederung der Frauenkirche in ein neu entstehendes Stadtbild. Sollte es durchaus das alte sein oder sollte man der Moderne Raum gewähren? Durchgesetzt hat sich ein Kompromiss, dem freilich Ende 2004 noch die Bewährung vor der Wirklichkeit bevorstand: Neubau der alten Stadt in ihrem Zentrum Neumarkt an den überkommenen Straßenführungen, wobei „Leitbauten", die im Sinne der historischen Vorbilder zu halten seien, der Moderne Mäßigung auferlegen sollten.

Der lang dauernde Streit zwischen diesen Denkschulen machte noch einmal schmerz-

Genau 20 Jahre später wird an der vor der Vollendung stehenden, wieder aufgebauten Frauenkirche den Opfern des Krieges und der Zerstörung gedacht. Am 13. Februar 2004 zeugen brennende Kerzen von Hoffnung und Versöhnung.

lich deutlich, welchen unnötigen Schaden
die Erneuerungswut der SED gestiftet hat,
die sich überall, wo sie nicht offen gegen die
ebenfalls von der Partei definierte „Wahrung
des Kulturellen Erbes" verstieß, hemmungs-
los entfaltete.

Der Blick durch die von Häusern eines nob-
len bürgerlichen Barock geprägte Rampische
Straße auf die Frauenkirche, vielfach gemalt
und emsig fotografiert, hätte, wenn nicht
die SED-Obrigkeit gegen den erbitterten
Widerstand des Denkmalschutzes und unter
Bruch getroffener Vereinbarungen 1956 die
Sprengladungen in den wohl erhaltenen
Fassaden eingebracht und gezündet hätte,
ohne weiteres in alter Form wieder entstehen können. Es gäbe ein Stück weniger der
streitigen Diskussion, wie das Umfeld der
Frauenkirche zu gestalten sei.

Nun wird die Frauenkirche, wird ihre mächtige
und zugleich elegante Kuppel eines Tages
wieder Mittelpunkt einer lebendigen Stadt
sein, nicht ein einsames Monument der trot-
zigen Wiederherstellung des Alten, sondern
wie einst eine beschützende Mitte – und
dies umso mehr, als der mehr als 55 Jahre
während Verlust dieser Mitte dessen Bedeutung im Gemeinschaftsgefühl der Stadt befestigt hat.

*Die wiedererstandene Frauenkirche inmitten der
Baustelle auf dem Dresdner Neumarkt. Bis 2006
sollen hier auf den historischen Grundrissen zahlreiche neue Geschäfte, Wohnungen, Büros sowie
ein Hotel entstehen.*

Im August 2003 fallen die
Gerüste des Wetterschutzdaches
über der fertigen Sandsteinkuppel. Gleichzeitig entsteht ein
neues Gerüst für den Bau der
Laterne.

Das Erinnern in die Zukunft tragen

Ingolf Roßberg

Blick auf den Stadtkern von Dresden mit der gewaltigen Kuppel der Frauenkirche, aufgenommen 1933. Die Frauenkirche war ab 1933 das Zentrum der Bekennenden Kirche in Dresden.

Mit der Vollendung des Innenausbaus der Frauenkirche schließt sich eine lang blutende Wunde aus dem Zweiten Weltkrieg, die den Abschluss einer grandiosen Wiederaufbauleistung nicht nur von nationaler Bedeutung markiert.

Die Frauenkirche in Dresden war bis zu ihrer Zerstörung und ihrem Einsturz am 15. Februar 1945 die Krönung der gesamten Stadtsilhouette, die über der Elbsilhouette thronende „Glocke". Sie war bis Ende der Dreißigerjahre eine der Hauptkirchen der Stadt Dresden und wohl eine der bedeutendsten Kirchen des protestantischen Kirchenbaus überhaupt.

Man könnte sagen, sie war für die Lutheraner das, was für die Katholiken der Petersdom ist. Mit dieser Bedeutung und symbolhaften Ausstrahlung ist sie im Gedächtnis der Dresdner verhaftet gewesen. Ab 1933 bildete die Frauenkirche zudem das Zentrum der Bekennenden Kirche in der Stadt Dresden.

Das Überstehen der Angriffe des 13. und 14. Februar 1945 hatte sehr viele Menschen in der völlig zerstörten Stadt zunächst tröstlich gestimmt, umso mehr war der Einsturz am 15. Februar für viele Dresdner mit einem echten, persönlichen Schmerz verbunden gewesen. Die Frauenkirche hatte bis dahin mehrere Kriege und Verwüstungen der Stadt überstanden. „Dann bleibt der Dickkopf eben stehen!", so der berühmte Ausspruch Friedrichs II. beim Angriff auf Dresden 1760, nachdem die Kanonenkugeln an der Kuppel der Frauenkirche abgeprallt waren.

Als 1990 in Bezug auf die Stadt Dresden die ersten Planungsgedanken entwickelt wurden – ich war damals Dezernent für Stadtentwicklung in Dresden –, war von Anfang an der Wiederaufbau der Frauenkirche eines der Hauptanliegen. Die Stadt Dresden sollte zum einen ihre Stadtkrone wiederbekommen, die Elbsilhouette damit wieder vollständig hergestellt werden. Zum anderen sollte die Frauenkirche einen Maßstab setzen und Raum bildend für das gesamte Innenstadtkonzept sein. Damit war auch der Wiederaufbau des Neumarktes verbunden, der eine weitere klaffende Wunde in dieser Stadt schließen und in neuer Form mit einem in die Zukunft gerichteten Geist erfüllen sollte.

Bereits im Juni 1990, unmittelbar nach meinem Antritt als Dezernent für Stadtentwicklung, hatte ich persönlich mit der Bürger- initiative für den Wiederaufbau der Frauen- kirche Kontakt aufgenommen. Heute können sich noch einige an die Gespräche erinnern, die wir in der Wohnung von Pfarrer Hoch geführt hatten. Von Beginn an hatte ich mich besonders für die politische Umset- zung in der Stadtverwaltung eingesetzt und so der Bürgerinitiative mit Rat zur Seite gestanden. Im Oktober 1990 schließlich bin ich selbst Mitglied der Bürgerinitiative geworden, mit dem Anliegen, der Stadt Dresden ihr eigentliches Zentrum und damit ihr Herz und ihre Seele zurückzugeben. Das Projekt war damals durchaus umstritten. Es hat über zwei Jahre gedauert, bis die Stadt Dresden sich per Beschluss zum Wiederauf- bau bekannt und sich auch mit einer Kosten- beteiligung eingebracht hat. Viele Kritiker des Wiederaufbaus wollten an der Ruine der Frauenkirche als Symbol und Mahnmal gegen den Krieg festhalten. Dies hätte allerdings bedeutet, dass man einen Zustand konser- viert, der ein tatsächlich unnatürlicher ist, der durch Menschenhand herbeigeführt worden ist, auch wenn die Ursachen hierfür in Deutschland und in den Auswirkungen des Zweiten Weltkriegs selbst liegen.

Für die Stadt Dresden und die mit ihr ver- bundene Stadtentwicklung konnte es aber nicht nur um die Verwaltung der Vergangen- heit gehen, sondern vor allem um die Gestal- tung der Zukunft. Dieser neue Geist wurde von der Bürgerinitiative mit der Idee von Frieden, Toleranz und Weltoffenheit verbun- den und zielte zunehmend auf eine Öffnung nach außen.

Das ist die eigentliche Botschaft, mit der auch ich den Wiederaufbau der Frauenkirche immer wieder verbinde. In diesem Versöhnungswerk haben unzählige Menschen wieder zueinan- der gefunden. Die Frauenkirche ist damit zu einem Symbol der Versöhnung geworden, nicht nur in Dresden und Deutschland, son- dern in ganz Europa und darüber hinaus.

Die Wiederherstellung des goldenen Turm- kreuzes durch die Engländer ist wohl das sichtbarste Zeichen für die Versöhnung. Die Unterstützung der Amerikaner, die Hilfen aus unserer Partnerstadt Columbus, und schließlich auch das Mitwirken von franzö- sischer Seite zeigen ebenso die über das

Mehr als 40 Jahre zeugte die Ruine der Frauenkirche von den Schrecken des Krieges. Ihr Wiederaufbau ist ein einzigartiges Zeichen von Solidarität und Versöhnung.

steinerne Symbol hinausgehende Bedeutung der Frauenkirche, bei der sich Menschheit und Menschlichkeit verknüpfen.

Nach dem abgeschlossenen Wiederaufbau gilt es nun, ein Nutzungskonzept zu formulieren. Ende der Dreißigerjahre war auf Befehl des damaligen Gauleiters Mutschmann die Verantwortung für die Frauenkirche von der Stadt Dresden auf die Evangelisch-Lutherische Landeskirche übertragen worden.

Seit dem Beginn des Wiederaufbaus hat die Stadt Dresden die Zusammenarbeit mit der Landeskirche gesucht.

Der Wiederaufbau sollte mit einer klaren Botschaft verbunden werden. Der kirchliche Auftrag, den es von Anfang an geben sollte, musste sich in verschiedene Richtungen öffnen.

Der Wiederaufbau der Frauenkirche und ihre Symbolkraft kann nur dann erfolgreich vermittelt werden, wenn der kirchliche Auftrag

mit dem durch die Geschichte bedingten Anspruch an den Bau als ein Zeichen der Versöhnung verschmilzt. Der kirchliche Auftrag selbst muss als Zeichen für Toleranz und Versöhnung verstanden werden und sollte auch in Bezug auf unterschiedliche Glaubensformen einen positiven Dialog initiieren.

In der praktischen Umsetzung zeigt sich dies zum Beispiel schon am Engagement der jüdischen Gemeinde, die konkret am Wiederaufbau der Frauenkirche mitgeholfen hat, so wie viele Dresdner auf der anderen Seite für den Bau der neuen Synagoge gespendet haben.

Was die Frauenkirche und die in ihr stattfindenden Veranstaltungen direkt betrifft, zeigte sich dieser neue Geist zum Beispiel bei der im März 2004 gehaltenen Podiumsdiskussion zur Vorbereitung des 60. Jahrestages der Zerstörung, am 13. Februar 2005. Auf dem Podium saß Pfarrer Fritz als Vertreter der Frauenkirche ebenso wie Nora Goldenbogen, die Vorsitzende der jüdischen Gemeinde, um über die Zukunft des Gedenkens zu diskutieren.

Bei dieser Gelegenheit sind die Menschen nicht zu einer gottesdienstlichen Handlung zusammengekommen, jedoch Menschen, die einen guten Willen bezeugt haben, gemeinsam den 60. Jahrestag vorzubereiten. Das Gedenken und die Erinnerung mit Blick auf die Zukunft ist nicht mehr Angelegenheit Angehöriger einer bestimmten Konfession, es ist ein übergreifendes, Solidarität stiftendes Thema.

Diese Art im Umgang mit der Erinnerung und der Wiederaufbau selbst tragen sicher auch zur Verarbeitung der von vielen am eigenen Leib erlebten Kriegsereignisse bei. Die Sorge, durch den Wiederaufbau der Frauenkirche dem Gedenken an die Zerstörung des 13. Februar 1945 das Symbol zu nehmen, muss durch die Schaffung einer neuen Gedenkkultur genommen werden.

Die Frauenkirche steht nun für Vergangenheit und Zukunft, sie beinhaltet Elemente,

Ein Zeichen der Versöhnung: Die festliche Übergabe des neuen Kuppelkreuzes für die Dresdner Frauenkirche am 13. Februar 2000. An dem Festakt nahmen auch Edward Herzog von Kent, Dresdens Oberbürgermeister Herbert Wagner, Landesbischof Volker Kreß sowie Sachsens Ministerpräsident Kurt Biedenkopf teil (v. l.).

die die Möglichkeit des Erinnerns bieten, die aber gerade auch das Erinnern in die Zukunft tragen. Eben unter diesem Motto stand die bereits erwähnte Podiumsdiskussion „Zukunft des Gedenkens".

Der Aufruf „Ein Rahmen für das Erinnern" fragt auf die gleiche Weise nach der Art des Gedenkens, über die bloße Trauer hinaus als eine Möglichkeit für die Zukunft. Es gilt zu fragen, was das Gedenken für Menschen guten Willens in der heutigen Zeit bedeutet. Mit der wiedererrichteten Frauenkirche wollen wir dem Anspruch der Trauer nachkommen und zugleich neue Möglichkeiten zur Verständigung initiieren.

Die Ruine war rückwärts auf die Trauer gerichtet, der Wiederaufbau trägt diese Erinnerung in die Zukunft. Wie die Gedenkstelle am Altmarkt, so erinnern 60 Orte in der Stadt an die Zerstörung Dresdens. Die Frauenkirche vereinigt das Gedenken und den Blick in die Zukunft in sich.

Diese einmalige Aufbauleistung hat nun nicht nur die Dresdner überzeugt. Der Diskussionsprozess, der 1990 in Gang gesetzt wurde, ist weitergegangen. Spätestens seit das letzte Baugerüst gefallen ist und die Kirche wieder frei sichtbar ist, einschließlich des Turmkreuzes, sind die letzten Zweifel an dem Wiederaufbauprojekt gewichen.

Auch viele Westdeutsche standen dem Projekt skeptisch gegenüber. Einer davon war mein guter Freund Jörn Walter, heute Oberbaudirektor in Hamburg, der zu mir gesagt hatte: „Ingolf, ich habe deine Verve für den Wiederaufbau nie verstanden. Seit ich sie jetzt sehe, sage ich, du hast Recht gehabt, du hast von Anfang an Recht gehabt. Das ist es..." Und wenn dies nun schon solch enge Vertraute und gute Freunde wie Jörn Walter sagen, dann wüsste ich jetzt keinen mehr, den man noch überzeugen müsste, dass es richtig war.

Und selbst unter Architekten muss der umstrittene Bau nun Bewunderung hervorrufen.

An der Kuppel der Dresdner Frauenkirche fallen am 3. September 2003 die letzten Gerüste. Nach fast 58 Jahren krönt die Kuppel wieder die Dresdner Stadtsilhouette.

In den Jahren 1990-1994 habe ich in meiner Rolle als so genannter Stadtbaurat mit vielen Architekten und Stadtbauräten gesprochen, die beim Wiederaufbau durchaus geholfen haben. Auch Architekten wie Benisch, der das Dresdner Benno-Gymnasium gebaut hat, und Schürmann, beide Dresdner, hatten sich mit dem Projekt auseinandergesetzt. Die überwiegende Meinung zu Beginn der Arbeiten war, dass man mit der alten Frauenkirche nicht viel anfangen könne.

Blick auf die barocken Grundrisse des Dresdner Neumarkts. Im Hintergrund das Residenzschloss mit dem Hausmannsturm sowie der Turm der Hofkirche. Die Bebauung des Neumarktes auf dem alten Stadtgrundriss kostet ca. 400 Millionen Euro und zählt zu den größten Bauvorhaben in den neuen Bundesländern.

Ähnlich verhalten reagierte anfangs auch die Evangelisch-Lutherische Kirche. Zum einen sah man die unsichere Finanzierung des Wiederaufbaus mit Sorge. Hierin entsprach die Zurückhaltung durchaus der der Stadt. Hätte man plötzlich finanzielle Verpflichtungen moralischer Natur zu erfüllen, wenn der Bau durch Spendengelder allein nicht finanziert würde? Und kann sich die Kirche – und ebenso die Stadt – das leisten? In direktem Bezug zu dieser letztgenannten Frage stand auch die Frage nach der Nutzung des Kirchenbaus. Man sorgte sich, dass alte Dorfkirchen verfallen, während eine gewaltige Kirche gebaut wird, die keine eigentliche Gemeinde hat. Die dichte Bebauung der Innenstadt gab es seit der Zerstörung 1945 nicht mehr.

Die Frage der Nutzung und die gehegten Zweifel haben sich jedoch im Verlauf der Diskussion auch für die Landeskirche geklärt. Zum einen durch den Baufortschritt selbst und durch die inzwischen präzisierten Überlegungen zur Nutzung.

Die Öffnung der Frauenkirche bietet sowohl für den Freistaat als auch für die Landeskirche einen Spielraum, die Gemeinsamkeiten zu nutzen. Der kirchliche Charakter wird gewahrt und die Frauenkirche wird nicht zum reinen Tourismusziel, durch das die Besuchergruppen strömen. Die Podiumsdiskussionen und Veranstaltungen in der Unterkirche, die auch in Zusammenarbeit mit dem Citymanagement stattfinden, befassen sich mit moralisch-ethischen Fragen, aber eben auch mit Themen von durchaus weltlichem Charakter, wie z. B. die Diskussion um die Zukunft der Innestadtgestaltung.

Die Frauenkirche ist für mich zudem stark mit dem Pfarrer Fritz verbunden, der als erster Pfarrer mit einer halben Pfarrstelle an die Frauenkirche berufen wurde, so dass die „Öffnung der Kirche" eben nicht nur Schlagzeile ist und Sonntagslehrwort, sondern im Glauben gelebte Weltoffenheit.

All dies sind Punkte, die den Widerstand haben sukzessive schwinden lassen. Auch das erarbeitete Stiftungskonzept, das die Rechtsgrundlage der Dreierstiftung von Freistaat, Stadt und Landeskirche bildet, hat dazu beigetragen, die Unterstützung für das Projekt zu stärken. Die Zusammenarbeit dieser drei Partner legt zudem einen Grundstein für den weiteren Erhalt und die Zeit nach dem Wiederaufbau. Allen voran jedoch ist der Wiederaufbau dem Engagement der Bürger zu verdanken. Das Konzept der Bürgerinitiative, den Wiederaufbau durch Spenden zu finanzieren, ist in ungeahnter Art und Weise aufgegangen. Schließlich wurde das bürgerschaftliche Engagement durch die Initiative der Dresdner Bank, öffentliche Gelder und Stifterbriefe unterstützt, was die Dauer des Wiederaufbaus sicher erheblich verkürzt hat.

Was die Aufrechterhaltung und weitere Finanzierung der Kirche betrifft, so gehe ich davon aus, dass die weltweite Gemeinde, die sich zusammengefunden hat, dieses Gotteshaus wieder aufbauen zu wollen, bereit sein wird, praktisch den Nachfolgeverein zur Unterhaltung dieses Gotteshauses mitzugründen. Ebenso bin ich mir sicher, dass alle drei Partner, die die Stiftung bilden, auch ihrerseits einen Beitrag leisten werden, um die dauerhafte Unterhaltung der Kirche beginnend ab Ende 2005 abzusichern.

Die Frauenkirche im März 2005 – nach dem nun dank des bürgerschaftlichen Engagements abgeschlossenen Wiederaufbau gilt es, auch in Zukunft den Unterhalt des Gotteshauses zu sichern.

Großbritannien und Dresden

Die Überwindung eines Traumas

Karl-Günther von Hase

Wie präsent die Erinnerung an die britische Bombardierung Dresdens in der Nacht vom 13./14. Februar 1945 ist und welche mühsam vernarbten Wunden die Vergangenheitsbewältigung diesseits und jenseits des Kanals selbst 60 Jahre nach dem Ende des Zweiten Weltkrieges aufzureißen vermag, zeigte sich unmittelbar vor dem 4. Staatsbesuch von Königin Elisabeth II. vom 2. bis 4. November 2004 in der Bundesrepublik Deutschland.

Die deutsche Bevölkerung erwarte, so lautete das Resümee eines Leitartikels im englischen Boulevardblatt „Daily Mirror", dass sich das britische Staatsoberhaupt im Rahmen der bevorstehenden Deutschlandvisite offiziell für den Luftangriff auf Dresden entschuldige.[1] Nicht müde, anachronistische Vorurteile zu bemühen, raschelten einige Parlamentarier kräftig im Blätterwald und riefen ihren Landsleuten mahnend ins Gedächtnis, wie wenig den Deutschen in Anbetracht des von ihnen entfesselten Zweiten Weltkrieges selbst heute noch zu trauen sei.[2]

Einmal mehr handelte es sich um das reflexartige Wiederaufleben von Ressentiments, von denen Politiker und Diplomaten stets hoffen, sie seien endlich überwunden, dann jedoch desillusioniert feststellen müssen, dass sich lang gehegte britische Vorbehalte gegenüber der deutschen Mentalität, aber auch deutsche Legendenbildungen[3] im Hinblick auf das Kriegsgeschehen hartnäckig konserviert haben: Im Falle Dresdens hatte es sich weder um ein nichtmilitärisches noch ein bis Februar 1945 von Bombenabwürfen gänzlich verschontes Ziel gehandelt.

Die Bezifferung der Opfer schwankte stets beträchtlich; die tatsächlichen Intentionen der britischen Regierung respektive des Oberbefehlshabers des RAF Bomber Command, Arthur T. Harris, unterlagen weit reichenden Spekulationen.

Blick vom Rathausturm auf das fast völlig zerstörte Dresden. Die anglo-amerikanischen Bombenangriffe vom 13./14. Februar 1945 hatten den Großteil der Dresdner Innenstadt in Schutt und Asche gelegt. Die Vergangenheit zwischen Deutschen und Alliierten ist auch nach 60 Jahren noch nicht endgültig bewältigt.

Während in Großbritannien die altbekannten Klischees überstrapaziert werden, jüngster Beweis ist die groteske Kritik der britischen Boulevardpresse an der Mitgliedschaft des am 19. April 2005 gewählten Papstes Benedikt XVI. in der Hitlerjugend, weist auch die Erinnerungskultur in der Bundesrepublik jenseits des demokratisch-politischen Spektrums gefährliche Untiefen auf. Seit einigen Jahren ist zu beobachten, dass der 13. Februar von rechts- und linksextremistischen Gruppierungen gleichermaßen missbraucht wird. Neonazistische Anhänger marschieren an diesem Tag auf und bedienen sich faschistischer Parolen; linksautonome Splittergruppen diskreditieren das stille Gedenken an die Opfer, indem sie den Angriff auf Dresden als legitimen Akt der Alliierten postulieren.[4]

Als Träger der vierten Gewalt und Bestandteil der Informationsgesellschaft, in der die Zeit ein kostbares Gut geworden ist, sehen sich Nachrichtenagenturen und Redaktionen gezwungen, die dramatischsten Bilder und die zugkräftigsten Schlagzeilen über außen- oder innenpolitische Dissonanzen, militärische Eskalationen und apokalyptisch anmutende Naturkatastrophen zu übermitteln, um im internationalen Wettbewerb bestehen zu können. Print- und elektronische Medien fungieren aber auch als Seismographen. Sie überwachen das Auf und Ab bilateraler Beziehungen und konstatieren Verschiebungen außenpolitischer Koordinaten.

Nicht zuletzt durch Berichte von Augenzeugen und Veröffentlichungen wurde die Sinnlosigkeit und Unmenschlichkeit der Zerstörung Dresdens zunehmend ins Bewusstsein der Regierenden und der Bevölkerung gerückt. Im Feuersturm von Dresden fanden nach heutigem Kenntnisstand 35.000 Menschen den Tod,[5] Hunderttausende verloren ihre Angehörigen, ihr Zuhause, ihre letzten Habseligkeiten. In Dresden gab es neben Hamburg die höchste Anzahl von Luftkriegsopfern von allen deutschen Städten.[6]

Das an barocken Kunstdenkmälern reiche „Elbflorenz" besaß keine Bunkeranlagen und war zum Zeitpunkt der Bombardierung mit Flüchtlingen aus Schlesien, Ostpreußen und Pommern, mit Ausgebombten aus Berlin und dem Rheinland, mit Verwundeten, Zwangsarbeitern und Kriegsgefangenen hoffnungslos überfüllt.

Am 14. Februar 1945 waren die Auswirkungen des Doppelschlages der Royal Air Force (RAF) noch weithin sichtbar, als Einheiten der US Army Air Force (USAAF) Dresden am gleichen und auch am folgenden Tag erneut bombardierten.[7]

Überlebenden und Bergungskräften prägten sich Bilder ins Gedächtnis ein, die sie ein Leben lang nicht überwinden sollten. Aus Angst vor Epidemien wurden Wochen nach dem Angriff auf dem Altmarkt provisorische Roste aus Stahlträgern und Straßenbahnschienen errichtet, auf denen Tausende von Leichen eingeäschert wurden.[8]

Nicht nur der Verlust menschlichen Lebens war fortan mit dem Namen Dresdens und einem weiteren furchtbaren Höhepunkt des strategischen Luftkrieges verbunden, sondern auch die Vernichtung der jahrhundertealten Bausubstanz und das Schicksal der Frauenkirche aus dem Jahr 1743, die den Einwirkungen durch den Krieg bis zum Vernichtungsschlag standgehalten hatte. Zwei Tage nach den Luftangriffen – am Morgen des 15. Februar 1945 – stürzte die Sandsteinkuppel in das ausgebrannte Bauwerk. Das Wahrzeichen der Dresdner war zerstört. Die Teilung Deutschlands und der Kalte Krieg standen dem Wiederaufbau der Frauenkirche entgegen. Jahrzehntelang ragte ihre Ruine als Mahnmal für das Zerstörungspotential alliierter Spreng- und Brandbomben, aber auch für die Konsequenzen der zwölfjährigen Diktatur der Nationalsozialisten empor. In der Nachkriegszeit erinnerte die Nacht von Dresden stets an ein unbewältigtes Kapitel in den deutsch-britischen Beziehungen, an das man vorzugsweise nicht rührte, wollte man keine Misstöne heraufbeschwören. Doch nach wie vor stellte sich den Deutschen die Frage nach dem „Warum": Aus welchen Gründen wurde, als der Zweite Weltkrieg bereits militärisch zugunsten der Alliierten und der Sowjetunion entschieden war, nicht davon abgesehen, deutsche Städte und Zivilisten in Schutt und Asche zu bomben? Und Dresden markierte keineswegs das Ende des Bombenkrieges:

Im März 1945 erfolgte die Zerstörung von Chemnitz, Dessau, Würzburg, Hildesheim, Paderborn und Potsdam. Selbst die Trümmerlandschaft, die einmal Dresden darstellte,

Am 1. Juni 1993 wurde das Kreuz der einst 95 Meter hohen Spitze der Dresdner Frauenkirche bei Aufräumungsarbeiten freigelegt. Archäologen und Bauleute machten sich umgehend auf die Suche nach der vergoldeten Kugel sowie Unterlagen und Zeitdokumenten des Gotteshauses.

wurde am 17. April 1945 erneut getroffen.[9] Vergessen werden darf bei aller Trauer nicht, dass die Nationalsozialisten den Krieg geplant und zuerst Bombenangriffe auf ausländische Innenstädte in einer bislang unbe-

kannten Dimension angeordnet hatten. Die Vereinigten Staaten von Amerika und Großbritannien ihrerseits beabsichtigten, Deutschland unter allen Umständen niederzuwerfen. Kompromisslos forderte Winston Churchill die bedingungslose Kapitulation der Deutschen, wie sie während der Konferenz von Casablanca am 24. Januar 1943 von ihm und dem amerikanischen Präsidenten Franklin D. Roosevelt definiert worden war; Stalin hatte die Formel wenige Monate später übernommen.

Die Motive sind vielfältig, die den angloamerikanischen Bomberoffensiven zugrunde lagen: Sie reichen von der Blockierung des Verkehrsknotenpunktes Dresden, der Unterbrechung des Nachschubes für die Wehrmacht, der Zerstörung rüstungsrelevanter Betriebe bis zur wenig gesicherten Annahme, die Alliierten wollten sich vor Kriegsende ihrer Bombenvorräte entledigen. Wie Golo Mann in seinem Rundfunkkommentar zur Zerstörung Dresdens vom 18. Februar 1945 hinwies, musste auch Dresden – ähnlich wie Köln und Berlin – damit rechnen, zur Frontstadt zu werden.

Die Warnungen der Alliierten vor massiven Schlägen seien immer wieder über Radio und Zeitungen verbreitet worden. Unvorbereitet sei deshalb wohl niemand gewesen, meint Mann.[10]

Angesichts der Meldungen über die Gräueltaten der Nationalsozialisten in Deutschland und in den besetzten Gebieten, angesichts des Wissens um die Vorgänge in den Konzentrations- und Vernichtungslagern, ist es nachvollziehbar, dass britische Politiker, Wissenschaftler und Publizisten, aber auch Teile der Bevölkerung, die Anwendung jeglicher militärischer Vergeltungsmaßnahmen für gerechtfertigt hielten und halten.

Seit 1939 befand sich Deutschland im Krieg. Oberstes Gebot der Alliierten war es, diesen Krieg so schnell wie möglich zu beenden – mit allen zur Verfügung stehenden militärischen

Mitteln. Im Winter 1944/45 stiegen die Verluste der Alliierten im Bodenkrieg dramatisch an, die deutsche Gegenwehr forderte zu Beginn des Jahres 1945 von den Alliierten hohe Opferzahlen.[11]

Die Einschätzung von Air Chief Marshal Sir Arthur T. Harris und der Führungsebene des Bomber Command der Royal Air Force, das Deutsche Reich mit Flächenbombardements in die Knie zwingen zu können, wurde innerhalb der RAF und der USAAF geteilt. Mochte es den Alliierten auch nicht gelingen, Wehrmacht und Bevölkerung in den letzten Kriegsmonaten vollständig zu demoralisieren, aus der Retrospektive betrachtet, wurde ein wesentlich nachhaltigeres Ziel erreicht: Das Leid, das der moderne Bombenkrieg zu verursachen imstande ist, werden die Deutschen kaum vergessen können.[12]

Ein Blick auf die beginnenden Neunzigerjahre des vergangenen Jahrhunderts verrät, dass sich an der vorsichtigen Zurückhaltung im Umgang mit Dresden deutscherseits wenig geändert hatte. Im Vorstand der Deutsch-Englischen Gesellschaft, die 1949 in Düsseldorf ins Leben gerufen worden war und deren Königswinter Konferenzen bis zum Fall der Mauer im Herbst 1989 alternierend in Königswinter und Cambridge tagten, wurde die Frage erörtert, ob es einer Brüskierung der britischen Regierung gleichkäme, wenn die erste Konferenz nach der Wiedervereinigung in Dresden abgehalten würde.

Zunächst herrschte Unsicherheit hinsichtlich des weiteren Vorgehens, denn Premierministerin Margaret Thatcher verfolgte die epochalen Ereignisse in der DDR wie auch die Ost- und Deutschlandpolitik von Bundeskanzler Helmut Kohl gleichermaßen skeptisch wie wachsam.[13]

In der Downing Street wuchs die Anspannung, den sich überstürzenden Berichten aus der DDR und den ehemaligen Ostblockstaaten ohnmächtig gegenüberzustehen und der Entstehung eines womöglich dominanten,

In Anwesenheit der englischen Königin Elisabeth II., des Bundespräsidenten Roman Herzog und dessen Frau Christiane sowie des Ehemanns der Königin, Prinz Philip, wurde am 1. Dezember 1998 im Innenhof von Windsor Castle erstmals das neue Kreuz für die Frauenkirche der Öffentlichkeit präsentiert. Das mit Kugel und Sockel sechs Meter hohe Kunstwerk schmückt inzwischen wieder die steinerne Kuppel der Frauenkirche.

wiedervereinigten Deutschland zusehen zu müssen, das eine Hegemonialstellung in Europa anstreben könnte.

In einem Sondierungsgespräch zwischen dem Verfasser und dem britischen Vorsitzenden des Königswinter Steering Committee, Sir Oliver Wright, kristallisierte sich allerdings schnell heraus, dass sich die Bedenken als unnötig erwiesen hatten.

Von britischer Seite wurden keine Einwände erhoben. Vom 14. bis zum 17. März 1991 trafen Mitglieder und Interessierte zum Dialog in Dresden zusammen, um gemeinsam eine tour d'horizon zum Thema „Die Rolle Großbritanniens und Deutschlands in Europa" zu unternehmen.

In seiner Eigenschaft als 1. Vorsitzender der Deutsch-Englischen Gesellschaft erläuterte der Verfasser bei der Eröffnung des 41. Deutsch-Englischen Gespräches die Wahl des Tagungsortes: „Wir hoffen, dass Deutsche und Briten in dieser Stadt am besten bezeugen können, dass sie die Schatten der Vergangenheit hinter sich gelassen haben und bereit sind, der Herausforderung einer gemeinsamen Zukunft in Europa zu begegnen, indem wir sämtliche Vorteile und Risiken miteinander teilen."[14]

Unberührt von Irritationen gestaltete sich das Verhältnis zwischen Deutschen und Briten in Bezug auf Dresden auch in den nächsten Jahren nicht: Am 31. Mai 1992 enthüllte die Königinmutter in ihrer Eigenschaft als Schutzherrin der Royal Air Force das Standbild von Sir Arthur T. Harris. Die Regierung war nicht vertreten. Dass ausgerechnet der Chef des Bomberkommandos posthum geehrt werden sollte, der seit 1942 die Durchführung der Luftangriffe auf deutsche Städte befehligt hatte,[15] sorgte nicht nur in der Bundesrepublik für Unverständnis, sondern wurde auch im britischen Unterhaus debattiert.[16]

Obwohl das Konzept des Moral Bombing auf Premierminister Winston Churchill und seine Berater zurückging, wobei man die Zerstörung historischer Stadtzentren und den Tod von Zivilisten billigend in Kauf nahm, war es Harris, der nach dem Zweiten Weltkrieg aufgrund seiner technokratischen Haltung massiv kritisiert wurde. Von Ehrungen wurden er und sein Kommando ausgeschlossen.[17]

Bereits sechs Wochen nach dem Großangriff auf Dresden, am 1. April 1945, hatte Churchill Harris mitgeteilt: „Mir scheint, dass der Zeitpunkt gekommen ist, da man die Frage des so genannten Flächenbombardements im Hinblick auf unsere eigenen Interessen überprüfen sollte. Wenn ein gänzlich ruiniertes Land unter unsere Kontrolle gelangt, wird es dort einen großen Mangel an Unterbringungsmöglichkeiten für uns und unsere Alliierten geben, und wir werden nicht in der Lage sein, Baumaterial für unseren eigenen Bedarf aus Deutschland bekommen zu können, weil eine zeitweilige Versorgung für die Deutschen selbst gewährleistet werden müsste..."[18]

In den Augen der britischen Regierung war Dresden bis zum Angriff vom Februar 1945 ein strategisches Ziel wie jedes andere gewesen. Nach der Offensive aber wurde die Bombardierung Dresdens aufgrund des katastrophalen Ausganges für Churchill zum Politikum. Dies symbolisierte unter anderem die eindrucksvolle Rede des Labour-Abgeordneten Richard Stokes am 6. März 1945 vor dem House of Commons.[19]

Harris schien nun politisch nicht mehr opportun, so dass Churchill sich schließlich von ihm distanzierte.

Nach seinem Tod im Jahr 1984 sammelten Veteranen der Bomberverbände die Mittel, um Arthur Harris – zugleich stellvertretend ihren im Bombenkrieg gefallenen Kameraden – ein Denkmal zu setzen. Für viele Bundesbürger ist es bis zum heutigen Tage schwer zu begreifen, dass jemand geehrt wurde, der aus Überzeugung Städte und Landstriche in Deutschland hatte ausradieren lassen, um den Widerstandswillen der deutschen Bevölkerung zu brechen, und dass die Ehrung ausgerechnet an dem Tag stattfand, an dem 55 Jahre

Dresden nach dem Bombenangriff im Februar 1945.

Dass sie ohne Aufenthalt an der zerstörten Frauenkirche vorbeifuhr und auch keine offizielle Stellungnahme vom Königshaus erfolgte, enttäuschte nicht nur viele Dresdner. Das Foreign Office soll die Empfehlung ausgesprochen haben, die Queen möge jede Geste unterlassen, die in der Bundesrepublik oder in Großbritannien als Schuldeingeständnis für das Bombardement Dresdens ausgelegt werden könnte.[21]

Dennoch gibt es zahlreiche Beispiele für die Bemühungen von Deutschen und Briten, die sich der Überwindung der Feindschaft zwischen den einstigen Kombattanten verschrieben haben. Dies gilt für die Verständigung zwischen Coventry und Dresden. Die deutsche Luftoffensive auf Coventry, dessen Altstadt und mittelalterliche Kathedrale in der Nacht vom 14. November 1940

zuvor der erste Großangriff auf Köln verübt worden war.[20]

Für die deutsch-britischen Beziehungen war Dresden bis Mitte der Neunzigerjahre stets ein Problem. Es schien, als gebiete ein ungeschriebenes Gesetz, das Schweigen über Dresden nicht zu brechen, um keine Unstimmigkeiten mit dem Bündnispartner zu provozieren. Doch gerade wer Großbritannien – so wie der Verfasser – aus eigener Erfahrung kennen und schätzen gelernt hat, die britischen Traditionen bewundert und die Briten um ihren unbefangenen Nationalstolz beneidet, ist verpflichtet, falls nötig auch einmal kritische Worte in Bezug auf die Vergangenheit zu formulieren. Verlässliche Freunde gewinnt man nur durch Offenheit.

Dass nationale Befindlichkeiten die Enttabuisierung und Ingangsetzung eines reinigenden Versöhnungsprozesses retardierten, ja einem unbelasteteren Zugang in bilateralen Gesprächen und Begegnungen im Wege standen, lässt sich an folgendem Vorfall erläutern: Im Oktober 1992 besuchte Königin Elisabeth II. einen Gottesdienst in der Dresdner Kreuzkirche.

Königin Elisabeth II. fährt während ihres Besuchs in Dresden am 22. Oktober 1992 an der Ruine der Frauenkirche vorbei. Dass die Monarchin nicht ausstieg und während ihres Besuchs auch keine offizielle Stellungnahme des Königshauses erfolgte, enttäuschte nicht nur die Dresdner Bevölkerung.

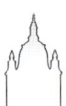

Ansprache über Johannes 12,32 des Landesbischofs Volker Kreß in der Feierstunde zum Aufzug des Turmkreuzes auf die Kuppel der Frauenkirche am 22. Juni 2004

Königliche Hoheit,
sehr geehrter Herr Ministerpräsident,
sehr geehrter Herr Oberbürgermeister,
sehr geehrter Herr Dr. Russell,
liebe große Gemeinde dieses festlichen Ereignisses!

„Wenn ich erhöht werde von der Erde, so will ich alle zu mir ziehen." Diesen einprägsamen Satz hat Christus kurz vor seinem Tod gesagt. Mit dem „Erhöht werden von der Erde" hat er die wenigen Meter gemeint, deren es bedurfte, um das Kreuz, an dem er sterben sollte, aufzurichten. An diesem grausigen Geschehen wurde für alle Zeiten der Menschheitsgeschichte exemplarisch deutlich, wozu Menschen fähig sind. Aber Christus sagt: Das geschah, damit er alle zu sich zieht, weg von aller Schuld der Erde, hin zu sich, zu dem also, von dem einmal gesagt worden ist: „Einer kam und zeigte wie ein Blitzlicht einen Bruchteil der Geschichte, was ein Mensch sein könnte."

Aufgrund dieser Geschichte ist das Kreuz zu einem besonderen Zeichen in unserer Welt geworden. Das Kreuz, das heute oft ohne Kenntnis dieser Geschichte gedankenlos als Schmuckstück getragen wird. Das Kreuz, das aber zum Beispiel auch an so schrecklich vielen Stellen auf unseren Landstraßen an völlig unnötiges, Menschen ratlos machendes Sterben erinnert. Das Kreuz aber und vor allem, das auf vielen unserer Kirchen zu dem ruft, in dem alle Versöhnung gründet.

„Wenn ich erhöht werde von der Erde...", – mit gutem Grund möchte ich diesen Satz Jesu und alles, woran er uns erinnert, auf das Geschehen dieser Stunde übertragen. So ernst das Geschehen des Kreuzes ist, so froh ist das Ereignis, das uns heute hier zusammenführt. Ein Kran wird das Turmkreuz der Frauenkirche im wahrsten Sinn des Wortes „erhöhen". Das Turmkreuz wird seinen Platz hoch über unserer Stadt auf der Kuppel der Frauenkirche finden.

Damit kommt der äußere Wiederaufbau unserer Frauenkirche zu seinem festlichen und feierlichen Abschluss.

Es ist eine Stunde des Dankes an alle an diesem großen Werk Beteiligten. Es ist eine Stunde des Dankes an den Dresden Trust und an das britische Volk für das den Geist der Versöhnung lebendig machende Geschenk dieses Kreuzes. Und es ist vor allem eine Stunde des Dankes an den Herrn der Welt, der dieses Werk bis zu dieser Stunde in so wunderbarer Weise hat gelingen lassen.

Es ist, wenn man alles überdenkt, auch eine Stunde, in die sich erste Gedanken an eine so wohl kaum wiederkommende Zeit einmischen. Was wir rings um den Wiederaufbau unserer Frauenkirche erlebt haben und erleben, gehört wohl zu dem, was wir Menschen wachen Sinnes nur einmal im Leben erfahren dürfen. Gleich nachher, wenn das Turmkreuz hoch über unserer Stadt seinen Platz gefunden hat, wird es auf der beeindruckenden Kuppel der Frauenkirche so etwas sein wie das Kreuz auf der Weltkugel: Das Zeichen, erhöht von der Erde, um alle zu sich zu ziehen, weg von allem Streit und Unfrieden dieser Erde, hin zu dem, aus dem alle Versöhnung lebt. In diesem Sinne segne Gott das Werk, das wir tun. Amen.

in Flammen aufgingen und mindestens 800 Opfer zu beklagen hatte, veranlasste den Chef der deutschen Luftwaffe, Hermann Göring, größenwahnsinnig von einer künftigen „Coventrisierung" englischer Städte zu sprechen.[22]

Dass sich die Verhältnisse aber bald umkehren und deutsche Städte dem Erdboden gleichgemacht würden, damit hatte Göring nicht gerechnet.

Trotz der Verbitterung auf beiden Seiten entwickelte sich mitten im Kalten Krieg eine Partnerschaft zwischen Coventry und Dresden, die 1959 ihren Anfang nahm und – gerade in der Bundesrepublik – zunächst zurückhaltend aufgenommen wurde.[23]

Die britische Kontaktaufnahme mit der DDR stand der von der Bundesregierung in Anlehnung an die Hallstein-Doktrin vertretenen Politik der Nichtanerkennung diametral entgegen. Dennoch gelang es den Initiatoren, die geknüpften Kontakte zu erhalten und vor allem auf einer politisch unverfänglichen, d.h. der musikalischen Ebene für einen regelmäßigen Austausch zu sorgen.[24]

Die Wiedervereinigung der beiden deutschen Staaten am 3. Oktober 1990 eröffnete neue Möglichkeiten.

Ausgehend von einer Bürgerinitiative konstituierten sich die Gesellschaft zur Förderung des Wiederaufbaus der Frauenkirche Dresden und die Stiftung Frauenkirche Dresden. Im Ausland wurde der „Ruf aus Dresden" ebenfalls gehört:[25] Bei der britischen Vereinigung Dresden Trust gingen seit 1993 Spenden für den Wiederaufbau der Frauenkirche ein.

Der Trust stiftete unter anderem das neue Kuppelkreuz, das von einer Londoner Goldschmiede originalgetreu gefertigt wurde. Angemerkt sei an dieser Stelle, dass einer der Künstler der Sohn eines RAF-Bomberfliegers ist, der an der Offensive auf Dresden teilgenommen hatte.[26]

Anlässlich der Installation des Kuppelkreuzes am 22. Juni 2004 in Dresden griff der

unbezahlbaren Kulturschätze, die dabei zerstört wurden. Der Opfer des Krieges am Boden. Und auch der vielen britischen Flieger, die nie zurückkamen. [...] Wir haben aus den Fehlern der Vergangenheit gelernt und eine

Domkapitular und Leiter des Internationalen Zentrums der Kathedrale von Coventry sowie Mitglied des Dresden Trust Dr. Paul Oestreicher besichtigt am 9. September 1994 in Begleitung des Dresdner Bürgermeisters Herbert Wagner die Ruine der Frauenkirche in Dresden.

britische Botschafter in Berlin, Sir Peter Torry, die Ereignisse vom Februar 1945 auf, bezog sich hierbei aber auch auf ähnliche Erfahrungen britischer Zivilisten bei der deutschen Bombardierung Coventrys und Londons und verwies hoffnungsvoll auf das Zusammenwachsen Europas seit 1945.
Hierzu äußerte sich Torry folgendermaßen: „Wir werden der vielen tausend Menschen gedenken, die in jenem erbarmungslosen Feuersturm zu Tode gekommen sind. Der

Das neue Kuppelkreuz der Dresdner Frauenkirche, das von einer Londoner Goldschmiede originalgetreu gefertigt wurde. Einer der ausführenden Künstler ist Sohn eines RAF-Bomberfliegers, der an der Offensive auf Dresden teilgenommen hatte.

Bundespräsident Horst Köhler, die englische Königin Elisabeth II., Prinz Philip und Eva Köhler am 3. November 2004 in der Berliner Philharmonie. Die Queen, die sich zu einem dreitägigen Staatsbesuch in Deutschland aufhielt, hatte zu einem Benefizkonzert zu Gunsten des Wiederaufbaus der Frauenkirche geladen.

bessere Welt für die nachfolgenden Generationen geschaffen. [...] Das Turmkreuz der Dresdner Frauenkirche ist ein weithin sichtbares Symbol für die Versöhnung zwischen Großbritannien und Deutschland."[27]
Das Königshaus beteiligte sich in der Vergangenheit ebenfalls an der Wiedererrichtung der Frauenkirche. Während des Staatsbanketts im Zeughaus in Berlin am 2. November 2004 erinnerte Königin Elisabeth II. an das für den nächsten Tag angekündigte Benefizkonzert in der Berliner Philharmonie, dessen Erlös der Frauenkirche zugute kommen sollte, und nahm indirekt Stellung zur Tragödie Dresdens: „Der Wiederaufbau der Dresdner Frauenkirche ist für uns alle eine Inspiration. [...] Und indem wir uns des für beide Seiten schrecklichen Krieges erinnern, anerkennen wir, wie wertvoll der Frieden ist, den wir seit 1945 in Europa geschaffen haben."[28]
Je näher der 60. Jahrestag der Bombardierung Dresdens am 13./14. Februar 2005 rückte,

desto intensiver wurde das Ereignis von britischen und deutschen Autoren sowie Journalisten aufgearbeitet.[29]
Den Leser erstaunt nicht nur die Vielzahl an neuen Publikationen, sondern auch die apologetische Tendenz mancher Darstellung, in denen es vor allem an der kritischen Auseinandersetzung mit der eigenen Geschichte fehlt. In der Bundesrepublik erregten die umstrittenen Darstellungen von Jörg Friedrich Aufsehen, die sich mit den Schrecken und Opfern des Bombenkrieges in Deutschland beschäftigen.[30]
Seine Studie „Der Brand" und der Bildband „Brandstätten" dokumentieren die eindringlichen Schilderungen der Überlebenden des alliierten Flächenbombardements. In der Folge diskutierten Wissenschaftler und Journalisten die Problematik, ob es, gemessen an dem von Nationalsozialisten initiierten Aggressionskrieg und dem begangenen Genozid im „Dritten Reich", legitim sei, die Luftkriegsstrategie der britischen und amerikanischen Kriegsministerien derart plakativ in Frage zu stellen und einen Aspekt des Zweiten Weltkrieges gesondert herauszugreifen, nämlich dass auch die deutsche Zivilbevölkerung unzählige Tote und Obdachlose infolge des alliierten Bombenkrieges zu beklagen hatte. Nach 60 Jahren wird der Angriff auf Dresden in Großbritannien politisch und publizistisch noch immer überwiegend gerechtfertigt, noch immer bewegt das Schicksal Dresdens die Menschen in Deutschland, doch im Gegensatz zur Vergangenheit nehmen die Berührungsängste ab und es ist möglich geworden, einen offenen Diskurs zu führen. In der britischen Bevölkerung ist mit den Jahrzehnten die Einsicht gewachsen, dass die Zerstörung Dresdens nicht nur militärisch zweifelhaft, sondern auch menschenverachtend war.
Hoffnungsvoll stimmt, dass sich die Bereitschaft zur Selbstreflexion und die Stimmen derer mehren, die sich zu einer gemäßigteren

Ansprache S. Kgl. H. des Herzogs von Kent in der Feierstunde zum Aufzug des Turmkreuzes auf die Kuppel der Frauenkirche am 22. Juni 2004

Wir sind heute hier, um einen weiteren Meilenstein beim Wiederaufbau der Frauenkirche zu feiern. Dies ist ein wunderbares Projekt, das Menschen, die einst Feinde waren, zu einer starken und dauerhaften Freundschaft zusammenschließt. Die Frauenkirche symbolisiert wie kein anderes Gebäude den Ruhm und Glanz Dresdens. Ihre Zerstörung in jenem Inferno, von dem Dresden im Februar 1945 heimgesucht wurde, war eine Tragödie. Ihr Wiederaufbau ist eine großartige Leistung, und es erfüllt mich mit Stolz, hierzu einen kleinen Beitrag leisten zu dürfen.

Ich bin 1995 zum ersten Mal in Ihre schöne Stadt gekommen, um zur Bekundung unseres Willens eine Zeichnung des neuen Kuppelkreuzes zu übergeben. Im Februar 2000 war ich wieder hier, um die Nachbildung von Johann Georg Schmidts wunderbarem Kunstwerk zu übergeben. Jetzt sind wir hier, um mitzuerleben, wie das Kreuz auf die Kuppel aufgesetzt wird.

Es ist eine Ehre für mich, bei diesem Ereignis dabei zu sein, und ich möchte diese Gelegenheit ergreifen, um Ihnen meine Anerkennung auszusprechen für alles, was seit meinem letzten Besuch vor über vier Jahren geleistet wurde.

Zuerst möchte ich all jene beglückwünschen, die in den letzten 14 Jahren unermüdlich gewirkt haben: die Stiftung Frauenkirche Dresden und besonders Baudirektor Eberhard Burger, ohne deren Engagement dieses Projekt niemals so weit gediehen wäre; Ludwig Güttler und Hans-Joachim Jäger (die zu den Initiatoren des Projekts gehören) und alle anderen in der Gesellschaft zur Förderung des Wiederaufbaus der Frauenkirche, die die notwendigen Gelder beschafft haben; Alan Russell, Peter Nardini und das Team aus Vorstand und Mitgliedern des Dresden Trust – deren Königlicher Schirmherr zu sein ich die Ehre habe –; und nicht zuletzt die vielen tausend Menschen in aller Welt, die uns mit ihrem Interesse, ihrem Zuspruch und ihrer Hilfe angespornt haben.

Ich empfinde es als einmaliges Privileg, an diesem Projekt einen Anteil zu haben. Viele Menschen in Großbritannien verfolgen es mit größtem Interesse. Es bedeutet viel mehr als den Wiederaufbau eines Gebäudes, obgleich es sich um eine der schönsten Kirchen in Europa handelt. Es ist auch ein wunderbares Beispiel dafür, dass die Menschen sich nicht unterkriegen lassen, dass der Geist sich immer wieder aufschwingt. Ein Beispiel dafür, dass die Bürger Dresdens mit ihren Freunden in aller Welt vereint sind in dem Wunsch, eine gemeinsame Zukunft zu gestalten, die auf Hoffnung, Freundschaft und Vergebung gegründet ist.

Wenn wir heute gemeinsam ein freies, friedliches und vereinigtes Europa bauen, sollten wir nicht versuchen, unsere schmerzhafte und schwierige Vergangenheit zu vergessen. Wir müssen sie in Erinnerung behalten, damit sie sich niemals wiederholen kann. Aber die Erinnerung an die Vergangenheit sollte auch einhergehen mit der Freude über das, was wir seither erreicht haben und auf dem wir nach Kräften weiter aufbauen sollten. Wie Yehudi Menuhin in unserem Buch „Dresden: A City Reborn" schrieb, könnte Dresden zu einem „Leuchtfeuer" für uns alle werden.

Die Botschaft, die wir verkünden müssen, ist eine der Hoffnung. Im Rückblick zeigt sich, dass ja schon viel erreicht worden ist. Die Städtepartnerschaft zwischen Coventry und Dresden hat den Weg geebnet. Schon in den 60er Jahren kam eine Gruppe junger Briten nach Dresden, um beim Wiederaufbau eines Krankenhauses – des Diakonissenkrankenhauses – zu helfen. Britische Künstler reisen immer wieder nach Dresden, man denke nur an Sir Colin Davis, Dame Felicity Lott (die erfreulicherweise heute unter uns ist), Anish Kapoor und Norman Foster. Durch die Arbeit des Dresden Trust entstanden auch zahlreiche persönliche und kulturelle Kontakte. Das Kuppelkreuz, das von heute an die Frauenkirche krönen wird, ein Geschenk der Briten, angefertigt von der Londoner Goldschmiedewerkstatt Grant MacDonald, ist ein Schritt in die Zukunft mit hoher Symbolkraft.

Von daher freue ich mich, dass eine Gruppe britischer Schüler und Schülerinnen von der Queen Elizabeth's Grammar School in Kent nach Dresden gekommen ist, um zusammen mit Jugendlichen aus Dresden und Meißen an den Feierlichkeiten in dieser Woche teilzunehmen. Der Dresden Trust hat sich in jüngster Zeit sehr für derartige Projekte engagiert. Er ermöglicht britischen Schulkindern den Besuch von Schulen in Sachsen. Er gewährt ein Jahresstipendium für einen deutschen Journalisten, der zusammen mit Kollegen aus aller Welt an den Instituten Reuters House und Green College Oxford studieren kann. Wir hoffen sehr, dass diese Programme fortgesetzt und womöglich noch ausgebaut werden können.

Die Außenkonstruktion der Frauenkirche ist jetzt fertig gestellt, und die Innenarbeiten laufen auf Hochtouren. Es gibt aber noch viel mehr, auf das wir uns freuen können: das Sachsen-Jahr 2005 in Großbritannien, und ebenfalls im nächsten Jahr die offizielle Einweihung des neu angelegten Britisch-Deutschen Freundschaftsgartens in Staffordshire, die Weihung der Frauenkirche am 30. Oktober, dem Reformationstag, und dann 2006 die 800-Jahr-Feier Dresdens. Im Geiste dieser immer engeren kulturellen Verbindungen möchte ich allen, die beim Wiederaufbau dieser großartigen Barockkirche, dieses Symbols der Stadt, mitgewirkt haben, noch einmal meine Glückwünsche aussprechen. Vielen Dank.

Der Landesbischof Jochen Bohl, der Pfarrer der Frauenkirche Stephan Fritz und der Dompropst Dean John Irvine aus Coventry in England bei der Übergabe des Nagelkreuzes am 13. Februar 2005 in der Unterkirche der Frauenkirche. Das Nagelkreuz von Coventry steht als Zeichen der Versöhnung und des Friedens heute an vielen Orten der Welt.

und differenzierteren Position bereit finden oder sogar ablehnend auf die alliierte Luftoffensive gegen Ende des Zweiten Weltkrieges reagieren; dazu zählten in der Vergangenheit vor allem Emigranten, Diplomaten, geistliche Würdenträger und engagierte Bürger. Die Wunde beginnt zu heilen.

Das Beispiel Dresden lehrt, wie essentiell es für die Bundesrepublik ist und in Zukunft sein wird, sich mit ihren Nachbarn zu verständigen und mit ihren Verbündeten abzustimmen, um innerhalb der EU, NATO und UNO auf mögliche gefahrvolle Entwicklungen reagieren zu können.

Dazu ist es aber notwendig, sich der Eckpfeiler der bundesdeutschen Außenpolitik seit 1949 wieder bewusst zu werden: Die Vertiefung des Verhältnisses zu Frankreich, die Verbesserung der transatlantischen Beziehungen, die enge Einbindung Großbritanniens in Kontinentaleuropa und die Fortsetzung der europäischen Integrationspolitik.

Wenn am Reformationstag, dem 31. Oktober 2005, die Wiederweihe der Dresdner Frauenkirche festlich und international beachtet begangen wird, steht nicht nur die Versöhnung zwischen Deutschen und Briten im Vordergrund, sondern es erwächst die vornehmliche Verpflichtung für diese und alle nachfolgenden Generationen, einen Weltenbrand wie den des Zweiten Weltkrieges unter allen Umständen zu verhindern.

Die 15 Meter hohe und 28 Tonnen schwere Turmhaube wird am 22. Juni 2004 mithilfe eines 800-Tonnen-Mobilkrans auf die wiedererbaute Frauenkirche aufgesetzt. Das weltberühmte Gotteshaus ist insgesamt 91,24 Meter hoch.

Zimmerleute fertigen im März 2004 die Turmhaube der Frauenkirche. Der hölzerne Unterbau wird später noch mit Kupfer verkleidet.

Die Turmhaube mit Kreuz steht im Mai 2004 bereits vor der Frauenkirche, im Hintergrund die Kuppel des Neuen Sächsischen Kunstvereins.

Mit dem Aufsetzen des Turmkreuzes im Juni 2004 kommt der äußere Wiederaufbau zu seinem krönenden Abschluss.

Der 19. Dezember 1989

An der Ruine der Frauenkirche

Rudolf Seiters

Bundeskanzler Helmut Kohl spricht am Abend des 19. Dezember 1989 zu der riesi-gen Menschenmenge, die sich anlässlich seines Besuches in Dresden eingefunden hat. Rechts neben Kohl Bundesarbeitsminister Norbert Blüm.

Das Jahr 1989 bleibt für mich das wichtigste Jahr in meinem politischen Leben. Die acht Monate von Ende April, da ich zum Chef des Kanzleramtes und damit zum west-deutschen Verhandlungspartner der DDR berufen wurde, bis zum 19. Dezember, da Bundeskanzler Helmut Kohl seine berühmte und vielleicht wohl wichtigste Rede an der Ruine der Frauenkirche in Dresden hielt, über-treffen an Dramatik alles, was ich jemals erlebt habe:

Am 4. Juli mein Antrittsbesuch beim DDR-Staatsratsvorsitzenden Erich Honecker, am 8. August die Schließung der Ständigen Ver-tretung der Bundesrepublik Deutschland in Ostberlin wegen ihrer Überfüllung durch Zu-fluchtsuchende, ergebnislose Verhandlungen am 19. August mit der DDR-Führung, am 10. September die Öffnung der Grenzen nach Österreich durch Ungarn, am 30. September die Reise mit Außenminister Genscher nach Prag, Ausreisefreiheit für die Botschafts-flüchtlinge in Prag, Warschau und Budapest, die Montagsdemonstrationen in Berlin, Leipzig und anderen Orten, der Besuch Gorbatschows in Ostberlin („Wer zu spät kommt, den bestraft das Leben"), der Sturz Honeckers, meine Ver-handlungen mit Schalck-Golodkowski über Erleichterungen im Reiseverkehr, der Fall der Mauer am 9. November, der Rücktritt des Honecker-Nachfolgers Egon Krenz, der 10-Punkte-Plan des Bundeskanzlers vom 28. November, die Flucht von Schalck-Golod-kowski in die Bundesrepublik, mein Besuch bei Ministerpräsident Modrow am 5. Dezember mit den Vereinbarungen über einen gemein-samen Devisenfonds und den Wegfall des Mindestumtauschs und der Visapflicht für Besucher aus der Bundesrepublik – Ergeb-nisse, die in der deutschen Presse mit großer Zustimmung, in Berlin sogar mit Jubel be-grüßt wurden. Nach 45 Jahren sei völlige Reisefreiheit für die Bundesbürger einge-räumt worden, Berlin sei keine Insel mehr, schrieben die Berliner Zeitungen.
Mir persönlich zeigten die Ergebnisse ein weiteres Mal, dass die DDR unter dem Druck der internationalen Entwicklung, der anhal-tenden Massendemonstrationen, einer sich verschärfenden wirtschaftlichen Lage nach dem Sturz von Erich Honecker und dem Rück-

tritt von Egon Krenz in eine immer ausweglosere Lage geriet. Der Besuch des Bundeskanzlers am 19. Dezember in Dresden, der zwischen Modrow und mir am 5. Dezember ebenfalls vereinbart wurde, sollte diese Einschätzung ein weiteres Mal bestätigen. Was sollte und was konnte in Dresden erreicht werden? Schon am 9. November, als die Mauer fiel, konnte ich in Abstimmung mit dem damals in Warschau weilenden Bundeskanzler im Deutschen Bundestag erklären: „Die vorläufige Freigabe von Besuchsreisen und Ausreisen aus der DDR ist ein Schritt von überragender Bedeutung. Damit wird praktisch erstmals Freizügigkeit für die Menschen in der DDR hergestellt... Wir sind zu umfassender Hilfe bereit, wenn eine grundlegende Reform der politischen und wirtschaftlichen Verhältnisse in der DDR verbindlich festgelegt wird. Die SED muss auf ihr Machtmonopol verzichten, muss unabhängige Parteien zulassen und freie Wahlen verbindlich zusagen." Und als Helmut Kohl am 28. November –

Elf Jahre nach seiner historischen Rede vor der Dresdner Frauenkirche besucht Helmut Kohl im Dezember 2000 erneut die sächsische Landeshauptstadt.

weder abgestimmt mit den Westmächten noch mit dem Koalitionspartner FDP und vorbereitet in ganz kleinem Kreise – sein 10-Punkte-Programm präsentierte, verband er

Berliner aus beiden Teilen der Stadt stürmen am 9. November 1989 die Mauer am Brandenburger Tor.

sein Angebot zu Hilfen für die DDR und zu einem umfassenden Ausbau der Zusammenarbeit mit der Forderung, dass ein grundlegender Wandel des politischen und wirtschaftlichen Systems in der DDR verbindlich beschlossen und unumkehrbar in Gang gesetzt werde, und forderte erneut freie und geheime Wahlen unter Beteiligung unabhängiger Parteien und eine Aufhebung des SED-Machtmonopols. Die Bundesregierung sei in diesem Zusammenhang sogar bereit, konföderative Strukturen zwischen beiden Staaten in Deutschland zu entwickeln, mit dem Ziel, eine Föderation, das heißt eine bundesstaatliche Ordnung in Deutschland zu schaffen. Das setze eine demokratisch legitimierte Regierung in der DDR zwingend voraus. In den Wochen bis zum 19. Dezember verfiel die Autorität der Regierung Modrow jedoch mehr und mehr, die wirtschaftlichen und finanziellen Probleme Ostberlins traten immer mehr zutage, die Welle der Übersiedlung hielt an.

Zahlreiche Dresdner Bürger haben sich am 19. Dezember 1989 mit Deutschlandfahnen und Plakaten am Rand einer Straße und auf dem Dach einer benachbarten Wohnsiedlung eingefunden und warten auf die Ankunft des Bundeskanzlers Helmut Kohl.

Am Morgen des 19. Dezember flogen wir nach Dresden. In der Begleitung des Bundeskanzlers befanden sich neben mir die Minister Dorothee Wilms, Helmut Haussmann, Norbert Blüm und Johnny Klein sowie aus dem Kanzleramt Horst Teltschik, Walter Neuer, Juliane Weber, Eduard Ackermann und Wolfgang Bergsdorf. In seinen Erinnerungen „Ich wollte Deutschlands Einheit" schreibt Helmut Kohl: „Wir waren auf der holprigen Betonpiste in Dresden-Klotzsche kaum gelandet, da wurde mir schlagartig bewusst: Dieses Regime ist am Ende. Die Einheit kommt! Der gesamte Flughafen, vor allem das Gebäude, war bevölkert von Tausenden von Menschen, ein Meer von schwarz-rot-goldenen Fahnen wehte in der kalten Dezemberluft – dazwischen eine fast vergessene: Es war die weißgrüne Fahne des Landes Sachsen. Als die Maschine ausgerollt war, ich auf der untersten Stufe der Rolltreppe stand und Modrow mich vielleicht zehn Meter davon entfernt mit versteinerter Miene auf dem Flugfeld erwartete, drehte ich mich zu Rudi Seiters um und sagte: ‚Die Sache ist gelaufen.'"
Tausende von Menschen säumten danach die Straßen, die vom Flughafen zum Hotel führten. Und auch vor dem Hotel Bellevue wartete ein riesiges Menschenheer, aus dem immer wieder die Rufe „Helmut, Helmut" und „Deutschland, Deutschland" erschallten und auch der Ruf, der Bundeskanzler solle sprechen.
Ich kann bestätigen, dass bei der Vorbereitung der Reise eine Rede des Bundeskanzlers in Dresden nicht beabsichtigt oder vorbereitet war, aber jetzt stand fest, dass daran kein Weg vorbeiführte, wenn man nicht die Erwartungen der Menschen total enttäuschen wollte.
Die Idee, eine Rede an der Ruine der Frauenkirche zu halten, kam nach dem Mittagessen vom Dresdner Oberbürgermeister Berghofer, der damals in dem Ruf eines Reformers stand. Er besorgte auch die technische Aus-

rüstung – Mikrofone und das Podium. Während der Bundeskanzler seine Gespräche mit Ministerpräsident Modrow führte, hatte sein Büroleiter Walter Neuer – in Abstimmung mit Dresdner Funktionären – alle Hände voll zu tun, die organisatorischen Vorbereitungen für den Redeauftritt des Kanzlers zu treffen. Helmut Kohl hat oft berichtet – und wir in seiner Umgebung haben es unmittelbar gespürt –, dass er innerlich sehr angespannt war, dass ihm klar war, er stehe vor der schwierigsten Rede in seinem Leben, es werde auf jedes Wort ankommen und jeder falsche Zungenschlag werde in Paris, in London und in Moskau der Sache enorm schaden. Er war sich im Klaren, dass es galt, Hoffnungen zu wecken, ohne dass die Emotionen überschwappten.

Die Frage war auch, wie die Kundgebung beendet werden sollte. Was würde geschehen, wenn die Menge plötzlich das Deutschlandlied anstimmen würde, möglicherweise mit der ersten Strophe „Deutschland, Deutschland über alles"? Eine Idee hatte der Bundeskanzler selbst. Der ihm bekannte Generalvikar der Hofkirche erklärte sich bereit, einen Kantor zu schicken, um für den Fall des Falles das alte Kirchenlied „Nun danket alle Gott" anzustimmen.

Am Abend dieses Tages dann eine unglaubliche Szene. In der Dunkelheit strahlten Scheinwerfer die Ruine der Frauenkirche an, als der Bundeskanzler sich seinen Weg durch zig Tausende, vielleicht sogar hunderttausend Menschen zur Redetribüne bahnte. In seiner Begleitung neben mir die Bundesminister Dorothee Wilms, Johnny Klein und Norbert Blüm. Transparente und Rufe verkündeten, was man wollte: „Deutschland, Deutschland", Fahnen trugen die Aufschrift „Bundesland Sachsen". Bei dieser emotionsgeladenen Stimmung sah der Kantor keine Chance, mit einem Kirchenlied gegen diese Menge anzusingen, das habe keinen Zweck.

Die Rede des Kanzlers – nur wenige Stichworte, von einem Filzstift geschrieben, standen auf einem kleinen Zettel – war eine staatsmännische, kluge und sehr menschliche Rede.

Er wendet sich an die „lieben Landsleute", er spricht ein Wort der Anerkennung und der Bewunderung für die friedliche Revolution in der DDR, er spricht von einem gemeinsamen Weg in die deutsche Zukunft mit Frieden, Freiheit und Selbstbestimmung, er spricht vom Haus Deutschland, das unter einem europäischen Dach gebaut werden müsse und er blickt zurück auf ein Jahrhundert, das in Europa und auch in Deutschland viel Not, viel Elend, viele Tote, viel Leid gesehen habe: „Hier, vor der Ruine der Frauenkirche in Dresden, am Mahnmal für die Toten von Dresden, habe ich gerade ein Blumengebinde niedergelegt, auch in Erinnerung an das Leid und die Toten dieser wunderschönen alten deutschen Stadt." Und unter der Begeisterung der Menge schließt Helmut Kohl seine Worte mit dem Ruf: „Gott segne unser deutsches Vaterland!"

Ebenso klug wie die Rede des Kanzlers war die Reaktion der Zuhörer. Sie waren sich ganz offensichtlich ihrer eigenen Verantwortung bewusst, sie verharrten auch nach dem riesengroßen Beifall ruhig auf dem Platz. Und dann war da noch ein Ereignis, das ich selbst erlebt habe. Die Menschen gingen auseinander, nicht als ein Kirchenlied gesungen wurde, sondern als eine alte Frau auf das Podium stieg und bei eingeschalteten Mikrofonen ganz einfach zum Bundeskanzler sagte: „Wir alle danken Ihnen!"

Das Presseecho am nächsten Tag war grandios. Der Kanzler habe den Grundstein zur deutschen Einheit gelegt. Präsident Bush rief aus Washington an und gratulierte dem Kanzler zum Erfolg seiner Reise und zu seiner großen Rede.

Zwiespältig waren die ersten Reaktionen aus Paris und London. Mit Blick vor allem auf Margaret Thatcher hatte Bundeskanzler

Baudirektor Eberhard Burger erläutert Altbundes-kanzler Helmut Kohl im Dezember 2000 die Bau-fortschritte der Frauenkirche. Rechts Dresdens Oberbürgermeister Herbert Wagner, links Bundes-tagsabgeordneter Arnold Vaatz.

Helmut Kohl bereits nach seinem, mit den Westmächten nicht abgestimmten, 10-Punkte-Programm vom 28. November 1989 vermerkt, nie habe er einen EG-Gipfel in einer so eisigen Atmosphäre erlebt wie den in Straßburg am 8. und 9. Dezember. Viele Teilnehmer waren irritiert, denn auch in den westlichen Staaten sah man der plötzlichen Perspektive einer deutschen Wiedervereinigung eher mit Sorge entgegen. Von London war zu diesem Zeitpunkt jedenfalls wenig Hilfreiches zu erwarten. Und Frankreich? In Verkennung der Realitäten absolvierte der französische Präsident François Mitterrand noch am 20. Dezember einen Staatsbesuch in der DDR und wurde dort vom amtierenden Staatsrats-vorsitzenden Manfred Gerlach (LDPD) empfangen, einem völlig unbedeutenden Politiker, einem „Wendehals" noch dazu. Dieser eher peinliche Besuch musste Mitterrand über die Situation in der DDR desillusionieren. Jedenfalls legte die Reise von Bundeskanzler Helmut Kohl am 4. Januar 1990 nach Latché, südlich von Bordeaux, zu Gesprächen mit Mitterrand den Grundstein zu einem gemeinsamen Weg zur Wiedervereinigung Deutschlands, auf dem der französische Staatspräsident zu einem der verlässlichsten Partner der Bundesrepublik wurde.

Auch die Sowjetunion kam an der notwendigen Erkenntnis über das schließlich Unvermeidliche nicht vorbei. Zwar hatte Gorbatschow noch am 18. Dezember 1989 einen scharfen Brief an den Bundeskanzler gerichtet, in dem er allen Vereinigungsüberlegungen eine Absage erteilte, aber schon in den Wochen darauf gab es ganz andere Signale. Mitte Januar vereinbarten beide Seiten eine großzügige Hilfsaktion der Bundesregierung mit der Lieferung von mehr als 140.000 Tonnen von der Sowjetunion erbetener Lebensmittel zur Überbrückung von Versorgungsengpässen. Am 30. Januar gab es nach einem Gespräch zwischen Gorbatschow und dem DDR-Ministerpräsidenten Modrow erste Meldungen über Gorbatschows Äußerungen, die Sowjetunion habe prinzipiell nichts gegen eine Vereinigung der beiden deutschen Staaten einzuwenden.

In den folgenden Monaten erreichte der Bundeskanzler dann ja auch den Durchbruch – zunächst bei seinen Gesprächen in Moskau am 10. Februar, als Gorbatschow erstmals zugestand, es sei Sache der Deutschen selbst, über Zeitpunkt und Weg der Einigung zu entscheiden, und dann endgültig im Kaukasus. Während eines Prozesses von nur wenigen Wochen konnte sich im Westen wie im Osten niemand mehr der Einsicht entziehen, dass man den Deutschen den Weg zur Wiedervereinigung nicht versperren könne.

So war auch im innerdeutschen Verhältnis die Lage vor und nach Dresden grundlegend verändert. Meine Ostberliner Gespräche mit Ministerpräsident Modrow am 25. Januar zur Vorbereitung des Modrow-Besuchs in Bonn am 13. Februar bestätigten in dramatischer Weise die Einschätzung von Dresden, dass – im wahrsten Sinne des Wortes – mit der Modrow-Regierung „kein Staat zu machen sei". Seine Forderung nach einem „Solidaritätsbeitrag" von 15 Milliarden DM wurde vom Bundeskanzler abgelehnt – im Angesicht des anhaltenden Übersiedlerstroms, des Autoritätsverfalls der staatlichen Stellen und der bevorstehenden ersten freien Wahlen zur Volkskammer. Anders als vor Dresden, als noch von einer Vertragsgemeinschaft die Rede war, war das Ziel der Bundesregierung nunmehr voll auf die Wiedervereinigungsverhand- lungen mit einer frei gewählten DDR-Regierung gerichtet.

Auch von daher ist für mich die Frauenkirche in Dresden ein Symbol für die Einheit und Freiheit unseres Vaterlandes.

Die steinerne Kuppel der Frauenkirche ragt bei Sonnenuntergang in den märchenhaft gefärbten Abendhimmel. Links die Kuppel des Neuen Sächsischen Kunstvereins mit der Fama.

Der Innenraum der Frauenkirche erhält nach und nach seine barocke Farbigkeit zurück, hier im Juni 2004.

Auch die Chorschranke, die den Altar- vom Kirchenraum trennt, wird nach historischem Vorbild wieder in die Frauenkirche eingebaut. Experten beraten im Juli 2004 über die endgültige farbliche Fassung.

Tischler bauen im April 2004 eine Empore. Erstmals seit Beginn des Wiederaufbaus 1994 ist der Innenraum mit seinen acht Pfeilern ohne Gerüste, die farbliche Gestaltung bis auf die Kuppelgemälde ist nahezu abgeschlossen.

Der erste Schritt

Ludwig Güttler

Der Wiederaufbau der Dresdner Frauenkirche ist mir nicht nur zu einem Stück Lebensinhalt geworden, er bedeutet für mich auch die Verwirklichung eines Traumes.

Meine Faszination für diese Aufgabe ist möglicherweise auch durch meinen familiären Bezug zur Architektur zu erklären.

Bereits als Kind und später als Jugendlicher habe ich im großväterlichen Betrieb das Zimmerer- und Maurerhandwerk erlernt und mir den Blick für das Bauwesen erworben. Großvater, Vater, Mutter und Bruder, alle waren sie Baumeister bzw. Bauingenieure; der Teil meiner im Erzgebirge ansässigen Familie ist seit ca. 450 Jahren nachweislich im Bauwesen tätig gewesen. Während der letzten Jahre, in denen ich mich für den Wiederaufbau der Frauenkirche engagiert und so manche Diskussion bestanden habe, ist mir dies des Öfteren bewusst geworden.

Bis zur elften Klasse – ein Jahr vor dem Abitur – wollte ich die Familientradition fortsetzen und Architekt werden. Ich bewarb mich um einen Studienplatz, doch dann entschied ich mich kurzfristig um und wechselte zur Musik. Ich hatte schon seit meinem 5. Lebensjahr „Musik gemacht" und nun, in der entscheidenden Situation kurz vor dem Studium, erkannte ich in aller Klarheit, dass die Musik mein Leben werden würde.

Natürlich habe ich bis heute den Blick für das Bauliche behalten, beispielsweise für Proportionen, Material oder Baufluchten. Das einmal erworbene Handwerkszeug hat mich nicht mehr verlassen.

Das Schlüsselerlebnis war aber für mich die am 30. Mai 1968 nicht zu verhindernde Sprengung der Universitätskirche in Leipzig.

Ludwig Güttler (links), Vorsitzender des Fördervereins zum Wiederaufbau der Dresdner Frauenkirche, besucht im Februar 2000 in Begleitung von Baudirektor Eberhard Burger die Baustelle der Frauenkirche.

In dieser alten Universitätsstadt hatte ich studiert und gewohnt, sie faszinierte nicht nur mich durch einzigartige Geschichte und Tradition, die Messe und ihre Universität. 1968 schien ein Jahr der Hoffnung und des Aufbruchs zu werden, umso größer war unsere Enttäuschung. Wir empfanden ohnmächtige Wut angesichts der Sprengung dieses Monuments, das im Krieg nicht beschädigt worden war. Während der Protestaktionen und der Sprengung wurden zudem auch Freunde und Bekannte verhaftet. Damals wuchs in mir der Wunsch nach Rechenschaft, man müsse nach Möglichkeiten suchen, einen Wiederaufbau in Angriff zu nehmen. Doch was uns

Am 30. Mai 1968 wurde die im Krieg nicht zerstörte Universitätskirche in Leipzig gesprengt. Während der Sprengung kam es zu Protestaktionen, bei denen zahlreiche Demonstranten verhaftet wurden.

in jener Zeit blieb, war die vage Hoffnung. Die Hoffnung auf eine „weiche Welle" – so bezeichnete man die erhofften Demokratisierungsprozesse in der DDR –, denn nur sie hätte ein solches Projekt überhaupt vorstellbar gemacht.

Meinen ersten Eindruck von Dresden erhielt ich 1958/59. Damals war die Kreuzkirche teilweise noch zerstört. Neubauten standen noch nicht, große Baulücken prägten das Stadtbild. 1969 schließlich kam ich zur Dresdner Philharmonie. Hier beobachtete ich, dass das höfisch-repräsentative Ensemble der Stadt wiederhergestellt werden sollte. Das Bemühen darum war erkennbar. Gemäldegalerie, Zwinger und Hofkirche waren aufgebaut, die Oper sollte wiederhergestellt werden. Das Bemühen um die historische Substanz stand teilweise erkennbar im Widerspruch zum Selbstverständnis der proletarischen Kultur. Umso wichtiger war es, dass bei Architekturwettbewerben die Probleme vergegenständlicht wurden und dass beispielsweise auch russische Architekten den Gedanken des Wiederaufbaus zum Ausdruck brachten, da gerade sie (inzwischen) einen stärkeren historischen Bezug formulierten.

Der Platz um die Frauenkirche am Neumarkt war zu jener Zeit noch beherrscht vom Horror vacui. Die Ruine selbst war auf diesem leeren Platz von einer besonderen, ja bedrohlichen Schwere. Ein bizarres Manifest der scheinbaren Endgültigkeit von Zerstörung und Verachtung.

Schon in den Fünfzigerjahren hatten einige Enthusiasten Steine der Frauenkirche geordnet

Die Ruine der Frauenkirche ragte jahrzehntelang als Manifest der scheinbaren Endgültigkeit von Krieg und Zerstörung in den Himmel.

und kartiert, aber diese Steine wurden (über Nacht) zur Uferbefestigung an der Elbe vermauert. Allmählich aber wuchs das Bewusstsein, die Ruine in situ zu bewahren, sie nicht weiter zu „enttrümmern".

Seit jeher war Dresden auch durch seine besondere Lage gekennzeichnet. Das höfisch-repräsentative Ensemble war Versailles und anderen Vorbildern nachempfunden. Dresdens Stadtansicht zum Neumarkt aber bestach durch ihre Kleingliedrigkeit. Die Frauenkirche hatte innerhalb der Stadt eine herausgehobene Position. Die Elbe macht hier einen Knick und fließt um 90 Grad gewendet nach Norden. Die Sichtachsen, die die unzerstörte Frauenkirche in Dresden einst determinierte, sowie das Eingebettetsein der Stadt in das Elbtal boten einen einmaligen Anblick. Wenn man wie ich so oft im Ausland in Hotels übernachtet, entdeckt man auf den dort hängenden Bildern oft neben den Pyramiden, neben Ansichten von Florenz und Rom Dresden und die Frauenkirche – immer in unzerstörtem Zustand.

Ich selbst hatte die Frauenkirche in ihrer unzerstörten Gestalt nie gesehen. Auf meinem Weg zu den Proben und Konzerten der Philharmonie kam ich stets an der Ruine vorbei.

Doch in den Zeiten der DDR wollte man die Proportionen der Stadt, das Konzentrische dieser ehemaligen Festungsanlage verändern. Die städtische Determinante, die die Frauenkirche hatte, sollte erneut geschaffen werden, indem man plante, dem Kulturpalast einen Turm zu geben. Schließlich jedoch verhinderte die ökonomische Impotenz des real existierenden Sozialismus diesen Plan.

Nachdem ich fast zehn Jahre lang keine Auslandsreisen hatte unternehmen dürfen, führten mich meine ersten Reisen in die so genannten nicht-kapitalistischen Länder. Ich erhielt die Genehmigung nach Schweden zu reisen und nach Japan, um einen Kollegen zu vertreten. Schließlich kam ich über Schweden auch in die damalige Bundesrepublik.

In dieser Zeit hatte ich eine Idee, die mich jahrzehntelang beschäftigen sollte. Ich hatte gute Kontakte zu Herbert Wehner, der aus meiner Heimat stammte. Sowohl Wehner als auch Willy Brandt hatten Dresden wiederholt besucht und sprachen mit dem zuständigen Landeskirchenamt auch über die Frauenkirche und die Idee eines Wiederaufbaus, der aber abgelehnt wurde.

Nach meinen Konzerten in den alten Bundesländern hatte ich Abiturienten, Lehrer, Pfarrer, Bürgermeister und Veranstalter auf diese Idee angesprochen und die folgende Frage gestellt: „Angenommen, es gäbe aus irgendeinem Grund die Möglichkeit, die Frauenkirche in Dresden wiederaufzubauen. Würden Sie mithelfen?" Und bei all den spontanen Antworten, die ich erhielt, habe ich nie ein Nein gehört.

Heute bin ich sicher, das lag auch an der speziellen Atmosphäre, die ein Konzert schaffen kann, an dem besonders aufnahmebereiten Kreis von Menschen, den man dort in der Regel antrifft.

Aber vielleicht zeigte sich hier auch das einigende Band der Kultur, das sich in einem Konzert manifestiert und bei dem man erfährt und fühlt, dass es nicht zertrennt werden kann. Es gab also eine sich verlebendigende, potentielle Basis, die den Wiederaufbau befürwortete.

Mit einem Teil der Theologen, die 1989 im Landeskirchenamt tätig waren, war ich durch mein Studium in Leipzig bekannt. Einige waren Mitglieder des von mir geleiteten Chores, und der damalige Landesbischof, Dr. Johannes Hempel, war zu der Zeit, als ich Vertrauensstudent in der Studentengemeinde in Leipzig war, Studentenpfarrer. Seinen Nachfolger, den späteren Landesbischof Volker Kreß, kannte ich aus dem Collegium Musicum in Schwarzenberg. Er spielte Cello, ich Trompete. Auch mit ihm hatte ich über einen Wiederaufbau der Frauenkirche gesprochen, als mein Zahnarzt Günther Voigt mich 1989, nach der Wende, auf diese Idee ansprach. Er wollte mich als „Galionsfigur" gewinnen. Ich sagte zu und ging zu einem Treffen, bei dem ungefähr 15 Leute zusammenkamen, die sich alle für den Wiederaufbau der Frauenkirche einsetzen wollten. Wir diskutierten, was wir machen wollten und konnten und was nicht. Es war eine Art Brainstorming. Uns alle verband die Begeisterung für das gemeinsame Ziel: der Wiederaufbau der Frauenkirche. Jedoch waren wir auch voller Sorgen, denn wir verfügten über kein Geld, keine Struktur, keine Leute – kurzum, wir hatten nichts in der Hand. Die Kirche vertrat zu dieser Zeit den Standpunkt, dass die Frauenkirche nicht wieder aufgebaut werden sollte. Manche von uns meinten nun, dass wir unsere großen Pläne nur ohne die Landeskirche, die der Eigentümer der Frauenkirche ist, verwirklichen könnten, stattdessen wollte ich sie ins Boot holen und auch den Bischof auf unserer Seite sehen.

Es galt also zielstrebig, aber in Ruhe zu klären, was wir veröffentlichen wollten, was wir an Plänen hatten, welche Gutachten es über die bauliche Substanz gab und was in der Zwischenzeit unwiederbringlich verloren gegangen war. Wir mussten unsere Argumentation gegenüber den Denkmalpflegern wie auch den kirchlichen Baupflegern erarbeiten. Wir beschlossen unabhängige Gutachten und Kalkulationen zum Wiederaufbau der Frauenkirche durchführen zu lassen, in Nordrhein-Westfalen und in Bayern. In einem zweiten Schritt musste geklärt werden, was aus „dem Osten" nicht geleistet werden konnte. Was brauchte man an Valutamitteln? Das Endergebnis sah bei den verschiedenen Kalkulationen in etwa gleich aus. Um die 165 Millionen Ostmark und 20 Millionen an Valuta würden gebraucht. Das Material – der Sandstein war ja nach wie vor derselbe – und die Arbeitskräfte standen uns zur Verfügung.

Ludwig Güttler am 12. Februar 1990 auf einer Pressekonferenz im Dresdner Hotel Bellevue, wo mit dem „Ruf aus Dresden" die Gesellschaft zur Förderung des Wiederaufbaus der Frauenkirche auf den Weg gebracht wurde.

Das gemeinsame Projekt konnte in Angriff genommen werden, Freude und Zuversicht bestimmten unser weiteres Vorgehen. Es war uns nun egal, ob es 5, 50 oder 500 Jahre dauern sollte – der Bau des Kölner Doms hatte immerhin auch 500 Jahre gebraucht. Ein arabisches Sprichwort sagt: „Auch die längste Reise beginnt mit dem ersten Schritt." Entscheidend war deshalb jetzt der erste Schritt.

Unsere erste Aufgabe bestand darin, den Prozess des Wiederaufbaus in Gang zu setzen, so dass er unumkehrbar wurde.

Immer neue Brücken wurden geschlagen. Sobald ein neuer Partner gewonnen werden konnte, sollte dieser uns als Beispiel für den nächsten dienen. Unsere Argumentation kam bei den Vertretern der Stadt gut an, aber als die Diskussion darüber begann, ob die Stadt sich an ungefähr zehn Prozent der Baukosten beteiligen sollte, waren die PDS und die Grünen vehement dagegen. Sie argumentierten mit Sicht auf den sozialen Wohnungs-

Wir durften uns nicht entmutigen lassen! Auch von Seiten der westdeutschen Denkmalpfleger gab es heftige Kritik. Alle schienen gegen unser Projekt. Sicher gab es auch hierfür nachvollziehbare Gründe, denn immerhin war es möglich, dass Mittel aus ihrem Verfügungsbereich in unser Projekt flössen.

Wesentlich problematischer erschien mir jedoch die Argumentation, dass die Frauenkirche in ihrer zerstörten Gestalt ein Mahnmal sein solle. Warum sollte der Osten kompensatorisch das machen, was im Westen versäumt worden war?

Am 15. September 1996 spielen Ludwig Güttler und sein Blechbläserensemble auf einer Benefizgala in der Semperoper für den Wiederaufbau der Dresdner Frauenkirche.

bau und die vorrangige Verbesserung der allgemeinen Infrastruktur.

Erst im Nachhinein ist wohl auch den damaligen Gegnern deutlich geworden, welche Eigendynamik das Projekt Frauenkirche freizusetzen vermochte, und in welchem Ausmaß es sich positiv nicht nur auf die gesamte Region, sondern weit darüber hinaus ausgewirkt hat.

Das ambitionierte Projekt wurde, nachdem 1990 unser „Ruf aus Dresden" veröffentlicht worden war, immer wieder mit den unterschiedlichsten Argumenten – sozialen, politischen, ökonomischen, architektonischen – angegriffen, doch zunehmend gab es mehr und mehr Befürworter. Heute scheinen gar alle immer schon dafür gewesen zu sein.

Bei einem Festakt zum 250. Jahrestag der Voll-endung der Frauenkirche erhalten Eberhard Burger und Ludwig Güttler am 27. Mai 1993 die Genehmigungsurkunde zum Wiederaufbau.

Letztlich hat das Projekt selbst, in seinem Fortschritt, überzeugt. Der Wiederaufbau der Frauenkirche ist die nicht immer verbal bekundete Sehnsucht, Hoffnung und Vision, an einer Stelle etwas zu verwirklichen, wo das Gemeinsame über das Trennende gestellt wird. Diese Initiative ist für etwas, das sein soll, und nicht gegen etwas, das nicht sein soll. Sie ist also durch und durch konstruktiv. Über alle Grenzen hinweg – regional, kon-fessionell, weltanschaulich, geografisch – haben wir um Unterstützung gebeten und diese gefunden. Vielleicht hat jeder, der hier mitgeholfen hat, einen anderen Aspekt der Frauenkirche verwirklicht, einen, der ihm persönlich besonders wichtig war.
Ziel war bei dem Prozess des Wiederauf-baus, das alte Vorbild so weit wie möglich zu

Vor dem Wiederaufbau galt es, das noch verwendbare Material aus den Trümmern der Frauenkirche zu bergen. Für die spätere „archäologische Rekonstruktion" des Gotteshauses wurden alle Steine erfasst, magaziniert und ihre ursprüngliche Lage im Bau ermittelt.

erreichen, und dafür standen beeindruckende wissenschaftliche und technische Möglichkeiten zur Verfügung. Zunächst wurde der Einsturz analysiert. Jeder im Trümmerberg gefundene Stein wurde kartiert und ein entsprechendes Computerprogramm erstellt. So konnten 95 Prozent der Steinsubstanz mit hundertprozentiger Genauigkeit zugeordnet werden. Vor allem die alten Pläne waren von großer Bedeutung: die verschiedenen Entwürfe von Bähr, die Gegenentwürfe von Knöffel, auf die auch der König Einfluss genommen hatte, bis hin zur letzten Variante von George Bähr. Das Bauprinzip von Bähr ist unter modernsten Bedingungen gewahrt worden. Die Frauenkirche besitzt nun wieder die einzige Kuppel, die zweischalig in Stein ausgeführt ist.

Ein Glücksfall für den Wiederaufbau war auch die Mitarbeit des Architekten Curt Siegel, der inzwischen leider verstorben ist. In den Vierzigerjahren hatte er an der aufwändigen Restaurierung der Frauenkirche mitgearbeitet.

Am 11. Februar 2003 übergibt Ludwig Güttler einen Spendenscheck in Höhe von 2,818 Millionen Euro an den Vorsitzenden des Kuratoriums der Stiftung Frauenkirche Dresden, Landesbischof Volker Kreß. Die Summe ist das Jahresergebnis der 2002 von der Fördergesellschaft eingeworbenen Gelder.

Er kannte die unzerstörte Frauenkirche noch bestens, und seine Erfahrungen konnten berücksichtigt werden. Ebenso die des Architekten Arno Kiesling, der kurz vor der Zerstörung der Frauenkirche so genannte Fugenschnitte 1:50 angefertigt hatte.

Die Dresdner Frauenkirche kann mit Recht als eines der am besten dokumentierten Bauwerke gelten, das mit größter Umsicht und einzigartigem Engagement wiederhergestellt werden konnte.

Die größte Herausforderung über all die Jahre hinweg blieb die Finanzierung des Wiederaufbaus. Wir begannen 1989 sofort mit dem Sammeln von Spenden. Am Ende unserer Konzerte sammelten die Musiker mit offenen Etuis Geld: im Erzgebirge, in Sachsen-Anhalt, in West-Berlin – überall, wo wir musizierten. Die Stifterbriefaktion der Dresdner Bank wurde nachhaltig so bis heute von uns unterstützt. Der Aktion der Frauenkirche-Uhren war ein großer finanzieller Erfolg beschieden. Wenn man heute sieht, wie viele Menschen – das ist der touristische Aspekt – nach Dresden kommen, und wenn 28 ehrenamtliche Führer allein bei den täglichen Führungen für das Jahr 2004 fast eine Million Euro eingesammelt haben, dann ist das anrührend und begeisternd.

Der Wiederaufbau der Frauenkirche sollte jedoch nicht zuerst unter dem Aspekt der Kosten betrachtet werden, denn er ist eine Investition, eine Investition in die Zukunft. Die wieder aufgebaute Frauenkirche manifestiert vor allem einen nicht abschätzbaren ideellen Wert.

Über die Frage, wie dieses außergewöhnliche Bauwerk genutzt werden soll, herrscht Klarheit – und dies entspricht der Forderung, die schon mit dem „Ruf aus Dresden" 1990 von uns erhoben wurde.

Die Frauenkirche ist als Gotteshaus wiederaufgebaut worden, an den Sonntagen werden Gottesdienste stattfinden, auch fremdsprachige und nicht ausschließlich in der lutherischen Tradition. Aber dieses Bauwerk ist nicht nur ein Gotteshaus, es ist auch ein nationales Symbol, dessen Wiedererstehen beispielgebend sein sollte. Diesen Gedanken haben einige Besucher aus Ungarn, Brasilien und Polen ausgesprochen, die mich nach einer von mir geleiteten Führung ansprachen. Dass eher ausländische Besucher als deutsche so etwas sagen, mag daher rühren, dass das dunkle Kapitel des Nationalsozialismus im Zusammenhang mit der Zerstörung der Frauenkirche die geschichtsbewussten Deut-

schen hemmt – so wie ich selbst es erlebe. Naturgemäß wird die Musik bei der Nutzung der Frauenkirche eine große Rolle spielen. Sie hat Wesentliches beim Wiederaufbau unserer Frauenkirche bewirken können. Mithilfe der Musik haben wir die Möglichkeit, Gemeinschaftserlebnisse zu schaffen, die durch Widmung und Legitimation des Ortes in besonderer Weise die Menschen mit Trost, Zuversicht und Hoffnung erfüllen – so wie das Bauvorhaben und sein Gelingen selbst dies ausstrahlen.

Rund 8.000 Menschen nahmen am 23. Dezember 2003 an der traditionellen Christvesper an der Frauenkirche teil. Die musikalische Leitung hatte Startrompeter Ludwig Güttler.

*Die 28 Tonnen schwere Turm-
haube wird am 22. Juni 2004
auf die steinerne Laterne
gesetzt.*

Etappen des Wiederaufbaus

Frank Spiegel

Schon seit langem waren unsere Blicke auf den Standort der Frauenkirche gerichtet. In den ersten Jahren nach der Wiedervereinigung wurden unter Leitung der Stiftung Frauenkirche der Trümmerberg abgetragen, die daraus geborgenen und für den Wiederaufbau noch verwertbaren Steine katalogisiert und gesichert. Ende des Jahres 1995 sind die Kellergewölbe geschlossen, und ein unterirdisches Außenbauwerk schafft Nebenräume für eine zukünftige Nutzung der Kirche.

Dann, im Februar 1996, erhalten wir – wie auch andere Baufirmen – von der Stiftung die Aufforderung, die Leistungen für den ersten Teil des aufgehenden Mauerwerks der Kirche, das so genannte Los 2, anzubieten. Aus vielen Jahren Arbeit an der Sanierung und dem Wiederaufbau historischer

Der Landesbischof der Evangelisch-Lutherischen Kirche Sachsens, Volker Kreß, weiht am 21. August 1996 die Unterkirche der Dresdner Frauenkirche.

Gebäude verfügen wir in unserer Baufirma Heilit+Woerner in Dresden über versierte, eigene Handwerker und eine erfahrene Bauvorbereitung und Bauleitung. Für Arbeiten am Wiederaufbau der Frauenkirche ist dies eine wichtige Voraussetzung, aber bei der Dimension des Bauwerks allein nicht ausreichend für einen zukünftigen Erfolg. Wir bündelten deshalb Kräfte und „Know-how" in einer Bietergemeinschaft, die die Sächsischen Sandsteinwerke mit ihren im Sandstein erfahrenen Steinmetzen, guten Lagerstätten und leistungsstarken Fertigungsanlagen einbezog. Dies, sowie die bei uns schon seit längerem laufenden internen Untersuchungen zu Fragen der Baudurchführung dieses Wiederaufbaus, sollten sich auszahlen: Nach intensiven Bietergesprächen erhalten wir am 15. Mai 1996 den Zuschlag, zwei Wochen später beginnen wir. Nun waren mit Umsicht und feinem Gefühl von unseren Maurern Ruinenreste abzutragen und mit neuen Steinen zu ergänzen. Altes und Neues war zudem noch fest miteinander zu vernadeln. Eine fast chirurgische Arbeit. Für alle sichtbar und tief bewegend begannen sich die Konturen der äußeren Gestalt der Frauenkirche wieder abzuzeichnen. Wie stolz und erhaben gestimmt waren wir, als dann in acht Metern Höhe am 11. April 1997 die Sohlbank am Treppenturm Nordost als letzter Stein dieses Bauabschnittes versetzt wurde. Herr Burger – Geschäftsführer der Stiftung – rollte den Plan der Frauenkirche auseinander und zeigte mit Blick in die Höhe, wo wir angekommen waren. Gute acht Prozent der Höhe waren erst erreicht, bezogen auf das zu errichtende

Mauerwerk waren es weniger als vier Prozent. Für uns aber war der Anfang geschafft, die partnerschaftliche Arbeit hatte die erste Bewährungsprobe bestanden. Die Leistungen waren zum Vertragstermin erfüllt, und im harten öffentlichen Wettbewerb konnte der Auftrag für das sich anschließende Los 3 zur Weiterführung der Arbeiten bis in die Höhe des Hauptgesimses von der Arbeitsgemeinschaft – für diesen Abschnitt verstärkt durch die Bamberger Natursteinwerke Hermann Graser – errungen werden.

Viele von uns waren an diesem Tag mit dem Blick auf das Bevorstehende aber auch sehr nachdenklich. Die Frauenkirche sollte archäologisch wiederaufgebaut werden. Somit war der Bau wie ehedem nur aus Sandstein und Mörtel ein zweites Mal zu errichten; aber ohne die am Bau von George Bähr aus statischen Schwachpunkten eingetretenen Schäden mit teilweise bedrohlichen Rissen und Verformungen. Ein Mauerwerk mit annähernd doppelter Tragfähigkeit in den höher beanspruchten Bereichen gegenüber früher war notwendig. Weit über das Übliche im Bauwesen hinausgehend waren für die Baustoffe minimale und maximale Festigkeiten in engen Grenzen einzuhalten und das Mauerwerk mit geringsten Toleranzen in den Fugen herzustellen. Sorgfältigst war dazu der Sandstein aus der Sächsischen Schweiz bei Pirna in den Brüchen auszuwählen und ständig zu prüfen. Kompliziert gestaltete sich über all die Jahre auch die Entwicklung, Erprobung und Anwendung der verschiedenen Mörtel für das Mauerwerk. Der Mörtel muss nicht nur die Räume zwischen den Steinen schließen, ihm fällt bei diesem Bauwerk – verglichen mit der Wirbelsäule des Menschen – die Funktion der Bandscheibe zu. Um sicherzugehen, dass nur die geforderten Mörtelqualitäten eingebaut werden, wurden deshalb von jeder einzelnen Lieferung Prüfkörper auf der Baustelle hergestellt.

Erst wenn mit deren Prüfung nach vier Wochen die geforderten technischen Parameter nachgewiesen wurden, erfolgte die Freigabe zur Verwendung der Lieferung.

Bauleute setzen am 15. Juli 1997 die ersten Steine des ersten von den insgesamt acht Innenpfeilern der Frauenkirche. Die Pfeiler müssen das Hauptgewicht der 12.200 Tonnen schweren Sandsteinkuppel tragen. Die fertigen Pfeiler sind 23 Meter hoch und in 32 Schichten zu je sechs bis acht Steinen errichtet.

Mit dem eigenen Kopf und guten Partnern galt es, Antworten auch auf wichtige bautechnologische Fragen zu finden. So stellt die Errichtung eines turmartigen Bauwerkes immer besondere logistische Anforderungen an die Organisation und Einrichtung der Baustelle. Umso mehr, wenn die Arbeiten fast ein Jahrzehnt an einer Stelle ablaufen und über eine knappe Million Steine unterschiedlichster Größen einzeln zu versetzen sind. Der Zweischichtbetrieb war dabei für die Kontinuität der Maurerarbeiten und die effektive Nutzung der Hebezeuge eine zwingende Notwendigkeit. Daneben galt es auf der Baustelle das Prinzip „Just in time" für alte und neue Sandsteine in der Kette Anlieferung, Abnahme und Transport zum Einbauort einzuführen und über die Jahre stabil zu halten. Grundsätzlich waren dabei die Qualitätsprüfungen für alle Materialien vor dem Transport in das Bauwerk durchzuführen. Das notwendige „Reifen" des Mauerwerks bedingte immer eine Mindesttemperatur vor Ort von 5° Celsius. Das Bauwerk

Das notwendige „Reifen" des Mauerwerks bedingte eine Mindesttemperatur von 5° Celsius vor Ort, das Bauwerk entstand daher in einer Gerüsthalle. Das Heben des Wetterdaches wurde bei jedem neuen Bauabschnitt aufmerksam von der Öffentlichkeit verfolgt.

war deshalb quasi in einer Halle herzustellen, die mit der Kirche in die Höhe wuchs. Wir entwickelten hierfür als technologische Lösung das Hubdach, das dem Baufortschritt folgend in Schritten von jeweils zehn Metern hydraulisch in die Höhe gehoben werden konnte. Erstmals erfolgte vom 6. bis 8. August 1997 das Heben der über 300 Tonnen schweren Dachscheibe einschließlich der daran hängenden Brückenkran- und Heizungsanlagen. Dank der gründlichen Vorbereitung der Bauleitung und des Engagements aller Beteiligten wurde es ein voller Erfolg. Noch viermal haben wir in den folgenden Jahren das Heben störungsfrei ausgeführt. Für die Öffentlichkeit jedes Mal ein spektakuläres Ereignis. Für uns immer der Beginn der Arbeiten in einem Baufeld mit völlig neuen Anforderungen.

Dank all dieser Vorbereitungen konnten die Arbeiten am Los 3 zur Errichtung des Außenmauerwerkes, der Treppenhäuser und der acht schlanken, die Hauptlast der Kuppel tragenden Pfeiler kontinuierlich und in ausgezeichneter handwerklicher Ausführung wie geplant realisiert werden. Am 31. März 1999 wurden nach 22 Monaten Bauzeit die Leistungen wieder zum Vertragstermin abgeschlossen. Einen Tag später nahmen wir die Arbeiten am Los 4 auf, die mit dem Bau der steinernen Laterne und dem Setzen der Turmhaube mit Turmkreuz am 22. Juni 2004 abzuschließen waren. Nun hatten wir geschafft, was wir ja von Beginn an wollten: Den Wiederaufbau über alle Lose hinweg bis zur Fertigstellung auszuführen und diejenigen zu sein, die nach Jahrhunderten zum zweiten Mal diese einmalige, zweischalige Kuppel aus Sandstein mit dem großen Wendelgang wölben. Anfang September 1998 hatte uns der Bauherr aufgefordert, das Angebot für die letzte Bauetappe vorzulegen. Im Verhandlungsverfahren über sechs Bietergespräche konnte beiderseitige Übereinstimmung erreicht werden.

Die Unterzeichnung des Vertrages dann am 31. März 1999 ist mir heute noch gegenwärtig. Es war für mich nicht nur eine Unterschrift unter einen großen Bauauftrag, der für die nächsten Jahre Beschäftigung für viele Mitarbeiter und eine feste Größe für die Planung unserer Niederlassung brachte. Es war auch eine große Freude, dass alle bisherigen Anstrengungen unserer Mitarbeiter und Partner zum Erfolg geführt hatten. Vor allem aber war in mir und ich glaube auch bei vielen Anwesenden eine große innere

Erregung, nun auch mit den gewaltigen, vor uns stehenden Bauabschnitten fertig zu werden. Obwohl wir uns schon fast drei Jahre an der Frauenkirche Schicht für Schicht bis auf eine Höhe von fast 25 Metern emporgearbeitet hatten, war uns ein wenig zumute wie einem Sportler, der nach gezieltem, jahrelangen Training nun mit seiner Mannschaft vor dem großen Wettkampf steht. Die Teamarbeit, die wir in der zurückliegenden Zeit geleistet hatten, sollte sich auf der Wegstrecke bis zum Ziel auszahlen.

Am 4. Juni 2002 sind durch den Abbau der unteren Gerüste erste Fassadenstücke der Frauenkirche zu sehen. Unter dem 65 Meter hohen Wetterdach entsteht in den folgenden zwölf Monaten die steinerne Kuppel.

Die barocke Pracht des Gotteshauses lässt sich an der unteren Südfassade Anfang August 2002 bereits erkennen.

In den meisten Fällen läuft eine Baustelle über einige Monate, selten schon über ein Jahr. Wenn sich alle richtig gefunden haben und wissen, worum es zu gehen hat, ist das Bauende oft schon in Sicht.

Die Arbeiten an der Frauenkirche liefen über acht Jahre – immerhin bald ein Viertel eines Arbeitslebens – und auf einer kleinen, eng begrenzten Fläche ab. Das erforderte von jedem eine Haltung zu einem „Bund auf Zeit in großer Familie" – um die Aufgaben des Bauens zu meistern und auch die wirtschaftlichen Anforderungen zu bewältigen. Von Beginn an ist es gelungen, unter der umsichtigen Arbeit unseres Oberbauleiters, Herrn Ringelmann, und seines Bauleiters, Herrn Löwe, alle Mitarbeiter auf der Baustelle – jeder für sich ein guter Solist – ins Team zu führen und ein geschlossenes Handeln zu organisieren.

So wie der gute Dirigent auch mit dem kleinen Finger einen Einsatz im Orchester auslösen kann, so spielte sich nach kurzer Zeit ein, dass unsere für das Mauerwerk verantwortlichen Poliere, Herr Göbel und Herr Dietrich, und unser Zimmerpolier Herr Schumann nicht nur durch Worte, sondern auch durch Blicke und Handbewegungen klar verstanden wurden. Die jährlich vom Bauherrn organisierten Weihnachtsfeiern für die am Wiederaufbau Tätigen prägten das gemeinschaftliche Wirken mit.

Auch haben wir uns immer die Zeit genommen, beim Erreichen wichtiger Bauabschnitte anzuhalten, Dank zu sagen für das Geschaffene, den Blick zu öffnen und zu schärfen für das vor uns Liegende und natürlich auch zu feiern. So ist es gelungen, die kribbelnde Spannung über die Jahre hinweg bis zum Schluss zu halten, ohne die eine solche Bauaufgabe einfach nicht zu meistern ist.

Mit den Arbeiten am Los 4 begann mit dem Bau der Lehrgerüste für die von Pfeiler zu Pfeiler spannenden acht Bögen und für die den Innenraum zwischen den Bögen und den Außenwänden schließenden Kassetten-Ziegelgewölbe nun auch die große Zeit unserer Zimmerleute. Dann der erste Höhepunkt für uns alle: Der Bau der den Kirchenraum abschließenden Innenkuppel. Das Mauerwerk, voll aus Sandstein beginnend, läuft ab der halben Höhe mit Rippen aus Sandstein in den Druckring von 6,5 Metern. Der Raum zwischen den Rippen war wie ehedem aus Gründen der Gewichtsersparnis mit Ziegeln zu schließen.

Am 29. Juni 2001 wurde der Druckring der Innenkuppel geschlossen. Der Kirchenraum hatte seine Gestalt erhalten, dem Bau der großen Kuppel waren wir nun schon ganz nahe. Vorher galt es aber noch den Kuppelanlauf mit seiner Dichtung herzustellen. Dazu waren 560 tonnenschwere, ungleichmäßig gekrümmte und zudem noch windschiefe Abdeckplatten von den Steinmetzen millimetergenau herzustellen. Fehler hätten hier zu nicht einholbaren Verzögerungen im Terminablauf geführt. Es ging alles gut.

Dann waren wir dort, worauf wir die ganzen Jahre hingearbeitet hatten, am Beginn des Baus der Kuppel, der steinernen Glocke der Frauenkirche. Er begann am 13. Mai 2002 mit 60 Maurern und Zimmerleuten im Zweischichtbetrieb. Vorher hatten wir das Hubdach mit den Brückenkran- und Heizungsanlagen umgebaut, auf 65 Meter angehoben und auf einem stählernen Trägerrost in Höhe des Tambours abgestützt und am Bauwerk fest verankert.

Verglichen mit den gleichfalls zweischaligen steinernen Kuppeln von Santa Maria del Fiore in Florenz und Sankt Peter in Rom mit Durchmessern von mehr als 40 Metern kann die Kuppel der Frauenkirche mit ihrem Durchmesser von 26 Metern in der Größe nicht konkurrieren; wohl aber in ihrer Bauart. Die Kuppeln in Florenz und Rom sind aus leichten, handlichen Ziegelsteinen gewölbt. Innen eine dicke Schale, außen eine dünne Schale. Beide durch Querschotte verbunden und von einem schmalen Gang durchdrungen. Den Witterungsschutz übernehmen in Florenz Dachsteine, in Rom eine Bleiabdeckung. Anders in Dresden. Die Kuppel ist hier aus schweren, großen Sandsteinen gewölbt. Innen eine dünne, außen eine dicke Schale, die sich mit zunehmender Höhe von 1,85 m auf 1,20 m verjüngt. Beide Schalen sind wiederum durch Querschotte verbunden und von einem breiten Wendelgang durchbrochen. Zudem durchstoßen große Fenster die Schalen und bringen Helligkeit in den Kuppelraum. Eine gewaltige Aufgabe war zu realisieren. Im unteren, senkrechten Teil der Kuppel gingen die Arbeiten zügig voran, Meter für Meter wuchs der Bau.

Dann – Stillstand: Die Flut hatte auch die Frauenkirche erreicht. Am 13. August 2002 waren schon große Bereiche der Innenstadt überschwemmt. Die Stromversorgung im Stadtzentrum war in großen Bereichen ausgefallen. Dann klingelt am späten Abend das Telefon. Prof. Jäger, verantwortlicher Statiker für die Frauenkirche, im Urlaub, schildert mir aufgeregt, die durch die Flut eingetretene kritische Situation am unterirdischen Außenbauwerk. Nach seinen Berechnungen droht ein Aufschwimmen, wenn nicht umgehend durch Ballast das Bauwerk beschwert und damit gesichert wird.

Fast 1000 t würden sofort benötigt, in einer Innenstadt ohne Strom und in allgemeiner Kopflosigkeit.

Wir vereinbaren, dass er Herrn Stoll, seinen mit dem Bau auch bestens vertrauten Statiker, und ich unseren 1. Bauleiter Herrn Löwe mit Mitarbeitern umgehend auf die Baustelle schicken, weil nur vor Ort eine Lösung gefunden werden kann. Mit Taschenlampe, Bandmaß und Farbe markieren wir die Lage des Außenbauwerkes und packen dann alles, was an Steinen im Baustellenbereich verfügbar ist, als Ballast auf den gefährdeten Bereich. Nach Mitternacht ist es geschafft, eine Katastrophe am Außenbauwerk verhindert. Knapp

zwei Wochen wirft uns die Flutkatastrophe im Terminplan zurück. Bis zum Heben des Daches in die letzte Dachstellung sind wir wieder heran. Seit Jahren steht dafür im Ablaufplan der 5. November. Wie immer ein Dienstag, so haben wir es mit allen wichtigen Hebeaktionen gehalten. In der Woche davor nur

Die Steinmetze Samuel Brückner und Daniel Heß sind im April 2003 mit den letzten Feinarbeiten am Druckring für die Hauptkuppel der Dresdner Frauenkirche beschäftigt. Er bildet den oberen Abschluss der Kuppel und sorgt dafür, dass der gewölbte Bau eine stabile Begrenzung hat. Der für die Statik wichtige Ring aus Elbsandstein besteht aus zwölf Einzelsegmenten von je einer Tonne Gewicht.

Regen und Sturm, ein Heben unter diesen Bedingungen wäre nicht möglich gewesen. Auch noch am Montag keine Besserung. Dann Dienstag früh, Windstille, klarer blauer Himmel, eisige Kälte; bestes Wetter zum Heben, auch für die nächsten Tage. Alles läuft wie gewohnt ohne Probleme ab, nur mit einer Stunde Verspätung: Die Hydraulikleitungen mussten erst aufgewärmt werden. Nun hatten wir die Höhe erreicht, um das Lehrgerüst bis Anfang Januar 2003 einzubauen und den gewölbten Teil und damit die

Über einem hölzernen Gerüst werden beim Kuppelbau rund 13.000 Tonnen Sandstein verbaut.

In zwei Schichten versetzen 45 Maurer die letzten Steine der Kuppel, damit sind
zwei Drittel der Bauwerkshöhe geschafft.

Nach der Fertigstellung des Lehrgerüsts im Januar
2003 wird mit dem Bau der steinernen Kuppel
begonnen. Schicht um Schicht verkleinert sich der
Durchmesser der 26 Meter breiten und 24 Meter
hohen Sandsteinkuppel.

Kuppel fertig zu stellen. Mit jeder Schicht verringerte sich der Durchmesser der Kuppel und damit auch der Arbeitsplatz der Maurer und Zimmerer, nur die Steine behielten ihre Größe.

Dann dieser Freitag. Der letzte Stein der Kuppel war noch zu versetzen. In meiner Ansprache und der anschließenden Zeremonie der traditionellen drei Hammerschläge versuchte ich, das Bewegende dieses Tages und dieser Stunde zu fassen. U.a. führte ich aus: „Seit dem 3. Juni 1996, das sind in wenigen Tagen sieben Jahre, arbeiten die meisten von Euch am Wiederaufbau der Frauenkirche. Viele Etappen, von denen jede einzelne mit neuen Herausforderungen verbunden war, habt ihr gemeistert. Das waren aber alles nur Schritte hin zu einem Ziel. Heute haben wir das Ziel erreicht. Wir setzen den Schlussstein des Druckringes der Kuppel. Damit wird das Mauerwerk standfest. In wenigen Tagen wird das Lehrgerüst abgesenkt und die Kuppel steht dann frei. Der 23. Mai 2003 wird damit zur zweiten Geburtsstunde der Frauenkirche, die erste war 1736, vor 267 Jahren. Seit George Bähr mit seinen Männern hier gebaut hat, wurde keine zweischalige vergleichbare Kuppel wieder errichtet".

Jeder der drei Hammerschläge wurde dann vom Glockenschlag des neuen Geläuts der Frauenkirche aufgerufen. Der erste wurde geführt von den Steinmetzen, der zweite von den Zimmerleuten. Der dritte Hammerschlag wurde geführt von den Maurern mit dem Spruch:

„Stein zu Stein ist gefügt, dabei Altes mit Neuem verbindend wurde dem Bau die Gestalt seines Entstehens wiedergegeben und so den folgenden Generationen von der Kraft und dem Geschick der Maurer berichtend. So soll es ewig sein."

Zwei Wochen danach erfolgte der Abbau des Lehrgerüstes. Über 90 Prozent der Vorrichtungen zum Absenken des Lehrgerüstes konnten dabei von Hand gelöst werden. Die riesige Kuppel, in der kalten Jahreszeit erbaut, hatte sich bedingt durch Längenänderungen in Höhe und Umfang von selbst abgehoben.

Nun waren von den Maurern „nur noch" der Steinbau der Laterne in luftige Höhe empor zu führen und die Bodenbeläge aus Sandstein im Kirchenraum und im Wendelgang der Kuppel einzubauen. Von unseren Zimmerern waren alle Gerüste zurückzubauen und in Gemeinschaftsarbeit mit Lehrlingen des Überbetrieblichen Ausbildungszentrums Dresdens aus mächtigen Lärchenbalken die Turmhaube am Fuße der Frauenkirche aufzurichten. Die inzwischen im Innern schon weit vorangeschrittenen Arbeiten der Putzer, Trockenbauer und Schlosser waren fertig zu stellen. Ein Jahr noch voll angestrengter Arbeit.

Dann war nur noch ein Stein übrig. Die Errichtung des Steinbaus stand vor der Vollendung. Der von mir und dem Architekten, Herrn Frenzel, unterbreitete Vorschlag, an dieser Stelle eine kupferne Kassette mit einer bildlichen Chronik der einzelnen Etappen des Wiederaufbaus sowie den Namen der beteiligten Firmen und Personen einzumauern, wurde vom Bauherrn sofort angenommen. Alle kamen wir noch einmal zusammen – viele schon von anderen Baustellen. Mit bewegter Stimme würdigte Herr Burger in seiner kurzen Ansprache den zurückgelegten Weg, die vergangenen Aufbaujahre und schloss mit dem, was die Gedanken von Vielen waren: „Ich bin dankbar über den gemeinsamen Weg und die Jahre der Zusammenarbeit. Sie haben uns alle geprägt und unwiederbringliche Erlebnisse gebracht. Möge die wieder aufgebaute Frauenkirche den Glauben stärken und zu Frieden und Versöhnung in unserer Welt beitragen. Wir Bauleute haben das dazu Mögliche beigetragen".

Vor dem Versetzen des nun endgültig letzten Steines und dem Einmauern der Kassette gab ich diese Botschaft von uns Bauleuten mit auf den Weg:

„Mit großer Müh war's zu erringen,
von der Unterkirche bis zur Laterne
diesen Bau in die Höh' zu bringen.
So wie man früher es gemacht
haben wir es noch genauer hingebracht.
Mit starkem Arm und munterem Mannesmut
Der Steinmetze, Maurer und Zimmerer
ging das Werk vonstatten gut.
Manch schwierige Arbeit schreckte uns nicht zurück,
wir lernten viel hinzu und hatten manchmal auch Glück.
Mit den Lehrgerüsten unterstellt,
nach der Baukunst Regeln wohl erwogen,
wölbten wir der Kuppel Bogen,
auf der die steinerne Laterne steht
der nun der letzte Stein noch fehlt.
Der ist schon nach seiner ganz genauen
Austragung präzis und schön zugehauen.
Und so bitt ich die Maurer jetzt,
versetzt diesen letzten Stein an dem nun wieder
auferstandenen Bau der Frauenkirche jetzt."

Die Feier in luftiger Höhe ganz oben war still. Jeder von uns fühlte tiefe, innere Freude darüber, dass es nun geschafft war. Aber auch Wehmut war nicht zu verdrängen im Wissen: Das einmalig Vergangene wird sich nicht wiederholen.
Mit dem Bauvertrag hatten wir am 31. März 1999 festgeschrieben, die Turmhaube mit Turmkreuz am Dienstag, den 22. Juni 2004 zu heben und damit den Bau zu krönen. Die Anteilnahme der Öffentlichkeit war überwältigend. Wieder gab es Sturm und Regen in den Tagen davor, noch während des Festaktes zogen schwere Gewitterfronten mit Stürmböen auf. Zu der im Protokoll festgelegten Zeit war das Heben nicht möglich. Wenig später zog Ruhe ein, die Freigabe zum Heben konnte gegeben werden. Langsam

schwebte die Turmhaube nach oben. Nach einer Viertelstunde konnte ich das Signal an den Glockenwart geben. Die Glocken der Frauenkirche verkündeten nun eins mit dem Beifall von Zehntausenden:
Es ist vollbracht.

Nach der Fertigstellung der Kuppel ist nur noch der Steinbau der Laterne in luftige Höhe empor zu führen.

Unter der überwältigenden Anteilnahme der Öffentlichkeit kann die Turmhaube gehoben werden. Die Glocken der Frauenkirche verkünden die Vollendung dieses bedeutenden Bauabschnitts.

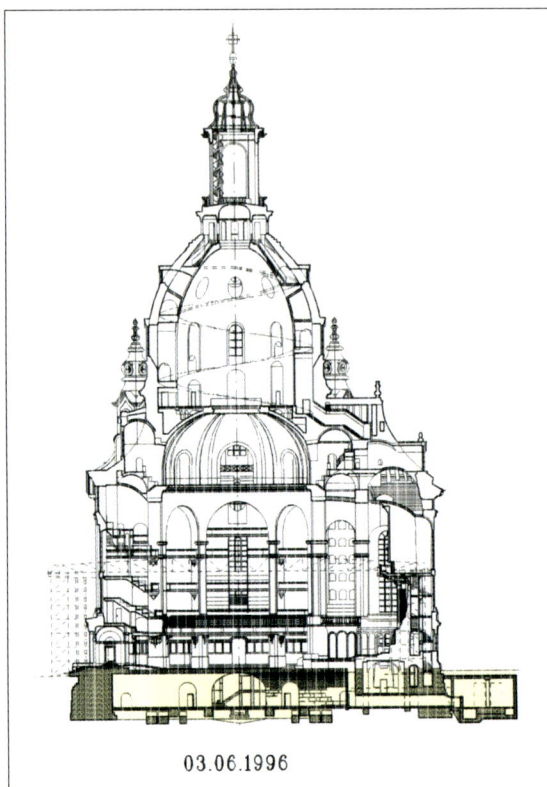
03.06.1996

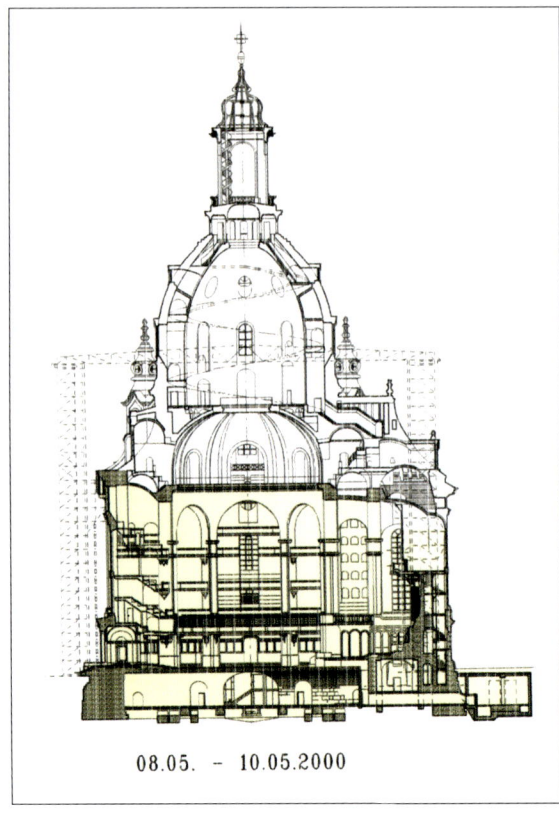
08.05. – 10.05.2000

Am 23. Mai 2003 wird der Schlussstein des Druckringes der Hauptkuppel versetzt. Im Beisein Eberhard Burgers spricht Frank Spiegel vor der traditionellen Zeremonie der drei Hammerschläge zu den auf der Baustelle versammelten Bauleuten.

23.05.2003

Schlussstein Hauptkuppel

Chronologie des Wiederaufbaus – Die farbig markierten Flächen kennzeichnen die zu dem jeweiligen Datum fertig zu stellenden Bauabschnitte (Abb. mit freundlicher Genehmigung der Walter-Bau-AG).

Die elektronische Glocke

Markus Schächter

„Die steinerne Glocke" – unter diesem Titel hatte das ZDF am 12. Februar 1998 eine Dokumentation über „Die Wiedergeburt der Dresdner Frauenkirche" ausgestrahlt. Als größte Kuppelkirche nördlich der Alpen wird die Frauenkirche ebenso häufig wie richtig mit einer riesigen Glocke verglichen. Die Glocke aus Stein ist dabei eine architektonische Variation der echten Glocken aus Bronze. Das Motiv der Glocke ist somit optisch wie akustisch ein Leitmotiv der Frauenkirche.

Glocken sind weithin hörbar, verbreiten mit-

Die Glocke als Leitmotiv der Frauenkirche: Am 3. September 2003 fallen die letzten Gerüste an der Steinernen Glocke.

hin eine Botschaft. Ihre vielleicht existen-ziellste Funktion wird in Goethes „Faust" spürbar: Als der alte Faust in seinem engen, modrigen Studierzimmer an die Grenzen sei-nes Wissens stößt, will er, „so klug als wie zuvor", seinem Leben ein Ende setzen und greift verzweifelt – im Theater und Fernsehen immer wieder gezeigt – zu einer Giftschale auf dem Bücherregal; in dem Moment, da er sie gerade an den Mund ansetzt, ertönen draußen die mächtigen Osterglocken der Auferstehung und halten ihn, den „Erden-wurm", „vom letzten, ernsten Schritt zurück". Die Botschaft hört er wohl, auch wenn ihm der Glaube fehlt. Das Hören reicht, um ihm das Leben zu retten. Wo das Wissen aufhört, fängt der Glaube an. Bleibt der Glaube aus, bleiben immer noch die Sinne: das Hören – oder auch das Sehen.

Kirchen sind sichtbare und hörbare Botschaf-ter, sind Mittler zwischen Himmel und Erde. Ihre Glocken stehen auch für die Verbreitung himmlischer Botschaften auf Erden. Sie sind Botschafter nicht nur für Faust, nicht nur für ein persönliches Schicksal, sondern auch für eine ganze Stadt, eine ganze Gemeinschaft, eine Gesellschaft. Insofern ähneln sie – ihrer Struktur nach, nicht in ihrer Dimension – einem elektronischen Medium. Was sie in der religiösen Vertikalen leisten, versuchen die Kommunikationsmedien in der weltlichen Horizontalen zu erreichen. Vielleicht erreichen Medien sogar mehr. Nach dem Tod von Papst Johannes Paul II., der schon jetzt als „Medien-papst" in die Geschichte eingegangen ist, dürfte unstrittig sein: Auch – und vielleicht gerade – auf elektronischem Wege kann zur weltweiten Verbreitung der christlichen Bot-schaft beigetragen werden. Insofern könnte man im Falle der Medien gleichsam von „elek-tronischen Glocken" oder von einem „elektro-nischen Geläut" sprechen.

Unter den sieben neuen Glocken der Frauen-kirche ist die Verkündigungsglocke sogar namentlich eine Botschafterin. Sie ist Johannes,

dem letzten Propheten, dem Mittler zwischen Altem und Neuem Testament, dem „Rufer in der Wüste", geweiht. Auch die übrigen Glo-cken tragen Namen von Gestalten des Alten Testaments, dazu die Bezeichnungen ihrer Be-deutung sowie Inschriften jener Botschaften, die von ihnen ausgehen sollen. So gilt Jeremia, die Stadtglocke, für das ganze Dresden, das aus einer Trümmerlandschaft zu neuem Leben erstanden ist. Ihre Botschaft: „Suchet der Stadt Bestes." Jesaja, die Friedensglocke, er-tönt an jedem Jahrestag der Zerstörung. Sie trägt jene Inschrift, die in den 80er Jahren zum Motto der Friedensbewegung im geteil-ten Deutschland geworden war: „Sie werden ihre Schwerter zu Pflugscharen machen." David, die Gebetsglocke, bittet darum, dass die irdischen Botschaften auch im Himmel ge- und erhört werden.

Wo einst am 13. Februar 1945 heulende Sire-nen den Untergang Dresdens angekündigt hatten, läuten seit dem 7. Juni 2003 die neuen

Zur Weihe der neuen Glocken auf dem Schlossplatz schlägt Baudirektor Eberhard Burger am 4. Mai 2003 jede Glocke an.

Glocken. Drei von ihnen sind täglich zu hören: am Morgen die Gebetsglocke, am Mittag die Friedensglocke, am Abend die Stadtglocke. Jeder Tag hat seinen Rhythmus, jede Tageszeit ihre Botschaft.

Auf einer anderen Ebene macht diese Erfahrung auch ein Programmmacher. Auch Fernsehprogramme, genauer gesagt: Programm-

und Gesellschaft insgesamt, für den sind die allabendlichen Botschaften aus aller Welt nicht nur eine Informationspflicht, sondern quasi eine Bürgerpflicht. Ohne solches Bürger-Engagement wäre die Frauenkirche nicht wieder erstanden.

Die Parallelen zwischen Kirche und Medien, Geistlichem und Weltlichem sind nicht herbeigezwungen: Fernsehen sieht nicht nur in die Ferne, sondern zuweilen auch in die Höhe, zur Kirche, zum Himmel. Umgekehrt blickt die Kirche auch auf die Welt: Droben in den Glockentürmen der Frauenkirche finden sich – man mag es kaum glauben – Fernsehbilder wieder, vom Glockenkünstler Christoph Feuerstein für alle Zeiten festgehalten: Die Glocken tragen nicht nur Inschriften, nicht nur Verzierungen, nicht nur Bildgeschichten aus dem Alten und Neuen Testament, nicht nur Bilder der Menschheitsgeschichte, sondern auch Bilder der Zeitgeschichte, Szenen, die man aus Nachrichtensendungen kennt. Die Friedensglocke trägt zwar auf der einen Seite die Bildsymbolik des Messianischen Reiches mit dem biblischen Knaben, der friedlich mit der Schlange spielt; sie trägt aber auf der Gegenseite Bilder irdischer Weltreiche aus Zeiten des Kalten Krieges: Raketensilos

Die Kuppel der Frauenkirche leuchtet im Schein der untergehenden Sonne hinter dem Tor zum Stallhof des Schlosses. Die wiedererstandene Kirche ist erneut Mittler zwischen Himmel und Erde.

schemata, können den Tagesablauf und Lebensrhythmus einer Gesellschaft gliedern, vielleicht prägen. Dies ist besonders deutlich geworden, als das ZDF Anfang der 70er Jahre seine Hauptnachrichten-Sendung „heute" im Unterschied zur „Tagesschau" der ARD auf 19 Uhr gelegt und somit das gesamte Abendprogramm vorverlegt hatte. Auch „heute" kann zum „täglichen Brot" gehören. Wer sich nicht nur für seine Stadt interessiert, sondern auch für sein Land und die Welt, für den ist ein solcher Nachrichten-Termin quasi 'gesetzt'. Wer sich nicht nur für sich und seine Familie engagiert, sondern auch für die Gemeinschaft

Im Glockenstuhl der Frauenkirche prüft ein Tischler die Verkleidung der 1,75 Tonnen schweren Glocke Jesaja, auch Friedensglocke genannt.

und Sprengköpfe mit den Aufschriften USA und CCCP sowie daneben – quasi aktuell – das einstürzende World Trade Center in New York vom 11. September 2001. Der Bezug zur Zerstörung Dresdens durch die Alliierten ist vom Künstler gewollt: Sieger von einst können selbst zu Opfern werden. Krieg und Gewalt lösen keine Geschichte. Darum ist im gleichen Bild auch ein Schmelztiegel zu sehen, in dem Schwerter tatsächlich in Pflugscharen verwandelt werden.

Die aktuellen Bezüge setzen sich auf der Stadtglocke Jeremia fort: Dort ragt die fast vollendete Frauenkirche in den Himmel. Daneben schlängelt sich die Elbe, an der drei Jahreszahlen schicksalhafte Einschnitte im Lauf der Geschichte markieren: 597 v. Chr. als das Jahr, in dem der Prophet Jeremia von

Die Glocke Jesaja (Detail) bei der Vorbereitung zur Prüfung im Februar 2003.

Jerusalem aus an die verbannten Juden in Babylon schrieb, um ihnen auch in der Fremde, auch nach dem Verlust ihrer Heimat, Mut zu machen; 1945 als Jahr der Zerstörung Dresdens; und 2002 als Jahr des sintflutartigen Jahrhundert-Hochwassers.

Zeigt die Stadtglocke im Hintergrund zusätzlich den Turmbau zu Babel, so zeigt die Verkündigungsglocke ein modernes Stadtbild mit Wolkenkratzern und Industrieanlagen. Sie sind trotz ihrer Höhe so weit vom Himmel entfernt, dass sie für den einsamen Rufer am Rande der Stadt wie eine leblose Wüste erscheinen – Sprachverwirrung und Verständigungsprobleme damals wie heute. So ist auf der Glockenkrone jene Bibelszene zu sehen, in der Jesus einen Blinden heilt. Zwar kann nach dem Aufhängen der Glocken selbst ein Sehender die künstlerischen Botschaften nicht mehr sehen, doch bleibt das Wissen um ihre Symbolik: Inwieweit steht einstige Blindheit auch für heutige Taubheit gegenüber den Botschaften der Bibel? Inwieweit fehlt in den Steinwüsten moderner Zivilisation nicht nur der Glaube, sondern bereits das Gehör?

Wie dem auch sei – die Frauenkirche steht als Ruferin unübersehbar vor uns. Sie ruft über den Fluss der Zeit hinweg. Was sie kündet, ist keine überholte Botschaft von gestern. Mit einer modernen Ikonographie, mit einer simultanen Bildsprache erzählt ihre Glockenzier – fast wie das Fernsehen – Geschichte und Geschichten auch aus der Gegenwart und hält sie – dauerhafter als das sukzessive, flüchtige Bildmedium – gleichsam für die Ewigkeit, zumindest aber für künftige Generationen fest.

Die Bemühung um eine zeitgerechte Gestaltung der Glocken erhöht dabei noch einmal die ohnehin außergewöhnliche Symbolkraft der Frauenkirche. Das Bemühen ist um so höher einzustufen, als die Verbindung von Bild und Ton bei Glocken nichts Selbstverständliches, auch nichts Unproblematisches ist: Sechs der sieben neuen Glocken hatten ihre Klangprüfung nicht bestanden, weil ihre Verzierungen zu schwer geworden waren. Sie mussten neu gegossen werden.

Mag das Beispiel auf den ersten Blick auch weit hergeholt erscheinen, so kann es doch eine Anmutung davon geben, wie schwierig eine gelungene Verbindung von Bild und Ton grundsätzlich ist. Was hier für die Abbildungen in Bronze gilt, muss erst recht für elektronische Bilder gelten: Wann sind Bilder des Krieges, der Gewalt, des Todes und der Trauer zu schwer, zu ernst, zu grausam, zu grell für das harmoniesüchtige Auge? Wann sind Töne von Waffen und Kriegsmaschinen, Worte von Kriegstreibern und Volksverhetzern zu laut, zu schrill für friedliebende Ohren? Kann man von einmal gesendeten Bildern und Tönen einen zweiten Aufguss machen? Kann man sie nachbearbeiten, verbessern, erneuern? Kann man einmal vernommene Botschaften je wieder vergessen? Wer trifft dabei den richtigen Ton? Wer fängt das richtige Bild ein, wer den treffenden Ausschnitt? Was ist der richtige Rhythmus bewegter Bilder in den immer weiter beschleunigten Bilderfluten?

Erst in der Gegenüberstellung wird richtig deutlich, was es heißt, ein ruhendes Sinnbild wie die Frauenkirche vor Augen und den geordneten Rhythmus ihres Geläuts in Ohren zu haben. Dabei ist auch die ruhige, gesetzte Botschaft keineswegs statisch. Auch sie kann in die Ferne gehen. Die Botschaft des Friedens geht über Stadtgrenzen hinaus, gilt quasi „urbi et orbi". Beim ersten Geläut nach 58 Jahren des Schweigens an Pfingsten 2003 wurden die Glockentöne der historischen Stunde von Augen- und Ohrenzeugen per Handy hinaus in alle Welt gesandt. Moderne Medien sind nicht einfach weltlich und flüchtig: Sie können auch höhere, geistliche Botschaften weiter verbreiten, verstärken. Sie sind auf ihre Weise Botschafter für alle Menschen, aber auch Mittler der Menschen unter-

einander. Insbesondere das Fernsehen kann jede Botschaft in jeden Winkel übertragen und an jeden, der sie hören möchte, weitergeben. Gerade das ZDF als nationaler Sender aller 16 Bundesländer nimmt in diesem Sinne seinen integrativen Programmauftrag substanziell wahr: einstmals als Beitrag zur politischen Einigung unseres geteilten Landes, heute als Beitrag zur weiteren gesellschaftlichen Einheit unseres Volkes.

Auch hier greift wieder die Symbolik der Frauenkirche: Ihre Kuppel, salopp gesagt: ihre Haube, bringt nicht nur sämtliche Steine quasi „unter einen Hut"; sie überragt auch symbolträchtig ihre vier Seitentürme: Sie wölbt sich über alle vier Himmelsrichtungen. Somit ist die „steinerne Glocke" nicht nur die schmückende Krone und beherrschende Krönung eines der schönsten Stadtbilder Europas, sie legt sich auch wie ein schützendes Dach über alle Menschen. Das 'Dach' lag 1945 am Boden. Ursula Elsner, damals 14-jährige Tochter des Kircheninspektors, räsoniert in der ZDF-Dokumentation „Das Drama von Dresden" zum 60. Jahrestag der Zerstörung: „Wir standen vor den Trümmern der Frauenkirche. Sie war nur noch ein gigantischer Schutthaufen. So anklagend, so hilflos – unsere Frauenkirche war nur noch ein Häuflein Unglück." Aus den Trümmern wuchsen im Laufe der Jahre blühende Blumen. Heute sind die Steine wieder zur einstigen Höhe gewachsen.

„Auferstanden aus Ruinen", hat sich für die Frauenkirche nicht nur ihr Aussehen, sondern auch ihre Ausstrahlung, ihre Aussagekraft gewandelt: 1945, unmittelbar nach dem Krieg, war sie zunächst ein deprimierendes Sinnbild sinnloser Zerstörung, das eine ebenfalls ruinierte Gesellschaft zur Umkehr aufgefordert hat. 1966 war die Ruine von der DDR-Regierung offiziell zum Mahnmal für den Frieden erklärt worden. Seit dem 13. Februar 1982 ist sie zum Versammlungsort des gewaltlosen Protestes gegen politische

Unterdrückung geworden: An ihrem Trümmerberg wurden an jedem Jahrestag der Zerstörung Kerzen als Gedenk- und Hoffnungszeichen aufgestellt. „Die Stadt soll auf ihrem Schutthaufen aufgebaut werden", schreibt Jeremia. Mit ihrer Einweihung zum Reformationstag 2005 wird die neue Frauenkirche zusätzlich zum Symbol eines nie versiegenden Lebenswillens, zum sichtbaren Ausdruck der Überwindung von Krieg und Feindschaft, zum vernehmbaren Appell für Frieden und Freundschaft. In ihrer ganzen Monumentalität ist sie heute der Inbegriff des wiedererrichteten Dresden, der wiedererstandenen neuen Bundesländer, des wiedervereinten Deutschland und des vereinigten Europa. Im 18. Jahrhundert von Bürgern erbaut, ist auch der Wiederaufbau das Ergebnis einer breiten,

entschlossenen Bürgerbewegung. Sie hat sich insbesondere in der GESELLSCHAFT ZUR FÖRDERUNG DES WIEDERAUFBAUS DER DRESDNER FRAUENKIRCHE formiert und hat mit ihrem eindringlichen „Ruf aus Dresden" vom 13. Februar 1990 weltweit rund 13.000 Menschen mobilisiert – nicht nur Dresdner, nicht nur Sachsen, nicht nur Deutsche, nicht nur die Alliierten, sondern Menschen aus aller Herren Länder. Ohne eine kontinuierliche Medienpartnerschaft über all die Jahre wäre eine Bürgerbewegung dieses Ausmaßes nicht möglich gewesen.

Das ZDF hat den Wiederaufbau im Rahmen seines sozialen und kulturellen Engagements von Anfang an begleitet: Es hat alle Baufortschritte in Bildern festgehalten, hat durch regelmäßige Berichterstattung die größte

Gala zur Verleihung der „Echo"-Klassikpreise 1999 der Deutschen Phono-Akademie in Zusammenarbeit mit dem ZDF in Weimar. Der Erlös der Veranstaltung kam dem Wiederaufbau der Dresdner Frauenkirche und der Restaurierung der Herderkirche in Weimar zu.

Baustelle eines klassischen Sandsteinbaus immer wieder ins Bewusstsein der Bevölkerung gerufen und hat damit auch die Spendenbereitschaft wach gehalten. So sind allein durch programmliche Aktivitäten des ZDF seit 1992 rund 5,5 Millionen Euro als Spenden zusammengekommen.

Eine Bürgerbewegung aber ist mehr als eine kurzfristige Spendenbereitschaft; sie setzt eine breitenwirksame Überzeugungsarbeit voraus, die den nachhaltigen Sinn und Zweck einer Initiative für die Gesellschaft vermittelt. Breitenwirkung ist in unserer Zeit nicht ohne Massenmedien zu erreichen. Unter den zahlreichen ZDF-Sendungen zum Projekt „Frauenkirche" trug das Benefizkonzert vom 15. September 1996 aus der Semper-Oper den viel sagenden Titel „Ein Echo für Dresden". Das Motto führt das Bild der Glocke zu Ende: Auch ein Glockengeläut hat ein Echo. Auch die Botschaft vom Wiederaufbau der Frauenkirche hat ein überwältigendes Echo gefunden. Ein Echo ist abhängig vom Ton, der es hervorruft. Gerufen hat allen voran der Trompetenvirtuose Ludwig Güttler durch seine Musik, seine Persönlichkeit und seinen unermüdlichen Einsatz.

Güttlers Ruf nach einem Echo für Dresden verstärkt haben zahlreiche weitere Fernsehsendungen: regelmäßig aktuelle Situationsberichte, von Zeit zu Zeit zusammenfassende Kulturdokumentationen und zu besonderen Anlässen Benefizkonzerte von historischen Orten, seit Dezember 2000 bereits von der „Baustelle Frauenkirche" selbst.

In der Historischen Reportage „Das Drama von Dresden" haben Augenzeugen und Opfer von einst ihre persönliche Geschichte vom Untergang ihrer Stadt erzählt. Man kann diese szenische Rekonstruktion im menschlichen Bereich als eine Parallele zur archäologischen Rekonstruktion der Frauenkirche im baulichen Bereich sehen: Wie die Restauratoren Tausende von Steinen zu einem neuen Bau zusammengefügt haben, so haben die Redakteure des ZDF versucht, aus Hunderten von Gesprächen mit Betroffenen ein möglichst authentisches Bild von jenem Bombeninferno zusammenzusetzen, dem eben nicht nur Bauten, sondern auch Menschen zum Opfer gefallen sind. Steine haben Schicksale und Menschen haben Schicksale.

Menschen haben dem Schicksal der Steine abgeholfen. Das ZDF hat durch seine bundesweite Aktion „Ein Baustein für die Frauenkirche" Menschen im ganzen Lande aufgerufen, jeweils einen ganz konkreten Stein der neuen Frauenkirche zu adoptieren. Die Kirche, einst Symbol protestantischen Bürgerstolzes, ist somit erneut zum Inbegriff einer tatkräftigen Bürgerinitiative geworden. Dass auch die Spielzeug-Firma LEGO an der Baustelle mit einem fertigen Modell der Frauenkirche vertreten war, erhält dadurch eine zusätzliche Symbolik: Das ganze Volk hat gleichsam Stein für Stein zusammengetragen.

In einer der jährlichen Benefiz-Galas zur Verleihung des Deutschen Schallplattenpreises „Echo Klassik" stand daher 1996 bei Senta Berger und Gunther Emmerlich ein halbes Modell der Frauenkirche auf der Bühne. Die fehlende Hälfte stand für jenen Anteil, den die Bürger durch Spenden beitragen sollten. Er betrug am Ende weit mehr als die Hälfte. Was im Modell wie ein Spiel aussah, ist längst greifbare – für manchen aber noch immer unbegreifbare – Wirklichkeit geworden.

Manche Steine erinnern noch an den Ernst der Vergangenheit: Hatten die Gegner des Wiederaufbaus die Kriegsruine als Mahnmal erhalten wollen, so haben die Befürworter einen sinnträchtigen Kompromiss gefunden. Durch eine mustergültige Rekonstruktion sind die verwertbaren alten, gedunkelten Steine sichtbar und doch harmonisch mit neuen, hellen Steinen kombiniert worden. Auf diese Weise ist keine geglättete, geschönte, die Geschichte negierende Rekonstruktion herausgekommen:

*Aufnahme des zwischen 1733 und 1739 geschaf-
fenen Altares von Johann Christian Feige d. Ä.
vor seiner Zerstörung 1945.*

*Bildhauer Vinzenz Wanitschke formt am Altar der
Frauenkirche das Tonmodell eines Engels. Bei der
Enttrümmerung der Ruine konnten rund 2.000
Teile des beschädigten Kunstwerks geborgen und
später wieder in das Bildwerk eingefügt werden.*

Der neue Bau trägt die Wunden und Zerstö-
rungen der alten Gestalt. Er wird zu einem
umso mächtigeren Mahnmal für die Narben
und Nähte dessen, was neu zusammen-
gewachsen, was wieder zusammengefügt
worden ist.
Ähnliches gilt auch für das Geläut: Die Gedächtnisglocke von 1518 aus der einstigen
Vorvorgängerkirche ist die einzige noch erhaltene alte Glocke. Der Kirchenpatronin Maria
geweiht, jedoch wegen klanglicher Differen-
zen aus dem vorherigen Geläut ausgemustert,
hat sie die Bombardierung unbeschadet überstanden. Zurückgekehrt an ihre angestammte
Stätte, bildet sie heute den historischen Mittelpunkt des neuen Geläuts. Somit dient auch

sie dem Wachhalten der Erinnerung, eben –
ihrem Namen gemäß – dem „Gedächtnis" an
das Vergangene. Und auch diese Einheit aus
Altem und Neuem ist harmonisch: Als nunmehr umfangreichstes Geläut von Sachsen
läuten die Glocken der Frauenkirche nicht
um die Wette. Sie ergänzen sich, jede in einem anderen Ton, zu gemeinsamer Harmonie
untereinander und komplettieren daneben
das Klangspektrum der übrigen Glocken in
Dresden.
Zusammen mit dem Motiv der Glocke sind
auch Harmonie und Einigkeit ein Leitmotiv
der Frauenkirche. „Harmonie" ist dabei nicht
bloß ein hehres Wort, sondern das Wort ist
Tat geworden.

Ludwig Güttler hat in seinem Schlusswort zur ZDF-Dokumentation über die „Steinerne Glocke" zusammengefasst, was Einigkeit bedeutet: Unter denen, die am Wiederaufbau mitgewirkt haben, habe jeder eine andere Kirche gebaut, jeder aus einem anderen Motiv heraus: der eine ein Gotteshaus, der andere ein besonderes Gotteshaus, der dritte das wichtigste Bauwerk Dresdens, der vierte eine Huldigung an den ursprünglichen Erbauer George Bähr, der fünfte einen Beitrag zur Kulturgeschichte, der sechste ein Werk der Wiedergutmachung, der siebte ein Symbol deutscher Identität. All diese Aspekte hätten sich unter dem Oberbegriff des Denkmalschutzes nicht behindert, sondern einander verbunden, ja bereichert.

Der Musiker Güttler denkt harmonisch, symphonisch, polyphonisch: Jeder Mensch habe nur zwei Augen und zwei Ohren, habe damit auch eine beschränkte Wahrnehmung, die man mit anderen Wahrnehmungen verbinden müsse. Das Ergebnis sei eine reiche Synthese einzelner Beiträge: verschiedene Interessen, aber ein gemeinsames Ziel; Tausende verschiedene Steine, aber ein Bau – so wie George Bähr einst davon geschwärmt hatte, der Gesamtbau solle erscheinen, wie wenn er aus einem einzigen Stein gebildet wäre. Auch diese klassische Einheit in der Vielheit kann noch einmal bildlich stehen für die Einigungskraft, die von der Frauenkirche ausgeht. Im Schiller-Jahr 2005 darf man an des Klassikers „Lied von der Glocke" erinnern. Ihr Name war „Concordia". Schiller hat ihn – quasi vorausweisend auf die heutige Integrationsfunktion der Medien – gesellschaftlich im Sinne von „Frieden" und „Eintracht" gedeutet: auf dass die Glocke „Freude dieser Stadt bedeute, / Friede sei ihr erst Geläute." Und: „Zur Eintracht, zu herzinnigem Vereine / Versammle sie die liebende Gemeine." Gesellschaftliche Eintracht ist kein Naturzustand, man muss sie erringen, notfalls erkämpfen. Schiller hat diese Dialektik am Beispiel des

Feuers anschaulich gemacht, als hätte er auch auf das Schicksal Dresdens vorausgewiesen: Das Feuer, das beim Glockengießen hilfreich ist, ist als Brand gefahrenvoll:

„Wohltätig ist des Feuers Macht,
Wenn sie der Mensch bezähmt, bewacht,
Und was er bildet, was er schafft,
Das dankt er dieser Himmelskraft;
Doch furchtbar wird die Himmelskraft,
Wenn sie der Fessel sich entrafft,
Einhertritt auf der eignen Spur
Die freie Tochter der Natur.
Wehe, wenn sie losgelassen
Wachsend ohne Widerstand
Durch die volkbelebten Gassen
Wälzt den ungeheuren Brand!"

Die Dialektik des Feuers wäre aufgehoben in einem freudigen Feuerwerk. Georg Friedrich Händel hatte 1749 in England seine berühmte „Feuerwerksmusik" für die Versöhnungsfeier zum Friedensvertrag von Aachen komponiert. Sie bedeutete das Ende einer bewaffneten Intervention gegen England, das sich in einer ähnlichen Gefahr wie einst bei Jeremia das „auserwählte Volk" sah. Mit den beiden Sätzen „Frieden" und „Freude" aus der „Feuerwerksmusik" hatte das ZDF sein letztes Adventskonzert von der „Baustelle Frauenkirche" 2004 beziehungsreich beendet.

Das ZDF dreht zum 61. Jahrestag des Flammeninfernos im Februar 2006 das zweiteilige historische Fernsehdrama „Dresden". Dort wird der Bombenangriff vom 13. Februar 1945 fiktional dargestellt: Das Feuer der Stadt verbindet sich mit dem Feuer der Liebe zwischen zwei Menschen: zwischen einer jungen Krankenschwester aus Dresden und einem englischen Piloten, der noch vor dem Bombenangriff abgeschossen worden war. An den Original-Schauplätzen erhalten die Kriegsparteien ein menschliches Gesicht. Auch fiktional kann Versöhnung im Fern-

Startrompeter Ludwig Güttler mit seinem Blechbläserensemble am 4. Mai 2003 auf dem Dresdner Schlossplatz anlässlich der Weihe der sieben neuen Glocken. Tausende Zuschauer nahmen an der Glockenweihe teil.

sehen erlebbar werden. In diesem Falle darf nicht nur die Friedensglocke, sondern auch die Trauglocke Josua läuten. Die Trauglocke der Frauenkirche zeigt symbolische Brücken-bögen, von denen nicht jeder das andere Ufer trifft. Es reicht aber ein einziger Brücken-schlag, um den Bund fürs Leben zu schließen. Wo dies gelingt, wird die Trauglocke auch zu einer Glocke der Kommunikation.

Auch die Kommunikationsmedien versuchen, Brücken zu schlagen. Sie sind Mittler, Bot-schafter und nicht zuletzt Bewahrer wie die Glocken. Sie zeigen und begleiten große und kleine Schicksale. Dazu gehören die wich-tigsten Schritte eines Lebensweges, eines Menschenlebens wie Taufe, Ehe und Tod. Hierfür hat die Frauenkirche die Tauf-, die Trau- und die Gedächtnisglocke.

Es fehlt eine letzte: die Dankglocke „Hanna". Auch sie müsste täglich läuten für all jene, die zum Wiedererstehen der Frauenkirche beigetragen haben – „Dank sei ihr stetes Geläute".

„Wohltätig ist des Feuers Macht...": In Karlsruhe erfolgt im April 2003 ein zweiter Guss der Glocken für die Frauenkirche. Beim ersten Guss war das Klangergebnis der Glocken durch ihre massige Verzierung nicht wie erwartet ausgefallen.

Im Rahmen der ZDF-Show „Wetten, dass…?" waren unzählige Dresdner der Aufforderung nachgekommen, auf dem Theaterplatz die Silhouette der Frauenkirche mit
Kerzen zu formen. Mit zahlreichen Aktionen und Sondersendungen machte das ZDF
immer wieder auf den Wiederaufbau der Frauenkirche aufmerksam und appellierte
an die Spendenbereitschaft der Zuschauer.

Die Kuppel der Frauenkirche zwischen Dresdner Kunstakademie und
dem Ateliergebäude auf der Brühlschen Terrasse im Mai 2005.

MARTIN LUTHER

Nach dem Wiederaufbau der
Frauenkirche ist auch das
Denkmal Martin Luthers im
Jahre 2004 aufwändig restauriert worden. Nun erstrahlt es
wieder auf seinem seit 1885
angestammten Platz.

Der „archäologische Wiederaufbau" der Dresdner Frauenkirche

Niederschrift eines Interviews

Heinrich Magirius

Die steinerne Kuppel der Frauenkirche erhebt sich wieder über Dresden und schließt die Lücke der Stadtansicht am Elbebogen. Die Frauenkirche war nach ihrer Zerstörung 1945 jahrzehntelang ein wichtiges Thema – zu Zeiten der DDR jedoch auch oftmals ein verschwiegenes.

Erst in den 80er-Jahren des 20. Jahrhunderts trat mit den Veränderungen in der DDR eine Situation ein, in der die Ruine zu einem Denkmal für den Frieden und zu einem Mahnmal für die Opfer des Krieges wurde und man sich dort im Gedenken an den 13. Februar, den Jahrestag der Zerstörung Dresdens, versammelte. An einen Wiederaufbau war jedoch zunächst nicht zu denken. Später dann änderte sich dies. Noch vor der Wende gab es verschiedene Wettbewerbe, die sich mit denkmalpflegerischen und städtebaulichen Fragen beschäftigten, wobei auch vom Wiederaufbau der Frauenkirche gesprochen wurde. Die wirtschaftliche Lage der DDR verschlechterte sich allerdings zusehends, so dass man an ein solches Projekt nicht gehen konnte. Als in der Nähe der Frauenkirchenruine ein Hotel für ausländische Gäste gebaut werden sollte, ein Interhotel, wurde deutlich, dass etwas getan werden musste. Zudem bestand bei dem noch stehenden Gebäudeteil Einsturzgefahr. Dies machte ein Eingreifen notwendig. Diese Tatsache animierte schließlich auch die Landeskirche, die nun gezwungen war zu handeln. Der Auftrag an die Architekten lautete: Beräumung und Sicherung der Ruinenreste zu einer Art Freiluftkirche. Das war weitgehend das Ziel kirchlicher Kreise, doch es gab immer auch Dresdner – nicht nur hier in der Stadt, sondern vor allem auch viele, die in den Westen gegangen waren –, die mit einer solchen Lösung unzufrieden waren.

Für das Bürgertum, dessen Stolz die Frauen-

Blick auf die Trümmerreste der Frauenkirche im Jahre 1964. Noch vor der Wende beschäftigte man sich mit einem möglichen Wiederaufbau, die wirtschaftliche Lage der DDR ließ ein solches Projekt jedoch nicht zu.

kirche einmal dargestellt hatte, bedeutete die Frauenkirchenruine eine schmerzliche Leerstelle im Stadtbild.

Durch die Wiedervereinigung wurde schließlich der Gedanke des Wiederaufbaus konkret. Dresdner und auch viele Menschen in Westdeutschland, unter denen zahlreiche alte Dresdner waren, wurden tätig. Vor Ort bestand anfangs Zurückhaltung seitens der Kirche, aber auch in der breiten Bevölkerung gab es sehr viele, die die Ruine der Frauenkirche als Mahnmal erhalten wollten. Besonders kritisch wurde der Wiederaufbau von westdeutschen Denkmalpflegern gesehen. Sie vertraten die Theorie, Schäden nicht zu beseitigen, sondern die Ruine in ihrer Versehrtheit zu pflegen und zu bewahren. Auf diese Weise sollen die verschiedenen Zeitschichten, welche die Geschichte an Objekten und Monumenten hinterlässt, aufrechterhalten und sichtbar gemacht werden. Es darf also nichts getan werden, was eine historische Tatsache in denkmalpflegerischer Hinsicht rückgängig macht. Diese theoretische Position ist durchaus nicht falsch, doch hatte man es in Dresden mit einer außergewöhnlichen Situation zu tun.

So waren auch der ehemalige Landeskonservator Prof. Dr. Hans Nadler und der Kunsthistoriker Dr. Fritz Löffler schon immer für den Wiederaufbau der Frauenkirche eingetreten. Letzterer hatte ein Buch über das alte Dresden veröffentlicht und trat im Hinblick auf die „Weltangelegenheit Frauenkirche" – wie er es selbst formulierte – immer wieder für den Wiederaufbau ein.

Über Jahrzehnte hinweg hatte sich hier also das Institut für Denkmalpflege um den Wiederaufbau bemüht und war nach dem „Ruf aus Dresden", der dieses Anliegen dank bekannter Persönlichkeiten 1990 an die Öffentlichkeit getragen hatte, aktiv geworden, auch unter Anfeindungen und beachtlichen Schwierigkeiten.

Auf zahlreichen Tagungen, wie z.B. in Hamburg

und Potsdam, wurde unser Engagement vehement kritisiert. Es wurde uns vorgeworfen, ein solches Projekt sei nicht die Aufgabe der Denkmalpflege.

In der Zwischenzeit haben sich nun auch die westdeutschen Stimmen beruhigt und die wieder aufgebaute Frauenkirche überzeugt selbst Kritiker. Besonders Prof. Dr. Michael Petzet aus München, Generalkonservator von Bayern, hat sich im Gegensatz zu seinen westdeutschen Kollegen in besonderer Weise mit dem Frauenkirchenprojekt identifiziert und frühzeitig dafür Verständnis signalisiert. Den Wiederaufbau im Hinblick auf eine „archäologische Rekonstruktion" zu ermöglichen, war erklärtes Ziel und konnte in gleicher Weise denkmalpflegerischen, „archäologischen" wie auch bau- und ingenieurtechnischen Bedürfnissen gerecht werden. Daher beschäftigte es uns Denkmalpfleger, besonders Prof. Dr. Nadler, in den ersten Jahren vor allem, inwieweit man

Der Trümmerberg von rund 24.000 Kubikmetern wird abgetragen (Aufnahme 1993). Alle Steine werden katalogisiert und für eine mögliche Wiederverwendung im Neubau zwischengelagert.

das alte Steinmaterial bergen und im neuen Bau wieder verwenden könnte, um damit dem archäologischen Gesichtspunkt zu entsprechen und für die Denkmalpflege Wertvolles zu sichern. Es galt also die Steine aus den Trümmern zu bergen, zu dokumentieren, sie zu vermessen, zu zeichnen und in ihrer ehemaligen Lage im Bau zu orten. Mit Hilfe der IPRO, der Industrieprojektierung in Dresden, konnte der Großteil der Steine auf diese Weise wieder an richtiger Stelle im Bau der Frauenkirche eingesetzt werden. Die direkte Zusammenarbeit vor Ort war entscheidend, und auch finanziell war ein solches Vorgehen von großer Bedeutung. Die historischen Zeugnisse konnten, weithin sichtbar, wieder verwendet werden und die originale Bausubstanz macht nun ein Viertel – das Füllmauerwerk eingeschlossen – des ganzen Baus aus, was einen beachtlichen, qualitativen Wert darstellt.

Konnten vom Außenbau wesentliche Teile aus den Trümmern gerettet werden, so war dies für die Steine aus dem Innenraum kaum noch möglich. Durch den Brand des Innenraums war der Stein fast unwiederbringlich beschädigt worden. Der Steinaltar jedoch war mit vielen seiner plastischen Details zu einem großen Teil erhalten geblieben. Bereits kurz nach dem Kriegsende hatte man zudem eine Schutzvorrichtung aufgestellt, so dass man bei der Enttrümmerung die historischen Teile in situ vorfand. Weitere, rund 2.000 kleinere Stücke, die beim Einsturz der Kirche vom Original abgerissen worden waren und im Trümmerberg lagen, sind sorgfältig geborgen und geortet worden, so dass sie schließlich wieder zusammengefügt worden sind. Somit ist auch der Altar zu einem Großteil im originalen Zustand wiederhergestellt worden. Es lag uns Denkmalpflegern sehr daran, die historischen Steine, die gealtert und patiniert sind, im Neubau wieder erkennbar werden zu lassen. Aus konstruktiven Gründen war dies nicht überall möglich. Gerade im Kuppelbereich hatten die Statiker sich gegen eine Wiederverwendung historischer Bausubstanz ausgesprochen. Die unterschiedliche Dichte der im Original verwendeten Steine und die starke Schädigung durch den Einsturz der Frauenkirche konnten durch die hohe statische Belastung im Kuppelbereich schwer wiegende Probleme mit sich bringen und den Kräftefluss der Kuppel negativ beeinflussen.

Vom Kuppelbereich wurde jedoch ein Fragment, etwa drei Meter hoch, neben der wiedererrichteten Frauenkirche aufgebaut, um ein Beispiel des Originals zu geben, das auch als ein Denkmal des Zusammenbruchs gesehen werden kann. Im neuen Kuppelbereich wurden nur die Fenster und einige Fenstergewände als Originalsubstanz eingefügt, die Kuppelschale selbst stellt eine Neuherstellung dar.

Wie schon zu George Bährs Zeiten bedeutete der Bau einer solchen steinernen Kuppel ein großes Wagnis. Der Kuppelbau Bährs war vor allem insofern eine außergewöhnliche

Weithin sichtbar wurde die historische Bausubstanz wieder verwendet. Die unterschiedliche Färbung der verarbeiteten originalen und der neuen Sandsteinquader ist lebendiges Zeugnis der wechselvollen Geschichte der Frauenkirche.

Leistung, da die Steinkuppeln in Italien, so zum Beispiel in Rom und Florenz, in ihrem Aufbau grundverschieden sind. Beim italienischen Kuppelbau wurde leichter Stein zwischen feste Rippen eingefügt, während Bähr bereits massive Steinblöcke verwendete, die ineinander griffen. Für die damalige Zeit und auch für ganz Europa war dies eine einmalige Neuerung, die nicht ihresgleichen hatte. Der nunmehrige Neubau der Frauenkirche Bährs hält sich in allen Details an das „Original", unter Berücksichtigung moderner Bautechnik und entsprechender statischer Berechnungen. Es wurde Sandstein verwendet, der wesentlich fester ist, und es wurde an den Pfeilern im Innenraum eine Fugentechnik angewandt, welche der Stabilisierung der Baustruktur dient.

Beim Bau Bährs hatte man kleine Schieferstücke zwischen die Quader gesetzt, was dazu führte, dass die Pfeiler unter dem starken Druck der Kuppel nachgaben und im Gegensatz zu den Außenwänden gestaucht wurden. Dies führte zu Wassereinbrüchen. Beim jetzigen Bau wurde die Dichte der Steine genau gemessen und somit ein Nachgeben bestimmter Gebäudeteile unter dem Druck der Kuppel vermieden.

So wie der Außenbau in neuem Glanz erstrahlt, wird auch der Innenraum die Besucher der Frauenkirche begeistern.

Durch Experten wurden Farbuntersuchungen an den Steinfragmenten durchgeführt, die es ermöglicht haben, die barocke Farbgebung des Innenraums wiederherzustellen. Auch die Aufzeichnungen der Restaurierungen des 19. und 20. Jahrhunderts waren bei der Rekonstruktion der ursprünglichen Farbigkeit hilfreich. Anhand historischer Quellen wie auch an Farbfotos wurde versucht, sich ein Bild der ehemaligen Raumwirkung zu machen. Ebenso konnte man aus einem einzigartigen Fundus von rund 70 Originalplänen architektonische Details ermitteln, die es ermöglichten, die barocke Handschrift nachzubilden.

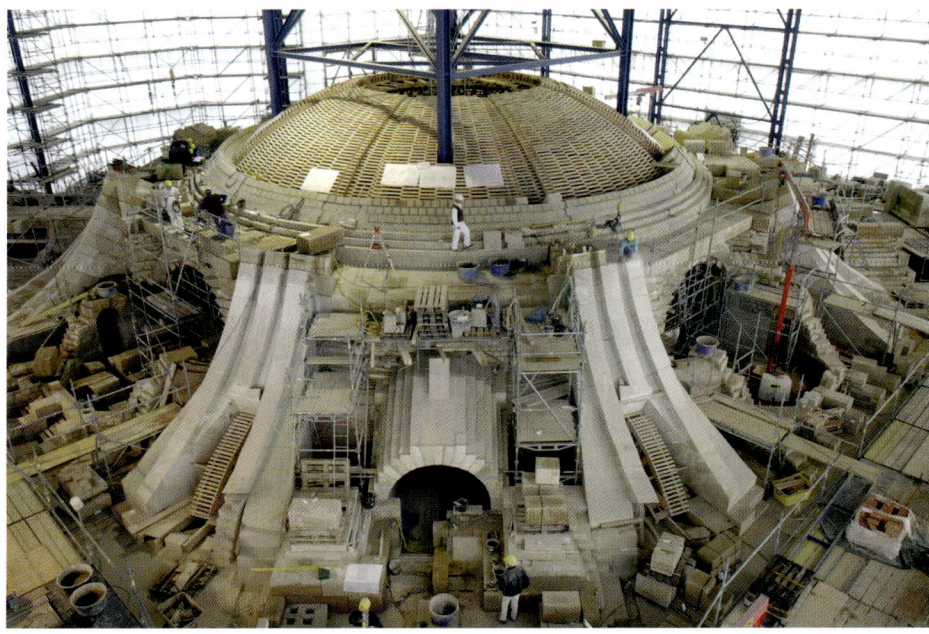

Die Steinmetze versetzen im März 2001 die Sandsteinquader für die innere Kuppel und den äußeren Kuppelanlauf. Im Kuppelbereich wurden nur die Fenster und einige Fenstergewände als Originalsubstanz eingefügt, die Kuppelschale selbst stellt eine Neuherstellung dar.

Der Altar, der zwischen 1733 und 1739 von Johann Christian Feige d. Ä. geschaffen wurde, stellt hierbei eine Ausnahme dar. Dieser steinerne Altar zeigt in seiner größtenteils erhalten gebliebenen Bausubstanz anrührende Spuren der Zerstörung, die zur Erinnerung aufrufen.

Über dem Altar befand sich die Silbermannorgel, deren Orgelpfeifen aus Zinn durch die enorme Hitze des Brandes im Innenraum auf die Altarfiguren geflossen sind. Herabfallende Teile der Orgel hatten zudem Stücke des Altares heruntergerissen, wodurch sie eine besonders eindrückliche Erscheinung haben. In der neuen Fassung des Altares wurde versucht, die Spuren dieser Zerstörung zu integrieren und auf diese Weise die Erinnerung an den 13. Februar wach zu halten. Besonders den Denkmalpflegern war daran gelegen, die Zeitspur des Krieges erkennbar zu lassen.

Eine besondere Herausforderung stellte die Rekonstruktion der Malereien in der Kuppel dar.

Eingehende Farbuntersuchungen an Steinfragmenten ermöglichten es, die barocke Farbgebung des Innenraums wiederherzustellen. Blick auf ein vergoldetes Kapitell an den Altarsäulen.

Auch aus privaten Bezügen fotografischer Quellen und anderer Überlieferungen hat man versucht, sich ein Bild der ursprünglichen Erscheinung zu machen, auch wenn die Rekonstruktion immer eine künstlerische Interpretation darstellt, die nicht frei ist von den Gegebenheiten unserer Zeit. Insofern hat sicher auch der Künstler Christoph Wetzel, der die Malerei des aus Venedig stammenden Johann Baptist Grone (1682-1748) auch anhand erhaltener Originale studiert hat, in gewisser Weise eine Interpretation des Originals geschaffen. Die Restauratoren, die den Innenraum zu gestalten hatten, waren nicht nur angehalten, sondern auch selbst bemüht, die ursprünglichen Farbstimmungen zu studieren und sich an ihnen auszurichten. Durch den Besuch historischer, erhaltener Räume aus jener Zeit und das Studium von alten Farbfassungen wie auch von damaligen Vergoldungstechniken konnte dem historischen Bild weitgehend entsprochen werden.

Mit der wieder aufgebauten Frauenkirche ist ein einzigartiges Bauwerk entstanden, allein schon durch die steinerne Kuppel. Nach dem Zweiten Weltkrieg sind zahlreiche historische Gebäude wiedererrichtet worden, wie die Michaeliskirche in Hildesheim oder auch die Residenz in München. Jedoch stellt die historische, bauliche wie auch die symbolische Dimension des Wiederaufbaus der Frauenkirche etwas Außergewöhnliches und Einmaliges dar.

Um diesem Anspruch gerecht zu werden, musste die Stiftung, die aus der Landeskirche, der Stadt Dresden und dem Freistaat Sachsen besteht, und die zugleich Eigentümer der Frauenkirche ist, ein besonderes Nutzungskonzept erarbeiten.

Ausdrücklicher Wunsch aller Beteiligten war die Nutzung des Raumes als Kirche. Auch wird die Bürgerinitiative, die ja dem Wiederaufbau den entscheidenden Impuls gegeben hatte, eine Rolle bei der weiteren Nutzung der Frauenkirche spielen und im Sinne des

„Rufs aus Dresden" für Friedensarbeit und kulturelle Verständigung eintreten. Die Besonderheit der Aufbauleistung muss auch in Zukunft Beachtung finden.

Das Fehlen einer eigenen Kirchengemeinde der Frauenkirche stellt zudem eine Herausforderung dar – die Frauenkirche muss sich ihre Gemeinde selbst schaffen und auch die entchristlichte Bevölkerung in ihre Aktivitäten einbeziehen.

Somit steht die Frauenkirche für Christen wie Nichtchristen als ein Zeichen der Versöhnung und Symbol des Friedens. Unabhängig von allen Konfessionen und Religionen soll die Frauenkirche die Menschen anziehen. Die Spender selbst, welche den Wiederaufbau unterstützt haben und die aus Deutschland, Europa und der ganzen Welt kommen, repräsentieren diese Vielfalt, die sich in der Nutzung des Baus wiederfinden muss.

Der zuständige Architekt für die Frauenkirche beim Landesamt für Denkmalpflege Dresden, Torsten Remus, vor einem erstaunlich gut erhaltenen Figurenfries des zwischen 1733 und 1739 von Johann Christian Feige d. Ä. geschaffenen Altares.

Gerade die Resonanz aus Großbritannien, symbolisiert durch die Stiftung des Kuppelkreuzes durch den „Dresden Trust", verleiht diesem Gesamtkunstwerk den Gedanken der Versöhnung und macht aus der Frauenkirche mehr als nur einen herausragenden Bau des deutschen Protestantismus.

Wenn man nun über die Brücke nach Dresden kommt, eröffnet sich im Zusammenspiel mit den anderen Türmen und Bauten am Elbbogen nach nunmehr 60 Jahren erneut das vollständige Stadtbild. Landschaft und Stadt formen hier ein einzigartig geschlossenes Bild.

Diese Tatsache wird durch die Wahl des Elbtals um Dresden zum Weltkulturerbe unterstrichen. Dadurch wird auch der Wiederaufbauleistung internationale Anerkennung gezollt.

Nach nunmehr 60 Jahren eröffnet sich am Elbbogen wieder das vollständige, historische Stadtbild. Durch die Wahl des Elbtals um Dresden zum Weltkulturerbe 2004 wird auch der Wiederaufbauleistung internationale Anerkennung gezollt.

Rund um die wiedererstandene Frauenkirche wird in den kommenden Jahren ein neues Stadtzentrum auf den historischen Grundrissen entstehen (Aufnahme Juni 2005). Vor der Zerstörung 1945 gehörte das Areal rund um die Frauenkirche zu den am dichtesten bebauten Gebieten der Dresdner Innenstadt.

„Wer vom Geist der Stadt Dresden...

Wolfgang Berghofer

... einmal berührt wurde, der kommt von ihr nicht mehr los."

Wenn ich an die Frauenkirche denke, erinnere ich mich an ein erstes Zusammentreffen, Mitte der 80er Jahre, mit dem damaligen Landesbischof, Herrn Dr. Hempel, in meinem Arbeitszimmer im Dresdner Rathaus. Als das Gespräch auf die Ruine der Frauenkirche kam, machte mir der Bischof deutlich, dass die Evangelische Landeskirche dieses Bauwerk als Gotteshaus aufgrund seiner Größe im Verhältnis zur Zahl der Gläubigen eigentlich nicht mehr brauchte. Meine Grundposition, die ich im Übrigen mit Herrn Modrow, dem damaligen ersten Bezirkssekretär der SED-Bezirksleitung, teilte und die ich dem Bischof und seiner Begleitung erläuterte, lautete: „Wir werden nichts tun, was einen Wiederaufbau der Frauenkirche verhindern würde."

Die Frauenkirche ist ein europäisches Symbol von besonderer Bedeutung. Historisch steht sie für ein selbstbewusstes Bürgertum, das seine Vorstellungen gegenüber dem katholisch gebundenen sächsischen Monarchen durchsetzte und einen der innovativsten Baumeister seiner Zeit beauftragte, Dresdner Bürgersinn und Protestantismus steinern zu dokumentieren. Das Bauwerk prägte zweieinhalb Jahrhunderte die Silhouette der Stadt im Elbtal und wurde so zum Zeichen der Identifikation der Dresdnerinnen und Dresdner mit ihrer Stadt. Insofern ist es auch verständlich, dass ihre Zerstörung am Ende eines von den Deutschen begonnenen sinnlosen Krieges zur Traumatisierung der verbliebenen Bewohner der geschundenen Stadt nach 1945 führte.

Die Zerstörung Dresdens und seiner Frauenkirche kurz vor Ende des Zweiten Weltkrieges war militärisch völlig sinnlos. Sie diente weder

Erst einen Tag nach den Bombardierungen im Februar 1945 stürzte die ausgebrannte Frauenkirche in sich zusammen. Hier ein Blick auf die Ruine, im Vordergrund eine Sockelfigur des Denkmals Friedrich Augusts II. am Dresdner Neumarkt (Aufnahme 1992).

der Beschleunigung des Vormarsches der sowjetischen Truppen, noch schwächte es in irgendeiner Weise deutsche Streitkräfte oder militärisch-industrielle Komplexe. Der Angriff der angloamerikanischen Bomberflotten war ausschließlich Demonstration der militärischen Stärke gegenüber Stalin und fasste alle Erkenntnisse des bis dahin realisierten Bombenkrieges und seiner negativen Wirkungen bis hin zur absichtlich herbeigeführten Wirkung eines gigantischen Feuersturms planmäßig zusammen. Würde man die Zerstörung Dresdens aus dem Kontext der geschichtlichen Ereignisse herauslösen und vor einem europäischen internationalen Gerichtshof zur Anklage bringen, dann müsste das Ganze als Kriegsverbrechen beurteilt werden.

Ab 1987 bemühte ich mich, im Zusammenwirken mit den in Dresden ansässigen großen Kombinaten (Robotron, Nagema, Elektroanlagenbau usw.) auf der Grundlage einer Entwicklungskonzeption für das Dresdner Zentrum Ordnung und Sauberkeit wesentlich zu verbessern und möglichst viele kleine historische Details wiederherzustellen. So entstand unter Mitwirkung eines Uhrmachers die Standuhr zwischen Brühlschen Terrassen und dem damaligen Hotel Dresdner Hof. Es wurden historische Briefkästen und Litfaßsäulen erneuert und beschädigte Zierpflasterbereiche ausgebessert.

Hintergrund dieser kleinen Schritte meinerseits zur Verbesserung des Erscheinungsbildes war die Erkenntnis, dass die der Stadt zu Gebote stehenden Mittel und Kapazitäten bei weitem nicht ausreichten, um den Verfall der Stadt als Ganzes auch nur annähernd aufzuhalten. Deshalb musste man sich mit allen Kräften und Mitteln auf den städtebaulich bedeutsamsten Teil der Stadt konzentrieren. In diesem Zusammenhang begann eine Reihe von Architekten aus eigenem Antrieb auch über die Veränderung des Platzes der Frauenkirchenruine nachzudenken.

Blick von der Carolabrücke nach Belvedere und Augustusbrücke, Bildpostkarte um 1910.

So lagen mir Entwürfe über die Ruine vor, einen Lichtdom zu errichten, den Trümmerkegel entsprechend zu gestalten und ein mehr oder weniger zeitloses Denkmal zu entwickeln. Die mir zur Verfügung stehenden speziellen Baukapazitäten reichten gerade aus, um die statisch gefährdeten Ruinenreste mit Spezialbautrupps der SDAG Wismut vor dem Einsturz zu bewahren.

Gleichzeitig fanden ja, unmittelbar nach der Zerstörung beginnend, Sicherungs- und Planungsarbeiten für das Dresdner Schloss statt, was alles in Berlin mit Argusaugen beobachtet wurde und von Zeit zu Zeit mit dem Hinweis „Ihr sollt Katen bauen und keine Schlösser" kritisch zur Kenntnis genommen wurde („Katen und Schlösser" hieß ein Film des DDR-Fernsehens).

Der Trümmerberg der Frauenkirche war der Ort in der Stadt, an dem man sich regelmäßig am 13. Februar versammelte. Offiziell gab es immer eine große Veranstaltung, angeordnet durch die SED-Stadtleitung und die Stadtverwaltung. Daneben organisierte auch die

Kirche eine kleinere, kaum wahrgenommene Veranstaltung, die schon relativ frühzeitig, Mitte der 80er Jahre, zu einem Funken des stillen Widerstandes gegen den Staat wurde und sich letztlich an gleicher Stelle zur Flamme entwickelte, als Helmut Kohl im Dezember 1989 seine historische Rede hielt.

Die Dresdner haben gewissermaßen trotz Politik den Aufbau ihrer Stadt mit großer Anteilnahme – nicht immer zustimmend – auch im Sozialismus begleitet und die Hoffnung nie aufgegeben, dass eines Tages das Bauwerk wieder entsteht, welches alles das dokumentiert, was Dresden ausmacht.

Der Wiederaufbau, an dem unterschiedlichste Menschen aller sozialen Schichten in irgendeiner Weise mitgewirkt haben, ist für mich das Zukunftssymbol Deutschlands, wie es belegt, dass der Wille der Bürger alle Hemmnisse und Hindernisse der Wirklichkeit überwinden kann, wenn es klare Zielvorstellungen gibt. Deshalb sollte für mich die Dresdner Frauenkirche ein Ort der Erinnerung sein an die Geschichte, ein „Denk mal" im wahrsten Sinne des Wortes. Die evangelischen Kirchen haben in der Wendezeit in Dresden eine besondere Rolle gespielt. Sie boten ihr Dach für die Demonstranten. Ihre Pfarrer waren die Lotsen für einen friedlichen Verlauf der Revolution, und sie gaben den Menschen neue Hoffnung. So sehe ich im übertragenen Sinne auch die Aufgabe der Frauenkirche. Sie sollte Dach sein für vielfältigste Veranstaltungen im europäischen Maßstab, um die europäische Entwicklung voranzutreiben, die Erinnerung an den Krieg wach zu halten und die Verantwortung für den Frieden weiterzuentwickeln. Hier sollten sich aber auch Architekten Europas treffen, um über Denkmalpflege, urbane Entwicklung und die Notwendigkeit der Erhaltung der alten Bausubstanz Gedanken auszutauschen.

Herders „Elbflorenz" – Blick auf die Dresdner Altstadt bei Abenddämmerung im Juni 2005.

Von vielen Schultern getragen

Die Finanzierung des Wiederaufbaus der Frauenkirche

Heinz Wissenbach

Die Finanzierung des Wiederaufbaus der Frauenkirche Dresden erforderte die Beschaffung von 179 Mio. Euro Barmitteln. Hinter den Zahlen stehen Menschen und Institutionen, die das Finanzvolumen zusammengetragen haben. Dieser Kreis der Financiers ist sehr weit zu ziehen. Zu ihm gehören die Spender, die in den eigenen Geldbeutel gegriffen haben, um zu helfen. Wir wissen von vielen Fällen, dass damit persönliche Einschränkungen und Opfer verbunden waren. Einzubeziehen sind aber auch alle Personen, die in ihrem Kompetenzbereich eine Zahlung ausgelöst oder dazu beigetragen haben – sei es als Verantwortliche in einem Unternehmen oder als Kompetenzträger bei der öffentlichen Hand.

Viele Helfer haben durch ihren Einsatz Kosten erspart. Zu diesem sehr heterogenen Personenkreis gehören beispielsweise ehrenamtliche Kirchenführer, Musiker, Handwerker, Steinmetze und Zulieferer; sie alle haben Leistungen erbracht und die Gegenwerte ganz oder teilweise gespendet.

Die Zahl der in- und ausländischen Spender ist nicht annähernd zu ermitteln. Dieser kurze Hinweis auf die Dimension des Helferkreises lässt die These untermauern:
Die Finanzierung wurde von vielen Schultern getragen.

Die beeindruckende Zahl der vereinnahmten Geldmittel führt zu der Erkenntnis, dass neben der baulichen Meisterleistung des archäologischen Wiederaufbaus der Frauenkirche auch die Finanzierung des Bauwerks eine Leistung war, die ihresgleichen sucht.

Die Idee des Wiederaufbaus und ihre Umsetzung

Die Ideen und Aktivitäten der Bürgerinitiative für den Wiederaufbau der Frauenkirche Dresden waren die Keimzelle für den Wiederaufbau schlechthin. Aus der Initiative entstand die Gesellschaft zur Förderung des Wiederaufbaus der Frauenkirche Dresden e.V. (kurz Fördergesellschaft genannt). Mit den Ende 1989 niedergeschriebenen ideellen Grundlagen und dem *Ruf aus Dresden* vom 13. Februar 1990 setzte man das Vorhaben in Gang.

Am 23. November 1991 konstituierte sich die Stiftung Frauenkirche e.V., ihr wurde die Bauherrschaft übertragen. Die Bauleitung übernahm bald als Baudirektor der Stiftung e.V. Dipl.-Ing. Eberhard Burger. Bei ihm lag die bauliche Verantwortung bis zur Fertigstellung der Kirche in 2005, eine nicht alltägliche Konstellation, aber eine wesentliche Voraussetzung für die kontinuierliche und zielstrebige Bewältigung der Bauherrschaft. Der erste Vorstand der Stiftung e.V. bestand vielfach aus Mitgliedern, die in Personalunion auch Vorstandsmitglieder der Fördergesellschaft waren. Der Vorsitz in beiden Gesellschaften wurde Prof. Ludwig Güttler anvertraut. 1993 konnte mit der *archäologischen* Enttrümmerung begonnen werden, d. h. man wollte möglichst viele Stein- und Gebäudeteile aus den Trümmern bergen, um sie für den Wiederaufbau zu verwenden. Die Enttrümmerungsarbeiten erforderten bis zum Jahresende 1993 ca. 15,5 Mio. DM. Die Fördergesellschaft trug die Hauptlast der Finanzierung, 971.000 DM stammten aus Spenden, die dem damaligen Bundeskanzler Helmut Kohl zu verdanken sind. Er hatte zu seinem 60. Geburtstag auf Geschenke verzichtet und die Gratulanten aufgefordert, für den Wiederaufbau der Frauenkirche zu spenden. Neben dieser beachtlichen Spendensumme konnte das Aufbauvorhaben dadurch die Aufmerksamkeit wichtiger Persönlichkeiten erreichen.

Als Hilfe der Stadt Dresden flossen dem Bauherrn 1993 2,8 Mio. DM zu, Gelder des Freistaats Sachsen und der Denkmalpflege kamen hinzu. All diese Einnahmen reichten aber nicht aus, um das gesamte Investitionsvolumen zu finanzieren, 4,8 Mio. DM Bank- und Lieferantenkredite schlossen die Finanzierungslücke. Es zeichnete sich gegen Jahresende ab, dass man bei dem vorgelegten Arbeitstempo den Geldbedarf auf eine breitere Basis stellen musste.

Die Arbeiten an der Baustelle wurden auch 1994 zügig vorangetrieben. In einer Feierstunde beging man am 27. Mai 1994 den Abschluss der Enttrümmerung und das Versetzen des ersten Steins.

Die Bautätigkeit 1994 stand immer mehr unter dem Druck einer ungewissen Finanzsituation. Die Mittel wurden spürbar knapp, der Wiederaufbau hatte eine Dimension erreicht, die auf mehrere Schultern verteilt werden musste. Deutlich zeigte sich auch, dass die Rechtsform des Vereins für ein Vorhaben dieser Größenordnung wenig geeignet war, insbesondere fiel es schwer, Kapitalgeber in geeigneter Form einzubinden und deren Einfluss in die Entscheidungsbildung einzubauen. Immerhin standen mit der Landeskirche Sachsen, der Landeshauptstadt Dresden und dem Freistaat Sachsen drei Institutionen bereit, die man unbedingt brauchte, die einen besonderen Status erwarteten.

Der damalige Ministerpräsident Prof. Dr. Biedenkopf gab den von allen Verantwortlichen akzeptierten Anstoß zur Gründung

Baudirektor Eberhard Burger vor einem Luftbild des Dresdner Neumarkts um 1930. In seinen Händen lag bis zur Fertigstellung der Frauenkirche 2005 die bauliche Verantwortung.

einer Stiftung nach privatem Recht, in die öffentliche Körperschaften als Stifter eintreten können.

Die Stiftung Frauenkirche Dresden wird gegründet

Die Vorarbeiten und Beschlüsse zur Gründung einer Stiftung wurden in beachtlich kurzer Zeit erledigt, am 28. Juni 1994 konnte in der Staatskanzlei die Gründungsurkunde unterzeichnet werden. Es war der Geburtstag der *Stiftung Frauenkirche Dresden.* Stifter waren die Ev.-Luth. Landeskirche Sachsens, die Landeshauptstadt Dresden und der Freistaat Sachsen mit einem Stiftungskapital von jeweils 3 Mio. DM, die Landeskirche gewährte ein zinsloses Erbbaurecht auf das Kirchengrundstück für 99 Jahre.

Die neu gegründete Stiftung übernahm Vermögen und Verpflichtungen der bisherigen

Bauherren. Das Spendenaufkommen hatte bis dahin eine starke Eigenkapitalbildung ermöglicht, jedoch blieb wenig finanzieller Spielraum, denn die Mittel waren im Bau gebunden. Es gab aber auch positive Aspekte. Die Stifter hatten insgesamt 9 Mio. DM an Stiftungskapital gezeichnet. In Bonn liefen die Vorbereitungen für die Ausgabe einer Gedenkmünze, deren Reinerlös für den Wiederaufbau verwendet werden sollte. Bei der Dresdner Bank arbeitete man an der Aktion *Stifterbrief*. Die drei Komplexe sollten sehr bald die Liquiditätslage nachhaltig entspannen, jedoch war zu Beginn des Jahres 1995 keineswegs sicher, wann damit gerechnet werden konnte.

Die niederländische Königin Beatrix übernahm die Patenschaft für den Schlussstein des inneren Portals D. Eberhard Burger überreichte ihr 1998 den Goldenen Stifterbrief.

Äußerst wichtig für die ideellen Grundlagen und die Wirkungsweise der Stiftung war das Ziel, eine Institution zu schaffen, der man den Wiederaufbau zutraute.
Der § 2 nennt als Stiftungszweck den Wiederaufbau und späteren Erhalt der Dresdner Frauenkirche. Die Satzung wurde am 12. Februar 1995 ergänzt um die Leitlinien, die die Aktivitäten der Stiftung präzisieren, als die wichtigsten Grundsätze sind formuliert:

- Der Wiederaufbau soll unter weitgehender Verwendung historischer Bausubstanz, in Anlehnung an Originalpläne George Bährs geschehen (archäologische Rekonstruktion).
- Die Kirche soll als Gotteshaus, als Gedenkstätte der Opfer des Krieges, als Ort zur Darbietung der Künste, besonders der Musik, und als Begegnungsstätte genutzt werden.
- Die Mittel zum Wiederaufbau sollen „zuvörderst durch Initiative der Bürger..." aufgebracht werden, daneben können öffentliche Mittel eingesetzt werden.

Die vom Stiftungsrat bestellte *Geschäftsführung* verwaltet das Stiftungsvermögen und führt die laufenden Geschäfte. Zu Geschäftsführern wurden 1994 bestellt: Dipl.-Ing. Eberhard Burger, Dr. Heinz Wissenbach, Dr. Wolfgang Müller-Michaelis.
Der *Stiftungsrat* überwacht die Geschäftstätigkeit und genehmigt zustimmungsbedürftige Vorlagen und Entscheidungen. Er ernennt und entlässt die Geschäftsführer. Die Stifter entsenden je ein Mitglied in den Stiftungsrat, weitere Mitglieder (derzeit 3) werden vom Kuratorium gewählt. Die Mitglieder des ersten Stiftungsrates waren (in den damaligen Funktionen):
- Bernhard Walter, Vorstandsmitglied der Dresdner Bank (Vors.)
- Steffen Heitmann, Justizminister des Freistaates Sachsen (stellv. Vors.)
- Prof. Dr. Gerhard Glaser, Präsident des Landesamts für Denkmalspflege
- Dr. Josef Höß, Finanzbürgermeister der Landeshauptstadt Dresden
- Dr. Christian Roth, Vorstandsvorsitzender der Bilfinger Berger AG

- Dieter Zuber, Oberkirchenrat im Evangelisch-Lutherischen Landeskirchenamt Sachsens.

Bis auf eine Ausnahme hat sich die Zusammensetzung des Stiftungsrats bis heute nicht geändert.

Das *Stiftungskuratorium* ist das Gremium, das die Gedanken der Stiftung in besonderer Weise repräsentiert. Es entscheidet in Grundsatzangelegenheiten und beschließt insbesondere Satzungsänderungen, Aufhebung der Stiftung und ähnlich wichtige Fragen. Die geborenen und gekorenen Mitglieder bilden das Plenum des Kuratoriums. Geboren bedeutet, dass ein Mandat an eine Funktion außerhalb der Stiftung gebunden ist. Die Wahl der gekorenen Mitglieder erfolgt durch das Kuratorium.

Dem Stiftungskuratorium gehören als geborene Mitglieder an: der Landesbischof der Ev.-Luth. Landeskirche Sachsens, als geborener Vorsitzender; der Präsident des Ev.-Luth. Landeskirchenamts Sachsen; der Superintendent, der für die Dresdner Frauenkirche zuständig ist; der Bundeskanzler der Bundesrepublik Deutschland; der Ministerpräsident des Freistaats Sachsen sowie der Oberbürgermeister der Landeshauptstadt Dresden.

Als gekorene Mitglieder wurden Persönlichkeiten ausgewählt, die sich in besonderer Weise um den Wiederaufbaugedanken verdient gemacht haben, zu nennen sind Prof. Ludwig Güttler, Dr. Jochen Vogel, und von der Dresdner Bank die Vorstände Jürgen Sarrazin, Dr. Horst Müller und Dr. Herbert Walter.

Es hat sich gezeigt, dass dieser hochkarätige Personenkreis maßgeblich für eine Vertrauensbasis gesorgt hat, die für die Beschaffung von Finanzierungsmitteln unverzichtbar war. Durch die Kapitalausstattung wurde deutlich gemacht, dass die Stifter nicht nur ideell hinter dem Wiederaufbauvorhaben stehen, sondern auch bereit waren, eigene Vermögenswerte zur Verfügung zu stellen.

Die Fördergesellschaft als unverzichtbarer Partner

Auf die Entstehung der Fördergesellschaft wurde bereits eingegangen. Durch aktive Mitgliederwerbung konnte die Gesellschaft deutlich beweisen, dass das Wiederaufbauvorhaben nicht nur das Anliegen von wenigen Idealisten ist, sondern breite Zustimmung findet.

Kontinuierlich wuchs die Zahl der Mitglieder, gegen Ende 2004 waren 6.800 Mitglieder eingeschrieben. Weiterhin gründete man Förderkreise außerhalb Dresdens. An nunmehr 28 Orten arbeiten inzwischen Vereine und Institutionen, die allein die Unterstützung der Frauenkirche Dresden zum Ziel haben.

Jährlich zum 13. Februar erhält der Bauherr den Scheck über den Finanzbeitrag der Fördergesellschaft im abgelaufenen Jahr. Bis zur Fertigstellung der Kirche werden es deutlich mehr als 30 Mio. Euro sein, die über Mitgliedsbeiträge und Spenden für den Wiederaufbau bereitgestellt wurden. Es gibt in Deutschland nicht viele vergleichbare Vereine, die eine ähnliche Erfolgsbilanz vorlegen können.

Kooperationspartner sind gefragt

Ein unverzichtbares Erfordernis für das Gelingen des Wiederaufbaus war stets die Unterstützung durch helfende Institutionen. Ein Kooperationspartner mit großen Verdiensten um den Wiederaufbau war und ist das ZDF. Mit dem Motto „Ein Baustein für die Frauenkirche" berichtete die Sendeanstalt bereits 1996 in einer Reihe von Beiträgen und Sendungen über den Wiederaufbau.

Die Aufrufe, einen Baustein zu adoptieren, erzielten nachhaltige Wirkung. Mit einem Gala-Konzert in der Semperoper mit der Sächsischen Staatskapelle unter Giuseppe Sinopoli und vielen internationalen Solisten begann eine Reihe weiterer hochrangiger Konzerte, die über die Besucher oder Spendenaufrufe erhebliche Mittel für die Baukasse brachten.

Eine langjährige Zusammenarbeit ergab sich dabei auch mit der Deutschen Phono-Akademie, die jährlich zusammen mit dem ZDF die Sendung „Echo der Stars" produziert bzw. ausstrahlt. Teile der Eintrittserlöse und Nutzen aus eindrucksvollen Einblendungen mit Spendenaufrufen erwiesen sich als ergiebige Geldquellen. Die Unterstützung durch das ZDF, die von dem Intendanten Dr. Dieter Stolte initiiert und von seinem Nachfolger, Markus Schächter, weitergeführt wurde, soll auch künftig zuteil werden.

Der finanzielle Erfolg lässt sich nur schwer quantifizieren, denn die Erhöhung und Erhaltung des Bekanntheitsgrads lässt sich nicht in Euro ausdrücken.

Nach zuverlässigen Aufzeichnungen wurden durch ZDF-Aktivitäten bis Ende 2004 mehr als 5,2 Mio. Euro Spendeneinnahmen verbucht.

Die Dresdner Bank – eine unverzichtbare Stütze beim Wiederaufbau

Schon früh wurde die Dresdner Bank als Partner gewonnen. Neben Geld stellte man professionellen Rat und konkrete Unterstützungsmaßnahmen bereit. Besonders engagierte sich das Vorstandsmitglied Bernhard Walter für den Wiederaufbau. Sein Engagement führte zur Berufung in den Stiftungsrat der Stiftung. Er wurde zum Vorsitzenden gewählt, dieses Amt übt er nach wie vor souverän und ideenreich aus, er sieht den Wiederaufbau auch als großes persönliches Anliegen.

Ein Höhepunkt in der Zusammenarbeit mit der Dresdner Bank war die Entwicklung und die Umsetzung der Aktion *Stifterbrief*. Die Ideen und auch die Initiative dazu kamen von dieser Bank. Wenn man heute weiß, dass mehr

als 67 Mio. Euro an Spendengeldern durch die Platzierung der Stifterbriefe hereingeflossen sind, fragt man nach dem Erfolgsgeheimnis. In der Konzeption finden sich viele Punkte, die für eine langfristige Spendenwerbung notwendig sind.

Wenn man die Spendenbereitschaft auslösen oder unterstützen will, ist es angebracht, sich mit den Motiven des Spenders zu befassen. Er erwartet ein Dankeschön, vielleicht will er auch anderen zeigen, dass er gespendet hat. Daher erhält jeder Spender eine formschöne Urkunde, die den Spendenvorgang verbrieft. Weiterhin wollte man die Spenden zum Wiederaufbau mit einem unverwechselbaren Namen versehen, vergleichbar einem Warenzeichen. Man entschied sich für den Stifterbrief, eine sehr glückliche Wahl, wie sich herausstellen sollte, er wurde tatsächlich ein Sinnbild für die Spenden zum Wiederaufbau. Die Urkunde fand ebenfalls Gefallen, heute dekorieren gerahmte Stifterbriefe mit unterschiedlichen Spendensummen viele Wohnzimmer und Büros. Je nach Höhe der Spende unterscheidet der Stifterbrief verschiedene Farben.

Um den *Goldenen Stifterbrief* zu erhalten, waren mindestens 2.500 DM aufzubringen. Silber gab es für 1.500 DM und Bronze für 500 DM. Der Wiederaufbau steht in Konkurrenz zu vielen anderen Projekten, Institutionen und Aktionen, die den spendenwilligen Bürger ansprechen. Um sich von anderen abzuheben, musste etwas Unverwechselbares herausgestellt werden: das Bauvorhaben selbst. Der Spender soll einen unmittelbaren ideellen Bezug zum Bauwerk erhalten und das Gefühl haben, selbst zum Gelingen beizutragen. Hierzu wurden drei Maßnahmen geschaffen:

- jeder Erwerber eines Stifterbriefs wird in der Kirche namentlich genannt;
- mit dem Erwerb eines Goldenen Stifterbriefs kann man symbolisch einen Stein adoptieren, über eine Lageskizze lässt

Mehr als 67 Mio. Euro Spendengelder konnten durch die Stifterbriefe verbucht werden. Mit dem Erwerb eines Goldenen Stifterbriefes konnte man symbolisch einen Stein adoptieren, dessen Lage man mithilfe einer Skizze am Gebäude identifizieren kann.

sich später am Gebäude der eigene Stein identifizieren;

- die Stifterbriefinhaber werden regelmäßig über den Fortgang des Baugeschehens und die Veranstaltungen in der Kirche informiert.

Bereits im März 1995 konnte der damalige Vorstandssprecher der Dresdner Bank, Jürgen Sarrazin, der Öffentlichkeit den ersten Stifterbrief vorstellen und verkünden, dass die Bank beschlossen hat, ihr gesamtes Filialnetz einzusetzen, um durch den Verkauf dieser Briefe Spendengelder zu werben. Die Vertriebskosten werden von der Bank übernommen. Der Start der Verkaufsbemühungen verlief außerordentlich erfolgreich. Bis zum Jahresende 1995 konnte eine Spendensumme von 16,8 Mio. DM bei der Stiftung vereinnahmt werden. Auch die Fördergesellschaft beteiligte sich an der Aktion, Mitglieder und

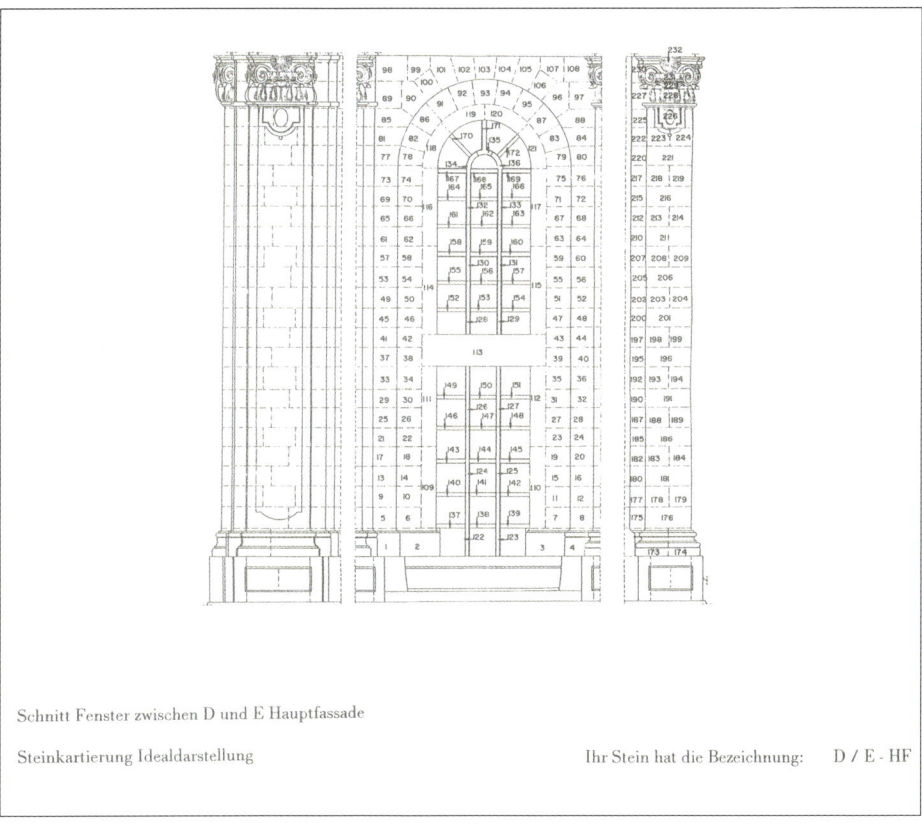

Schnitt Fenster zwischen D und E Hauptfassade

Steinkartierung Idealdarstellung

Ihr Stein hat die Bezeichnung: D / E - HF

Freundeskreise wurden als Käufer gewonnen. Die über die Dresdner Bank initiierten Spendenmittel erreichten in knapp 3 Jahren rd. 50 Mio. DM. Bis zur Endabrechnung der Briefaktion geschieht noch einiges, auf das einzugehen ist.

Die Adoption von Gebäudeteilen als Anreiz für Großspenden

Besonders gut angenommen wurde die enge Verbindung der Spender zu konkreten Bauteilen, wie es der Goldene Stifterbrief vor-

Pfeiler G in verschiedenen Bauphasen. Die acht Pfeiler im Innenraum waren bei den Stiftern besonders beliebt, oft gingen ihre

Spenden noch über die reinen Entstehungskosten dieses Bauteils hinaus.

sieht, mehr als 16.000 einzelne Steine wurden vergeben.

Als sehr attraktiv für Spendergruppen erwiesen sich darüber hinaus markante Gebäudeteile, allerdings zu Werten, die über 2.500 DM hinausgingen. Hierzu einige Beispiele: Begehrt waren etwa die acht Pfeiler im Innenraum zu jeweils 500.000 DM Gestehungskosten. Der Pfeiler F wurde anlässlich eines vom ZDF übertragenen Gala-Konzerts in der Semperoper beim anschließenden Empfang ersteigert und adoptiert.

Die Säule D gilt seit Jahren als der Zahnärzte-Pfeiler, die Fachzeitschrift ZM Zahnärztliche Mitteilungen hatte ihre Leser aufgerufen, mit Baufortschritt die Mittel dazu aufzubringen. Inzwischen ist die Spendensumme weit über die Kosten des Pfeilers gestiegen, man beteiligte sich an der Finanzierung des zugehörigen Bogenfeldes.

Auch der Freundeskreis Celle mit der sehr rührigen Vorsitzenden Sigrid Kühnemann hatte sich für den Pfeiler B entschieden; die von dort kommenden Spenden haben längst die erforderliche Summe von 260.000 Euro überschritten.

Der Förderkreis Osnabrück unter dem Vorsitz von Dr. Fritz Brickwedde konnte ebenfalls durch die Spendenbereitschaft seiner Mitglieder einen Pfeiler und mehr finanzieren, zwei weitere Säulen adoptierten Quelle Schickedanz AG und Prof. Blobel, New York. Die Adoption der Innenkuppel geht zurück auf die größte Einzelspende. Die Dresdner Bank spendete dafür 5 Mio. DM, der Spendenscheck wurde am 1. Dezember 1997 von Jürgen Sarrazin an Prof. Biedenkopf überreicht.

Die Münchner Freunde der Dresdner Frauenkirche, mit ihrem sehr aktiven Vorsitzenden Hermann Winkler, haben sich zum Ziel gesetzt, die Betstubenempore B zu finanzieren. Mit den inzwischen geworbenen mehr als 2 Mio. Euro konnte man die Vorhalle B, die Emporenbrüstung B und andere Teile einbeziehen.

Der Freundeskreis Remagen unter seinem Vorsitzenden Dr. Fritz L. Büttner ermöglichte mit Spenden, die über viele Jahre geworben wurden, die Finanzierung aller Glocken einschließlich der Nebenkosten.

Über die Adoptionen von Gebäudeteilen könnte man eine separate Abhandlung schreiben, um alle Spender angemessen zu würdigen. Die Beispiele sind als Illustrationen gedacht, sie gelten für viele andere Spender.

Stifterkarten und Platin-Stifterbriefe

Bald wurde eine Ergänzung des Angebots erforderlich, wobei die Dresdner Bank wiederum Pate stand. Es zeigte sich, dass viele hilfsbereite Bürger die erforderliche Mindesthöhe von 500 DM nicht ohne weiteres aufbringen konnten.

In enger Zusammenarbeit mit der Dresdner Bank wurde das Programm erweitert um die *Stifterkarte*, die zum Preis von 100 DM erhältlich war. Elf namhafte Maler haben Kunstwerke geschaffen, um sie in den Dienst des Wiederaufbaus zu stellen. Die Originalgemälde wurden der Stiftung geschenkt, Reproduktionen wurden Bestandteil der Stifterkarte, die bis heute unverändert für 50 Euro zu erwerben ist. Im Jahr der Einführung und in den folgenden Monaten, also 1997/98, konnten über die Verkäufe von Stifterkarten 1,6 Mio. DM geworben werden. Der Reiz des Neuen ging etwas verloren, jedoch werden noch immer Karten nachgefragt.

Es war aber auch zu fragen, wie man die Spender anspricht, die bereits Steine adoptiert hatten. Das Angebot wurde um den *Platin-Stifterbrief* ergänzt. Für einen Spendenbeitrag von mindestens 20.000 DM (später 10.000 Euro) adoptiert man einen Kirchensitz. Diesen kann der Spender nach dem Bestuhlungsplan aussuchen. Auf der Rückseite des Sitzes wird später der Name des

Ludwig Güttler präsentiert am 10. November 1998 in Dresden gemeinsam mit der Frauenkirchen-Marketinggesellschaft und der Dresdner Bank AG die neue „Dresdner Frauenkirche Uhr".

Spenders angebracht. Bis zur Weihe werden mehr als 500 Sitze in der Kirche mit einem Namensschild versehen sein.

Die Nutzung der Kirche schon während der Bauphase

Sehr günstig für die Spendenwerbung erwies sich, dass man schon während der Bauzeit in der Unterkirche die Frauenkirche erleben konnte.

Nach der Weihe der Unterkirche im August 1996 begann neben der kirchlichen auch die musikalische Nutzung, sie wird im Wesentlichen getragen von Kammerkonzerten am Samstagabend, inzwischen ein fester Bestandteil im Musikleben Dresdens. Die etwa 70 Veranstaltungen pro Jahr wurden gut angenommen.

Mehr als 17.000 Konzertbesucher fanden jährlich ihren Weg in die Unterkirche. Musik in unmittelbarer Nähe zum Baugeschehen übt offenbar einen besonderen Reiz aus. Da die Mitwirkenden häufig auf Teile des Honorars zu Gunsten des Wiederaufbaus verzich-

teten, gelang es durchweg, einen finanziellen Überschuss zu erzielen, der dem Bauvorhaben zugute kommen konnte.

Ein besonderer Dank gilt Prof. Ludwig Güttler, dem künstlerischen Leiter dieser Konzerte seit Anbeginn. Seine Gastspiele mit den Virtuosi Saxoniae oder dem Blechbläserensemble Ludwig Güttler garantieren stets ein volles Haus und bringen einen guten Beitrag zum Wiederaufbau.

Mit der Fertigstellung der Unterkirche konnte man dort eine öffentliche, organisierte Kirchenführung anbieten, soweit es damals die Baugeräusche zuließen. Von Anfang an wurde auf den Verkauf von Eintrittskarten verzichtet. Zum einen gibt es vielfach eine psychologische Barriere, wenn man vor einem Ereignis, das man nicht kennt, zahlen soll.

Am 22. Juni 2000 übergibt der Nobelpreisträger Günter Blobel einen Scheck von 1,6 Millionen DM für den Wiederaufbau des Gotteshauses.

Zum anderen soll die Kirche jedermann offen stehen, ohne Ticketzwang tritt man leichter ein. Schließlich erspart man sich erhebliche Verwaltungskosten, die mit einer Kasse verbunden sind. Die Besucher werden am Ende jeder Führung um eine Spende gebeten. Durchschnittlich spendet jeder Besucher 2,50 Euro, ein Betrag, der mit Verkauf von Eintrittskarten sicherlich nicht zu übertreffen ist.

Zuletzt wurden in einem Monat nahezu 60.000 Besucher gezählt, die sich mit den verfügbaren 300 Plätzen je Führung begnügen müssen. So kann man ermessen, welch große Anforderungen an die ehrenamtlichen Kirchenführer gestellt werden. Diesem Team, um das wir vielfach beneidet werden, gilt ein besonderer Dank.

Der finanzielle Beitrag durch Spenden aus den öffentlichen Führungen hat sich ständig erhöht. Waren es 1996 noch umgerechnet rd. 60.000 Euro, so wurde 2004 erstmals die Millionengrenze mit 1.100.000 Euro überschritten. Die kirchlichen Veranstaltungen der Frauenkirche hatten bis zur Weihe der Gesamtkirche ebenfalls nur die Unterkirche zur Verfügung. Jeweils am Freitag jeder Woche fand ein Ökumenisches Abendgebet statt, der Sonntagabend mit dem Gottesdienst ist im Leben der Kirche längst eine feste Größe geworden. Das Interesse an den kirchlichen Veranstaltungen ist so groß, dass häufig die Sitzplätze nicht ausreichen. Auch die Literaturabende am 1. Donnerstag jeden Monats werden rege besucht.

Wichtige internationale Partner

Zwei Initiativen der besonderen Art, mit denen eine enge Kooperation besteht, sollen noch gewürdigt werden. Sie tragen zudem den Gedanken des Wiederaufbaus und der Völkerversöhnung über die Landesgrenzen hinaus, gemeint sind *Friends of Dresden* in New York und *Dresden Trust* in London.

Die Friends of Dresden stellten sich erstmals im Februar 1995 in Dresden vor. Zu den prominenten Gründern gehörten Prof. Günter Blobel und Frank Wobst. Im Dezember 1999 wurde Prof. Blobel mit dem Nobelpreis ausgezeichnet. Das Preisgeld stiftete er größtenteils für den Wiederaufbau, zudem wurden bisher über andere Spenden mehr als 2 Mio. DM überwiesen.

Tausende Schaulustige verfolgen am 22. Juni 2004 das Heben der Turmhaube. Nach 10 Jahren Bauzeit sind zu diesem Zeitpunkt – dank großzügiger Spenden – 95 Prozent des Wiederaufbaus geschafft.

Der in Großbritannien wirkende Dresden Trust unter Vorsitz von Dr. Alan Russell und der Schirmherrschaft des Herzogs von Kent hat sich zum Ziel gesetzt, als Geste der Versöhnung das Turmkreuz in England fertigen zu lassen und auch dort zu finanzieren. Vom Erfolg dieser Maßnahmen konnte man sich am 22. Juni 2004 eindrucksvoll überzeugen, als das Kreuz mit der Turmhaube vor 55.000 Zuschauern auf das Kirchengebäude gesetzt wurde. Daneben wird vom Trust weiter um Spenden geworben, viele adoptierte Steine wurden mit englischen Spendengeldern finanziert.

Öffentliche Gelder

Bei aller Anerkennung der Leistungen zur Spendenwerbung soll nicht vergessen werden, dass auch öffentliche Gelder benötigt wurden. Hinter den Bewilligungen und Zahlungen stehen Verantwortliche und Entscheidungsträger, die ebenfalls im Rahmen ihrer Möglichkeiten den Wiederaufbau gefördert haben.

Wenn man chronologisch vorgeht, war die Landeshauptstadt Dresden die erste öffentliche Körperschaft, die größere Geldbeträge zur Verfügung stellte. Insgesamt hat die Stadt 11,8 Mio. Euro aus Haushaltsmitteln beigesteuert. Mit diesem Engagement wird zudem kundgetan, dass die Stadt voll hinter dem Vorhaben steht.

Ein Ereignis besonderer Art wurde der Öffentlichkeit am 3. Mai 1995 im Residenzschloss zu Dresden vorgestellt. Der damalige Bundesfinanzminister Dr. Theo Waigel präsentierte erstmals die 10-DM Gedenkmünze „Wiederaufbau der Frauenkirche Dresden". Der Minister würdigte die Initiative von engagierten Bundestagsabgeordneten, die das Projekt Münze aufgegriffen und unterstützt haben: Dr. Hans-Jochen Vogel, Wolfgang Mischnick, Johannes Nitsch, Renate Jäger. Es sei, so der Bundesfinanzminister, ein einmaliger Vorgang, dass das Jahrhunderte alte Privileg des staatlichen Münzregals durchbrochen wurde und der Staat auf den Nettoerlös verzichtet, und zwar zu Gunsten des Wiederaufbaus der Dresdner Frauenkirche. Der Nettoerlös aus der Münzvergabe betrug 45 Mio. DM, die Mittel kamen zur rechten Zeit, um ein Polster für viele Jahre zu bilden. Der Bund hatte zudem auf die Zinserträge verzichtet, damit konnten lange Zeit die Verwaltungskosten der Stiftung aufgefangen werden.

Seit diesem Besuch von Dr. Waigel in Dresden hat sich im Bund vieles geändert. Minister und Kanzler wechselten, Bundesmittel kommen nicht mehr aus Bonn, sondern aus Berlin. Ein Jahr vor Fertigstellung erhielten wir die Nachricht, dass aus Mitteln des Bundeshaushaltes 2005 ein Beitrag zur Deckung unserer Finanzierungslücke geleistet werden soll, 4 Mio. Euro sind dafür vorgesehen, falls die Bemühungen um Spenden nicht ganz ausreichen.

Die Bereitstellung von Landesmitteln gestaltete sich aus politischen Gründen immer dann schwierig, wenn die Frauenkirchenkasse genügend gefüllt war. Während der gesamten Bauphase hat der Freistaat Sachsen jedoch stets geholfen, wenn es nötig war.

Als sich etwa 2000 abzeichnete, dass Spendenstrom und Liquiditätsreserven knapper wurden, hat das Land die erforderlichen Mittel besorgt. Aus dem Programm *Städtebauliche Erneuerung* im Gebiet des Dresdner Neumarkts erhielt die Stiftung 2001 damals 10 Mio. DM.

Später steuerte das Land weitere Haushaltsmittel bei. Kurz vor dem Jahrhunderthochwasser im August 2002 überwies das Land 5,3 Mio. Euro. Rechnet man alle Förder- und Landesmittel zusammen, hat der Freistaat Sachsen mit 24,8 Mio. Euro zum Wiederaufbau beigetragen. In der Endphase des Wiederaufbaus hat sich an der Hilfestellung nichts geändert. Im August 2004 gab es eine

Die „Steinerne Glocke" im Abendlicht. Im Zwischenraum von innerer und äußerer Kuppel verbirgt sich ein 150 Meter langer, spiralförmiger Gang, in dem die Besucher zur Aussichtsplattform gelangen können.

Presseerklärung des Ministerpräsidenten Prof. Milbradt, dass 4 Mio. Euro in den Doppelhaushalt 2005/6 eingestellt werden sollen, um die Fertigstellung der Frauenkirche zu ermöglichen. Mit diesen Zusagen aus Berlin und Dresden im Rücken konnten die letzten Zweifel an der vollständigen Finanzierung des Wiederaufbaus endgültig zerstreut werden.

Wenn am 30. Oktober 2005 mit der Weihe der Frauenkirche der Wiederaufbau einen festlichen Abschluss findet, werden von den investierten Mitteln rund 100 Mio. Euro, also knapp 60% aus privaten Spenden stammen, für 2/3 aller Spenden wurden Stifterbriefe ausgegeben. Diese Erfolgszahl hätte bei

Baubeginn keiner für möglich gehalten.
Ein Dank gilt allen Spendern, die das ermöglichten, vor allem ein Dankeschön für die Arbeit der Dresdner Bank und der Fördergesellschaft. Aber auch die öffentlichen Geldgeber sind in den Dank einzubeziehen, ohne sie hätte das Geld zur planmäßigen Vollendung nicht gereicht.

Der Dresdner Kreuzchor in der erneuerten Frauenkirche 1942-44

Erinnerungen eines Kruzianers[1]

Klaus Zimmermann

Blick auf die Dresdner Kreuzkirche. Neben dem Dienst in
der Kreuzkirche hatten die
Kruzianer an Feiertagen auch
in der Frauen- und Sophien-
kirche die Kirchenmusik zu
übernehmen.

Im Kriegswinter 1942/43 konnte die Dresdner Kreuzkirche, die Heimstatt des Kreuzchores, wegen Kohlemangels erstmals nicht beheizt werden. Zur Erhaltung unserer Vespern, Gottesdienste und Konzerte gewährten uns während der Kälteperiode in diesem und in den folgenden Jahren die Frauenkirche, die Sophienkirche und gelegentlich auch die Reformierte Kirche, die alle dem Fernheizwerk angeschlossen waren, Gastrecht. Bis zum Ende des 19. Jahrhunderts hatte es sogar zur Pflicht der Kreuzkantoren gehört, neben dem Dienst in der Kreuzkirche an bestimmten Fest- und Feiertagen die Kirchenmusik mit den Kruzianern auch in der Frauenkirche und Sophienkirche zu übernehmen. So begann am Ende der fünfjährigen Restaurierungsphase – in der Sakristei standen noch die Farbtöpfe der Kirchenmaler und Vergolder – in der Adventszeit 1942 unsere Probenarbeit in der Frauenkirche. Schon der erste Eindruck der erneuerten Kirche war überwältigend. Raum und Farben wirkten auf uns ein. Der Altarraum mit dem majestätischen Prospekt der Silbermannorgel, auf der schon Johann Sebastian Bach gespielt hatte, stimmte uns festlich und fröhlich. Dieser Altarraum konzentrierte allen Schmuck und alle Pracht der Kirche auf sich. Der eigentliche Kirchenraum wirkte eher schlicht als Raum der Gemeinde mit Marmorbemalung der Säulen und Emporen.

Während der Orchesterproben mit den Solisten hatten wir Gelegenheit, uns in der Kirche

zu verteilen, was wir weidlich nutzten. So blieb uns kaum ein Winkel verborgen: der Ring der Betstübchen, die vier Emporen, die Balkone – "Schwalbennester" genannt – bis hinauf zu dem Umgang oberhalb der acht Hauptpfeiler. Auch die Katakomben blieben uns nicht verschlossen. Karl Richter – später Thomasorganist in Leipzig und Leiter des Münchner Bach-Chores – war mit 15 Jahren schon unser Chorpräfekt. Er war natürlich stets bei der Orgel zu finden. Domorganist Hanns Ander-Donath – mit der Orgelbaufirma Jehmlich eng verbunden – hatte die Silbermannorgel um zwei kleinere Orgeln und einen zentralen Spieltisch mit fünf Manualen erweitert. Von diesem Spieltisch auf der Empore rechts vom Altar konnte er alle drei Orgeln, Silbermannorgel, Chororgel und Fernorgel, gleichzeitig, aber auch jede für sich allein spielen. Am 1. Adventssonntag, dem 29. November 1942, wurde die erneuerte Silbermannorgel erstmals im Weihegottesdienst der großen Gemeinde vorgestellt. Beim abendlichen Festkonzert spielte Hanns Ander-Donath nicht nur Bach auf der Silbermannorgel, sondern auch Max Regers Choralfantasie "Ein feste Burg" mit Zuhilfenahme der anderen Orgeln. Leider wurden die wiederholten Bitten des Domorganisten um Auslagerung der wertvollen Silbermannorgel von den regimefreundlichen so genannten "Deutschen Christen" schroff abgelehnt. Mit Bachs Weihnachtsoratorium wurde unser Einstand in der erneuerten Frauenkirche am

*Die Betstuben – auch „Schwalbennester"
genannt – erstrahlen im April 2004 bereits
wieder in neuem Glanz. Die Frauenkirche
war erst wenige Jahre vor ihrer Zerstörung
1945 renoviert worden.*

3. Adventssonntag, dem 13. Dezember 1942,
ein besonders nachhaltiges Erlebnis. Musik,
Raum und Farbe harmonierten. Für mich persönlich bekam das Konzert noch eine ganz
besondere Note. Ich durfte für Herta-Maria
Böhme-Collum, die plötzlich erkrankte Sopra-
nistin, einspringen. Meine Mutter hatte
schon ihren Platz aufgesucht, als Prof. Rudolf
Mauersberger mich in der vollbesetzten Kirche
einige Takte singen ließ und dann die Umbe-
setzung bekannt gab. Sie wird mehr Herz-
klopfen gehabt haben als ich. Belohnt wurde
ich mit der Rezension des Musikkritikers
Iwan Schönebaum und der mir von Prof.
Mauersberger zuvor spontan zugesagten
vollen Gage.

*An einem Innenpfeiler erhält ein Engel seine barocke Farbgebung zurück. Ähnlich
beeindruckend muss die Gestaltung der renovierten Frauenkirche auf die Kruzianer
in den letzten Kriegsjahren gewirkt haben.*

Vor dem Turmkreuz der Frauenkirche singt am 23. Dezember
2001 der Dresdner Kreuzchor
zur 9. Weihnachtlichen Vesper
vor Tausenden von Besuchern.

Keine 14 Tage später erfüllten die jubelnden
Klänge des Kreuzchores bei der Christvesper
wieder das große Rund der Frauenkirche.
Die Weissagung sang in Kurrendetracht vom
zentralen Lesepult aus mein Schulfreund
Gert Nitzsche. Wir waren damals beide Quar-
taner und sind noch heute eng befreundet.
Die Weihnachtsbotschaft begann mit der
Engelsverkündigung „Fürchtet Euch nicht",
gesungen aus der Kuppel, begleitet von der
dort aufgestellten Fernorgel. Der Weg hinauf
zu den oberen Emporen mag so manchem
Besucher beschwerlich vorgekommen sein.
Mir blieben dazu damals lediglich die Minuten
einiger Choralstrophen. Allerdings war ich
jung und hatte das Treppenhaus für mich
allein. Ich erinnere mich aber noch gut daran,
dass die Luft beim Singen da oben etwas

knapp wurde und ich mich mutterseelen-
allein fühlte. Der Chor antwortete vom Altar
aus mit dem „Ehre sei Gott". Die von vier
Orten der Kirche aus schmetternden Trom-
petenklänge symbolisierten die vier Himmelsrichtungen, die Geltung der Weihnachtsbotschaft für den ganzen Erdkreis. In diesen
Jubel stimmte die Gemeinde ein: „O du fröh-
liche". Man spürte an diesem Heiligabend
1942 auch das Staunen der Dresdner, dass
die totale Erneuerung der berühmten Frauenkirche mitten im Kriege möglich geworden
war. Ich erinnere mich, dass in der überfüll-
ten Kirche zahlreiche Fronturlauber in feld-
grauen Uniformen zu sehen waren. Es waren
auch ehemalige Kruzianer unter ihnen, die
es an diesem Tag besonders nach Dresden
zog, bevor sie den Fronturlaub daheim fort-
setzten.

In der furchtbaren Bombennacht vom 13. zum
14. Februar 1945 bei einem ängstlichen Blick
auf der Flucht mit zwei weiteren Alumnen
aus dem brennenden Inferno der Innenstadt
sahen wir für einen Moment die nicht beschädigte Frauenkirche dunkel und ernst im
Feuersturm. Sie schien den Flammen zu trot-
zen. Es kam anders.

Bei einem Besuch in Dresden im Mai 1997
nahm ich bereits das sichere Gefühl mit,
dass der Wiederaufbau nun unumkehrbar
war. Dankbar empfinde ich die Aufmerksamkeit, die Menschen aus aller Welt dem Wiederaufbau widmeten, die Begeisterung der
am Bau Beteiligten und deren Liebe zum
Detail.

Schneller als zur Zeit des Ratszimmermeisters George Bähr ist die Frauenkirche in den
vergangenen Jahren wiedererstanden und
nimmt nun wieder zur Ehre Gottes im Herzen
der Stadt ihren Platz ein, den Menschen zur
Erinnerung, als Mahnmal, als Ort der Besinnung, des Gottesdienstes und des kulturellen Lebens. Ungezählten Besuchern wird sie
nun wieder wie uns früher unvergesslich
bleiben.

*Außenansicht der Frauenkirche im März 2005. Schneller als zur Zeit George Bährs
ist sie dank weltweiter Unterstützung wiedererstanden und wird wieder unzähligen
Besuchern unvergesslich bleiben.*

Auszüge aus einem Beitrag des „Dresdner Anzeigers" vom 26. November 1942, anlässlich der Renovierung der Frauenkirche

„Dresdens Frauenkirche im neuen Glanz

Eine Kulturtat ersten Ranges ist mitten im Kriege in Dresden vollbracht worden: Die weltberühmte Frauenkirche, Wahrzeichen unserer Stadt [...], ist nach fast fünfjähriger Arbeit außen und innen restauriert worden. Risse und Senkungen bedrohten das großartige Bauwerk George Bährs, eines der kostbarsten und schönsten des Barocks überhaupt. Die Gefahr ist nunmehr beseitigt. Mit Stolz und Freude erlebt Dresden dieses wichtige Ereignis seiner baukünstlerischen Geschichte. [...]
Die im Auftrage des Landeskirchenamtes im Jahre 1937 von Professor Dr.-Ing. Georg Rüth und Architekt Kiesling durchgeführten eingehenden Untersuchungen hatten eine starke Überlastung der Innenpfeiler ergeben. Da die Pflicht zur Erhaltung des baugeschichtlich wie künstlerisch einzigartigen Bauwerkes außer Frage stand, wurde sofort mit den Arbeiten begonnen. Nach der Schließung der Kirche im Juni 1938 kam es zum aufwendigen Einbau von drei mächtigen Ringankern aus Stahlbeton im Inneren der Kuppelwandung. In den Katakomben wurden die durch hydraulischen Druck vorgespannten Fundamentflächen um das doppelte verbreitert. Alle tragenden Teile des Kirchengebäudes sind gründlich instandgesetzt worden, ebenso die äußeren Kuppelflächen.
Da das Gestühl altersschwach und wurmbefallen war, ist ein neues, dem Stil des barocken Raumes angepaßtes Rundgestühl geschaffen worden. Die künstlerische Wirkung wird auch gehoben durch die Wiederherstellung und

Die Frauenkirche auf einer Aufnahme aus dem Jahre 1939.

Verglasung aller Betstuben im unteren Emporenring. Der Fußboden von Schiff und Altarplatz und alle Stufen wurden mit neuen Sandsteinplatten belegt unter Wahrung der ursprünglichen Formen. Auch alle Innentüren sind erneuert. Die Kirche erhielt eine völlig neue Niederdruckheizung.
Die Wiederherstellung aller Malereien im Inneren war dem Dresdner Kunstmaler Prof. Paul Rößler übertragen worden. Da viele Kuppelgemälde durch Risse beschädigt waren, mußten die Fresken vor dem Ausbessern der Spalten von der Wand abgehoben werden, um später wieder sorgfältig aufgetragen zu werden. So wurde auch die Erneuerung der Darstellungen der 4 Evangelisten in alter Farbgebung möglich. Ebenso erhielten der Altar, die Kanzel, die Silbermannorgel

und alle Emporenbrüstungen die Farbe wieder, die ihnen George Bähr gegeben hatte.
Nun präsentiert sich das gesamte Innere der Frauenkirche wieder in der einheitlichen Gestaltung des genialen Erbauers aus der Zeit Augusts des Starken. Die Erneuerungsarbeiten, die im Einverständnis zwischen dem Landeskirchenamt und dem Landesamt für Denkmalpflege durchgeführt wurden, sind in der Hauptsache beendet, so daß am 1. Adventssonntag, dem 29. November, der Weihegottesdienst stattfinden kann. Am Nachmittag leitet Domkantor Erich Schneider das Festkonzert. Am 3. Advent wird der Kreuzchor unter Leitung von Prof. Rudolf Mauersberger Bachs Weihnachtsoratorium in der erneuerten Frauenkirche zur Aufführung bringen."

Restaurator Christoph Hein im Juni 1998 bei der Arbeit an der Figur des Moses.
Der Altar wurde nach Plänen George Bährs von dem Bildhauer und Steinmetz
Johann Christian Feige d. Ä. geschaffen.

Der nach dem Krieg eingemauerte Altar der Frauenkirchenruine wurde nach der
Enttrümmerung 1994 sorgfältig freigelegt, hier ein Detail des barocken Bildwerks.

Nach fast 50 Jahren kehren 2004 die überlebensgroßen, aus Holz neu geschaffenen Engel auf den Orgelprospekt der Frauenkirche zurück. Dort krönen sie wie einst die von Orgelbauer Daniel Kern gebaute, an den Brüdern Silbermann orientierte Orgel.

Eine Anverwandlung

Christoph Wetzel

Selbstbildnis mit Blendschirm,
Öl auf Leinwand auf Holz, 1999.

Der Wiederaufbau der Frauenkirche hat bei vielen, nicht nur Dresdnern, sehr unterschiedliche, auch widersprüchliche Gefühle ausgelöst. Die alten Dresdner sehen nun nach 60 Jahren das Stadtpanorama in alter Schönheit in der abendlichen Sonne erstrahlen, die berühmte Silhouette ist wieder geschlossen. Die ehrfürchtige Liebe gegenüber der Ruine der Frauenkirche ist der demütigen Bewunderung vor dem einmaligen Werk des Wiederaufbaus gewichen.

Auch ich gehörte anfangs zu den Skeptikern, die einem Wiederaufbau kritisch entgegensahen. Die Ruine, jene Mauerreste, die mit ihren in den Himmel starrenden Eisenträgern ein Zeichen der Anklage und Mahnung geworden waren, hatte im Laufe der Jahrzehnte einen gewaltigen Symbolcharakter erlangt. Das Umdenken hin zum Wiederaufbau, zu etwas Neuem war nicht leicht.

Nach nunmehr zehn Jahren Bauzeit erhebt sich die Frauenkirche in altem Glanz, auch wenn wir sie mit dem Bewusstsein betrachten müssen, dass es eben nicht die alte Frauenkirche ist. Der archäologische Wiederaufbau ermöglicht dem Besucher durch die Verwendung der erhaltenen Originalsubstanz die Erinnerung an den Untergang der Stadt im Inferno des Feuersturms wach zu halten und verstärkt zugleich auf erschütternde Weise das Empfinden, dass hier ein wahres Wunder geschehen ist – mit einer Verbeugung vor

Im Dezember 2003 steht für die weitere Ausmalung der Kuppel ein drehbares Gerüst bereit. Nach der Ausschreibung hatten zwei Künstler ihre Entwürfe in die Kuppel gemalt.

der einmaligen Originalität ist die Frauenkirche wiedererstanden.

Ohne die Wunden zu beschwichtigen und wegzugolden, zeigt die Frauenkirche ihre Narben und Spuren, die für alle Zeiten sichtbar sein werden. Mit dem Wiederaufbau ist ein Spagat zwischen der Ganzheitlichkeit und Schönheit der Wiederherstellung und dem Nichtbeschönigen von Wunden gelungen. Auch das Kuppelgemälde wird von dem heutigen Kirchenbesucher mit dem Wissen um die Zerstörung betrachtet werden müssen. Hierbei handelt es sich um keine Kopie, schließlich war das Original, an dem ich mich hätte ausrichten können, zerstört. Selbst verbürgte, präzise Reproduktionen des von dem Venezianer Giovanni Battista Grone ausgeführten originalen Deckengemäldes gibt es nicht. Bereits im 19. Jahrhundert waren die durch eindringende Feuchtigkeit beschädigten Bilder restauriert worden, so dass wahrscheinlich nur noch zehn Prozent der Originalsubstanz übrig geblieben sind. Durch Arbeiten an der Kuppel zur Sanierung und Festigung des Mauerwerks musste man in den 1940er Jahren erneut diese Flächen restaurieren, da man einzelne Bildbereiche abgenommen hatte, der Bildträger also partiell gefenstert worden war. Auf diese Weise ergab sich ein bedauerliches Mischwerk von Übermalungen und Einfügungen, das unter Leitung des akademischen Malers Professor Paul Rößler, sicher auch mit den Spuren des damaligen Zeitgeistes, übermalt und erneuert worden ist. Dabei ist die barocke Leichtigkeit der Figuren verloren gegangen, und man kann auf farbstichigen Dias von 1944 Verzeichnungen, ängstliches Nachtüpfeln und ein schwaches Lineament erkennen, so dass nicht einmal von einer Nachempfindung des Originals gesprochen werden kann. Dennoch waren diese Aufnahmen die Voraussetzung für die Neuschaffung der Kuppelausmalung.

Meine Arbeit möchte ich als eine Art Anverwandlung bezeichnen, eine Annäherung al-

so, die nicht den Anspruch erhebt, punktuell und explizit das Original wiederherzustellen. Es ging darum, die Bildsprache Giovanni Battista Grones, dieses legendären Venezianers, von dem es nichts Verbürgtes aus seinem Privatleben gibt, nachzuvollziehen. Im Schloss Hubertusburg bei Oschatz gibt es noch ein

Blick in den wiedererstandenen Innenraum der Frauenkirche kurz vor der Weihe Ende Oktober 2005.

Deckengemälde aus seiner Hand, an dem man seinen Pinselduktus, seine Handschrift, studieren kann. Auch wenn man nicht vergessen sollte, dass dieses Werk acht Jahre nach den Kuppelgemälden in der Frauenkirche entstanden ist, und Grone bereits einen Stilwandel vollzogen hatte und sich mehr und mehr dem Rokoko verpflichtet fühlte.

Die Frauenkirche an sich stellt eine Art stilistisches Zwitterwesen dar, auch in Bezug auf architektonische Anleihen aus der Renaissance,

Der Evangelist Lukas von Christoph Wetzel in der Innenkuppel der Frauenkirche im Dezember 2003. Das Hineindenken in die Bildsprache Giovanni Battista Grones war eine besondere Herausforderung für den Künstler.

die sich mit barocken Elementen mischen. Daher und aufgrund der Bedeutung der Frauenkirche als „protestantischer Dom" des Dresdner Bürgertums wird sich wohl auch Grone stilistisch in eine solch monumentale Richtung bewegt haben. Es gibt in den Deckengemälden der Frauenkirche Figuren, die eine Adaption der dramatischen Gesten Michelangelos aus der Sixtinischen Kapelle nahe legen. Für mich bedeutete all dies – nachdem ich im April 2003 den Vorvertrag über die Arbeit abgeschlossen hatte – ein sich über die Jahre hinweg vertiefendes Hineindenken in eine

Formensprache, die selbstverständlich nicht meine war.

Gerade deshalb bin ich der Stiftung Frauenkirche besonders dankbar, dass sie mir das Vertrauen geschenkt hat, diese Bilder zu malen. Zugleich war es eine ungeheure Auszeichnung, wenn man bedenkt, wie vielen Künstlergenerationen es nicht vergönnt war, ein solch gigantisches Werk malen zu können. Ich musste mich in mir selbst verwandeln, zum einen, da ich noch nie eine Kirche ausgemalt hatte und zum anderen, weil auch die Botschaft, die die Bilder vermitteln, auf eine ganz andere Art transportiert wird und mir die theatralisch anmutende, italienische Diktion fremd war.

Eine besondere Schwierigkeit, die wohl jedem Kuppelmaler widerfährt, ist die Übertragung der Entwürfe in das Rund der Kuppel. Der Entwurf muss auf einen 1:1-Karton übertragen werden und ein Quadratnetz mit den Koordinatenpunkten der Umrisszeichnung entwickelt werden. Diese Übertragung der zweidimensionalen Vorzeichnung in die Kuppel, die ja eine doppelte Verwölbung, in der Horizontalen und der Vertikalen, darstellt, ist mit keiner noch so modernen Technologie zu überbrücken. An diesem Punkt hört der scheinbar reproduktive Teil der Arbeit auf, es gilt, schöpferisch Handwerk, Erfahrung und Kunst in Einklang zu bringen.

Das Bildfeld des Lukas zum Beispiel habe ich als einziges ohne Fernkontrolle gemalt. Während meiner Entwurfsarbeiten wollte ich sehen, wie die Bilder auf der Wand in der Kuppel aussehen würden. Aus einem maximalen Abstand von 3,50 m hatte ich die Möglichkeit zur Kontrolle der Wirkung meiner Arbeit. Als Hilfsmittel diente mir zusätzlich ein umgedrehtes Fernglas, auf diese Weise konnte ich das Bild aus künstlicher Ferne betrachten.

Die Figur des Lukas war gerade eines der schwierigsten Bildfelder, sein nackter Fuß ragt aus der gedachten Bildebene heraus und ist in seinen Dimensionen armlang. Schließlich habe ich meinen eigenen nackten Fuß vor einem Spiegel in Verkürzung gezeichnet, bin mit diesem Entwurf am nächsten Tag erneut auf das Gerüst gestiegen und habe den Fuß des Lukas gemalt. Nicht alles konnte eben auf dem Gerüst erfunden werden.

Giovanni Battista Grone, der 1724 nach Dresden gekommen war, hat wahrscheinlich gerade durch seine Fähigkeit, illusionistisch zu malen, bei Hofe und schließlich auch beim Bürgertum auf sich aufmerksam gemacht. Professor Dr. Harald Marx hat diesbezüglich Recherchen unternommen, die diese These sehr wahrscheinlich werden lassen. Er vermutet, dass im Billardsaal des Schlosses Moritzburg bei Dresden auf Ledertapeten gemalte Allegorien Grones Handschrift tragen. Es liegt nahe, dass Grone ein schneller Maler war, der u. a. mit Festdekorationen für den Hof und Plafonds für das Theater beauftragt worden ist. Zur gleichen Zeit waren aber auch andere Italiener in Dresden, wie Stefano Torelli oder Giovanni Antonio Pellegrini, die in der katholischen Hofkirche gearbeitet haben und wesentlich eleganter und möglicherweise auch begabter waren als Grone. Warum man sich also für ihn entschieden hat, ist nicht mehr eindeutig zu klären. Wichtig für mich war es in jedem Fall, mich an die Originalität heranzutasten und alles Verfälschende der noch erhaltenen Fotografien der Gemälde durch meine künstlerische Erfahrung gewissermaßen herauszufiltern.

Thematisch stellen die Deckengemälde die vier Evangelisten – Matthäus, Markus, Lukas und Johannes – dar, die mit den vier christlichen Tugenden, als weibliche Allegorien dargestellt, im jeweiligen Wechsel angeordnet sind. Künstlerisch sind diese Bilder daraufhin ausgerichtet, den Realraum illusionistisch zum Himmel hin zu öffnen. Die von George Bähr geplante Kuppel schließt den Kirchenraum nach oben hin also nicht ab, sondern öffnet sich dem Glauben und den Gebeten

Christoph Wetzel vor der noch nicht ausgemalten Innenkuppel der Frauenkirche. Im Hintergrund das Bild des Evangelisten Lukas.

und Gedanken, die dadurch in den Himmel aufsteigen können. Die Kuppel wird also mit illusionistischen Öffnungen versehen, durch die der Betrachter, eben auch der gläubige Kirchenbesucher, in den Himmel schaut. Die Figuren sitzen auf Wolken, monumental in Gegenlicht, und trotzdem in farbiger Transparenz. Beim Hochschauen entsteht ein Gefühl der Schwerelosigkeit, den Betrachter erfasst ein Erstaunen über die Helligkeit. Die Architektur erhält durch die lichte Farbstimmung eine erstaunliche Leichtigkeit. Auch die wenigen erhaltenen Äußerungen von Zeitgenossen Bährs sprechen von dieser Helligkeit und dem Zusammenspiel von Innenarchitektur und Innenfarbigkeit. Interessant ist vor allem, dass Augenzeugen, die die Frauenkirche noch vor ihrer Zerstörung kannten, sich kaum an die Gemälde der Kuppel erinnern. Die Frauenkirche war damals sehr viel dunkler und dämmriger gewesen, wie es zum Beispiel auch Pfarrer Karl-Ludwig Hoch beschrieben hat.

Blick auf die Deckengemälde in der Kuppel der Frauenkirche im April 2005. Die noch fehlenden Vergoldungen werden von einer drehbaren Arbeitsbühne aus fertig gestellt.

Die Frauenkirche bildet nun in ihren vielfältigen Details wieder ein Ganzes, in ihrer Einzigartigkeit mehr noch als die Summe der Addition ihrer Einzelteile. Ich selbst habe erlebt, dass mir in einer Art gelenkten Zufalls vieles in die Hand geflossen oder gewissermaßen zugeführt worden ist. Der Zusammenklang des Ganzen ist der eigentliche Glücksfall. Die Kuppel als Gesamtkunstwerk muss in sich klingen, die farbigen Gewichte müssen abgestimmt sein. In der Endphase meiner Arbeit, nach eingehender Betrachtung der Gemälde von unten, vom Kirchenboden, galt es, die musikalische Komposition, die ein

solches Gemälde in gewisser Weise ist, in Einklang zu bringen.

Die Evangelisten, die in ihrer Gewichtung stärker sind, stehen also den zwischengeordneten Ovalfeldern der christlichen Tugenden gegenüber, die wiederum mit der Rahmungsmalerei und den kleinen Kartuschen mit Szenen aus dem Leben Jesu und Gleichnissen harmonieren müssen. Auch die Einzelfarben in all ihren Schattierungen stellten eine große Herausforderung dar.

Das Gewand des Evangelisten Markus, das in einem Ockerfarbton gehalten ist, bedeckt fast vier Quadratmeter der Kuppel. Diese mussten in verschiedensten Farbvarianten differenziert gemalt werden. Hierbei gilt vor allem dem Restaurator Peter Taubert großer Dank, der mich mit seinem farbtechnologischen und stilistischen Wissen unterstützt und beraten hat. Als künstlerischer Oberleiter für die gesamte Innenfarbigkeit der Frauenkirche ruht eine schwere Last auf seinen Schultern.

Die Farben für die Gemälde wurden nach jahrhundertealten Rezepturen gemischt, mit Hühnereiern, Leinölfirnis, Kasein, Nelkenöl und anderem. Somit haben auch wir zu dem so genannten archäologischen Wiederaufbau in besonderer Weise beigetragen. Die Arbeit an der Jahrhundertbaustelle Frauenkirche bedeutete eine enorme Verantwortung, der

Ein Detail des freigelegten und relativ wenig beschädigten Altares von Johann Christian Feige d. Ä.

Der Restaurator Joachim Bunzler vergoldet im Dezember 2003 die Kapitelle der Altarsäulen. Nach und nach erhält der Kircheninnenraum sein barockes Äußeres zurück.

Barocke Farbenpracht:
Die Farben für die Gemälde
wurden nach jahrhundertealten
Rezepturen gemischt, mit
Hühnereiern, Leinölfirnis,
Kasein, Nelkenöl und anderem.

sich jeder Mitarbeiter immer wieder bewusst werden musste.

Was man jetzt unterließ, so hat es einmal Peter Taubert formuliert, das unterließ man für die nächsten Jahrhunderte.

Was den malerischen Duktus betrifft, kann man als Künstler sicher nicht seine eigene Handschrift verleugnen. Eine verinnerlichte Frömmigkeit, wie sie auch in der deutschen und niederländischen Kunst des ausgehenden Mittelalters zu finden ist und die mir als evangelischem Christen näher ist, steht im heftigen Widerspruch zur malerischen Sprache Grones, der als Katholik ganz dem italienischen Barock und somit religiöser Inbrunst und monumentaler Theatralik verpflichtet war. Ich musste mich also von der sklavischen Nachahmung befreien und mir gewisse Frei-

Christoph Wetzel als Menschenmaler: Pantomime-tänzerin Annette, Öl auf Hartfaserplatte, 1987.

heiten in der Umsetzung erarbeiten. So wie auch der heutige Betrachter die Frauenkirche aus seiner Geschichte, aus seinem Erleben und seiner Erfahrung schaut, habe auch ich mein Wesen nicht verleugnen können.

Am 12. März 2005 habe ich schließlich für mich selbst die Arbeit für fertig erklärt. An diesem Tag wurde der letzte Pinselstrich gemacht. Am 28. März erklärte die große Jury mit anerkennenden Worten das Bild für abgenommen, und Baudirektor Eberhard Burger gratulierte mir, sichtlich erfreut, dass sich das Kuppelgemälde so glücklich in das Bauensemble der Frauenkirche einfügt. Inzwischen spüre ich, dass ich dieses Werk wie ein erwachsenes Kind betrachte, das nun selbstständig ist und das man loslassen muss. Eine gewisse Distanz tritt ein. Als ich vor einiger Zeit die Frauenkirche betrat, blickte ich in die Kuppel und dachte: Das hast du nicht gemalt, das war ein anderer. Ich habe mir selbst hinterhergeschaut. Mehr als zwei Jahre habe ich auf einem mir vorher völlig fremden Terrain gearbeitet. Ich bin mit Leib und Seele Menschenmaler, der das Leben braucht, ein Gegenüber, wo es im Augenwinkel flackert, das Gesicht arbeitet und zuckt, sich bewegt und atmet. Als Porträt- und Menschenmaler war diese einmalige Arbeit eine Zäsur, die auch mit einem Verzicht verbunden war. Langsam muss ich wieder in ein ganz anderes malerisches Verständnis hineinwachsen.

Die Ausmalung der Frauenkirchenkuppel ist wohl die größte Herausforderung meines Lebens gewesen. Etwa vierzig Jahre Malen und Zeichnen liegen hinter mir. Gern würde ich – vielleicht zu meinem sechzigsten Geburtstag – in einer größeren Ausstellung Bilanz ziehen; Gemälde und Zeichnungen, Menschenschicksale.

Nach dem abgeschlossenen Wiederaufbau stellt sich nun die Frage: Inwieweit bekommt die Frauenkirche wieder eine lebendige Gemeinde, wie wird sie wieder zu einem Gottes-

haus? Die Frauenkirche braucht eine lebendige Kirche, die durch die Verkündigung der
Botschaft zu einem Ort des Nachdenkens,
der Besinnung und der Umkehr wird.
So wie dieses einmalige Bauwerk nun wieder
vor uns steht, ist es noch immer eine Mahnung, auf eine andere Weise als seinerzeit
die Ruine.

Christoph Wetzel malt am Bildfeld „Liebe"
(Caritas), September 2003.

Die von Christoph Wetzel geschaffenen Deckengemälde der Kuppel der Frauenkirche 2005. Sie zeigen die vier Evangelisten – Matthäus, Markus, Lukas und Johannes –, die im Wechsel mit den vier als weibliche Allegorien dargestellten christlichen Tugenden angeordnet sind.

Ein musikalischer Brückenbau

Daniel Kern

Seit Beginn der Diskussionen um den Wiederaufbau der Frauenkirche bestand der Wunsch, die schmerzliche Lücke zu füllen, die der unwiederbringliche Verlust der zerstörten Silbermannorgel hinterlassen hatte. Als nun in den letzten Jahren die ersten Resultate des Wiederaufbaus sichtbar wurden, suchte die Stiftung Frauenkirche auch in Bezug auf die zu bauende Orgel nach einer adäquaten Lösung, die dem Jahrhundertprojekt Frauenkirche gerecht werden konnte.

Blick in die Werkstatt der Orgelbaufirma Kern. Die Restaurierung und der Nachbau alter Instrumente ist seit jeher eine der Haupttätigkeiten des alteingesessenen Straßburger Unternehmens.

Gemeinsam mit drei anderen Firmen wurde ich von der Stiftung Frauenkirche eingeladen. Ich arbeitete zu der Zeit gerade an der Orgel in der Marienkirche in Berlin.

Für mich bestand die Idee des Baus einer neuen Orgel für die Frauenkirche darin, ein Instrument im Sinne Silbermanns zu bauen, als zeitgenössischer Orgelbauer jedoch künstlerische Freiheit zu besitzen, um die Entwicklung im Orgelbau der letzten 250 Jahre ausnutzen zu können.

Unter diesen Voraussetzungen unterbreitete ich meinen Vorschlag für den Bau einer Orgel nach dem Vorbild Gottfried Silbermanns, wobei ich von Anfang an betont hatte, dass für mich keine Kopie einer originalen Silbermannorgel in Frage kommt. Ich wollte also keine Kopie anfertigen, zumal in nur einigen Hundert Metern Entfernung zur Frauenkirche, in der Hofkirche nämlich, eine Silbermannorgel steht.

Als ich mich damals in Dresden befand, hing ein großer Schriftzug am Gerüst der Frauenkirche, darauf stand: „Brücken bauen - Versöhnung leben".

Dieses Motto, das dem Wiederaufbau zugrunde lag, bezog ich konkret auf das bevorstehende Projekt des Baus einer Silbermannorgel.

Mir kam die Idee, eine Synthese zwischen den Brüdern Silbermann zu wagen, und damit auch eine Verbindung zwischen deutschem, also sächsischem und französischem Orgelbau herzustellen. Gottfried und sein älterer Bruder Andreas Silbermann waren beide in Sachsen geboren, später nach Straßburg gekommen, wo sich Andreas Silbermann niederließ.

Auch dessen Sohn Johann Andreas war ganz fest mit der französischen, ja elsässischen Orgelbautradition verwurzelt.

Gottfried Silbermann kehrte bereits 1710 nach Sachsen zurück und wurde 1723 durch Friedrich August I. zum sächsischen Hof- und Landorgelbauer ernannt.

Der Orgelbau für die Frauenkirche bot die Möglichkeit, das Werk der beiden Brüder in ihrem Stil zu vereinen und damit die verschiedenen musikalischen Kulturbereiche, Frankreich und Deutschland, in einem Instrument zu verbinden. Bei den französischen Orgeln stehen die Zungenregister, die Trompeten und Clarinen im Vordergrund, die dem Werk viel Glanz, Kraft und Schönheit verleihen können, während es bei Gottfried Silbermann eher die Prinzipale und die Mixturen waren, die für den spezifisch sächsischen Klang stehen. Man kann diese unterschiedlichen Faktoren durchaus zusammenbringen und ein originales Werk schaffen.

Ein weiterer Grund dafür, keine Kopie nach Gottfried Silbermann bauen zu wollen, lag darin, dass auch die Silbermannorgel vor der Zerstörung der Frauenkirche einige Male umgebaut und den Bedürfnissen oder Wünschen der Zeit angepasst worden war. Jetzt hatte man die Möglichkeit, direkt eine Orgel zu bauen, die unterschiedliche Charaktere vereinen und auch modernen Bedürfnissen gerecht werden konnte.

Die Silbermannorgel hatte ursprünglich 43 Register und 3 Manuale. Das vierte Manual, wie es die jetzige Orgel besitzt, konnte nun im romantischen Stil angelegt werden und sich mit der klassischen, musikalischen Grundlage der Silbermannorgel verbinden (im Spieltisch ist das Schwellwerk das dritte und das Brustwerk das vierte Manual).

Diese Vorschläge zum Bau der neuen Orgel fanden bei der Kommission großen Anklang, und wir erhielten schließlich den Zuschlag für den Bau der Orgel. Am 17. Februar 2003 wurde uns offiziell der Auftrag vom Stiftungsrat und

Holzbildhauermeister Erhard Schaarschmidt ist mit den letzten Arbeiten für die Orgelempore beschäftigt. Für das 3,40 Meter große Mittelstück der barocken Orgelverzierung wurden rund 1.000 Arbeitsstunden benötigt.

Eine Restauratorin arbeitet am Prospekt der hinter Gerüsten verborgenen Orgel der Frauenkirche.

Ingrid Biedenkopf, Gattin des sächsischen Ministerpräsidenten, mit Ludwig Güttler, entzündet am 30. November 1995 die erste Kerze der Spendenaktion der Dussmann-Stiftung und der Gesellschaft zur Förderung des Wiederaufbaus der Frauenkirche. Der Spendenerlös ist für den Neubau der Silbermann-Orgel bestimmt.

vom Kuratorium erteilt. Dies war sicher keine Absage an die sächsischen Orgelbauer oder den Gottfried Silbermann-Experten Frank-Harald Greß. Es galt allein, den musikalischen Raum der Frauenkirche wieder mit einer erweiterten Orgel zu füllen, die den Anforderungen der Zeit, des besonderen Ortes und der Musik selbst gerecht werden konnte. Die Aufgabe musste lauten, eine Orgel für die Musik des 18. bis 20. Jahrhunderts zu bauen, die auch zukünftigen Kompositionen musikalisch Leben einhauchen kann. Dies war eine Diskussion, die bereits seit der Entscheidung gegen eine getreue Kopie der Silbermannorgel im Jahr 2002 für viel Aufsehen in der Öffentlichkeit sorgte.

Darauf folgten die Auseinandersetzungen um die Finanzierung, den Rückzug der Gelder der Dussmann-Stiftung und des Nobelpreisträgers Günter Blobel. Schließlich aber konnte mit dem Bau der Orgel mit 67 Registern auf 4 Manualen und Pedal begonnen werden, welche den klassischen Teil, der auf Gottfried und Andreas Silbermann beruht, mit dem großen romantischen Werk vereinen. Damit wird die Orgel allen Anforderungen gerecht. Sie wird ein Instrument für den Gottesdienst, aber auch für Konzerte sein, und damit den verschiedenen Nutzungskonzepten der Frauenkirche entsprechen.

Das romantische Manual sorgt in diesem Sinne für zusätzliche Klangfarben. Außerdem ist die Orgel mit einer Setzeranlage ausgestattet, die dem Organisten bei der Vorbereitung eines Konzerts das Speichern verschiedener Registermischungen ermöglicht. Gerade in der romantischen Musik mit ihren zahlreichen Crescendi gibt es sehr häufig Registerwechsel, für die man früher während des Spiels die Hilfe anderer benötigte. Auf diese Weise können die Organisten die Registermischungen selbst vorbereiten und die gesamte Orgel während ihres Spiels allein bedienen.

Trotz aller technischen Neuerungen ist die Orgel natürlich nach klassischem Vorbild mit

besten, traditionellen Materialien gebaut, um ihrer exponierten Stelle in der Frauenkirche zu entsprechen. Die Mechanik war schon für die Zeichnungen zur Vorlage bei der Kommission genauestens studiert worden, und auch in Bezug auf die Platzfrage wurde eine optimale Lösung gefunden. Nach vielen Aufträgen in Frankreich, Japan und auch in Übersee ist dies sicherlich eines der interessantesten und vollkommensten Projekte meiner Laufbahn.

Den Bau des Orgelprospekts, der nach alten Fotos und Zeichnungen originalgetreu wieder entstehen sollte, hat schließlich eine sächsische Firma übernommen, unter der Leitung des Holzbildhauermeisters Karsten Püschner und des Tischlermeisters Ronny Richter.

Tischlermeister Ronny Richter arbeitet an den schwungvollen Voluten des Orgelprospekts. Die Schnitzarbeiten bestehen aus Linden-, der Prospekt aus Fichtenholz.

Die neue Orgel folgt also musikalisch wie auch in ihrer äußeren Form ihrem barocken Vorbild. Musikalisch dadurch, dass sie den Geist der Brüder Silbermann in sich vereint. Die verwendeten Mensuren (Maße der Pfeifen) wurden von Originalen übernommen, die Tonhöhe allerdings angepasst.

Der Orgelbau wie die Musik selbst haben sich in den letzten Jahrhunderten weiterentwickelt, und die neue Orgel muss diesem Fortschritt und der Entwicklung Rechnung tragen – und selbst dieser Punkt kann wohl ganz im Sinne der Brüder Silbermann betrachtet werden, die, jeder auf seine Art, die Entwicklung des Orgelbaus beeinflussten. Das zusätzliche große romantische Schwellwerk (Récit expressif) ist an Vorbildern von Cavaillé-Coll inspiriert. Cavaillé-Coll war für die romantische Orgel im 19. Jahrhundert das, was die Brüder Silbermann für den Orgelbau im 18. Jahrhundert bedeuteten. Zukünftige Organisten können nun auf der Orgel Bach und Buxtehude spielen, aber auch französische Stücke aus dem 18. und 19. Jahrhundert.

Auf diese Weise wird auch die Orgel der Frauenkirche zu einem Symbol der Versöhnung und des Austausches und schlägt eine Brücke zwischen deutscher und französischer Kultur. Wir setzen die Tradition der Brüder Silbermann fort und verbinden die unterschiedlichen Klangfarben dieser zwei großen Orgelbauer. Zudem wird die Orgel zeigen, dass eben auch das große französische, romantische Werk auf einer Silbermannorgel gespielt werden kann und die unterschiedlichen Richtungen zusammenwachsen können. In diesem Sinne soll die Orgel die Lücke schließen, die die Zerstörung der Frauenkirche hinterlassen hat, und zukünftig auf musikalischem Wege Brücken bauen.

Die Orgel der Frauenkirche von Gottfried Silbermann vor ihrer Zerstörung 1945.

Silbermannorgeln in Dresden: Am 3. November 2002 wird nach der 1991 begonnenen Sanierung des Gotteshauses die Orgel der Dresdner Hofkirche geweiht. Die zwischen 1752 und 1754 von Gottfried Silbermann gebaute Orgel ist das größte Instrument des Meisters.

Die Glocken der Frauenkirche zu Dresden

Rainer Thümmel und Albert Bachert

Von der Stiftung Frauenkirche Dresden wurde im Jahre 1996 an den sächsischen Mitautor dieses Beitrages, der damals noch im Baureferat des Ev.-Luth. Landeskirchenamtes Sachsens tätig war, der ehrenvolle Auftrag für die Ausarbeitung der Disposition des neuen Glockengeläutes für die im Wiederaufbau befindliche Frauenkirche erteilt mit der Maßgabe, dieses Vorhaben dann auch bis zur Realisierung zu betreuen und die benötigten

Die Glocken bei ihrer Werkabnahmeprüfung am 23./24. April 2003 in Karlsruhe.

weitere Fachleute einzubeziehen. Diese übertragene Aufgabe war zugleich emotional stark berührend, hatte er doch die Zerstörung seiner Vaterstadt Dresden im Februar 1945 als Kind im Luftschutzkeller selbst miterlebt und wusste seit 1986 um die Existenz der 1925 von der damaligen Kirchgemeinde abgegebenen historischen Frauenkirchenglocke von 1518, der einzigen erhalten gebliebenen des ursprünglichen Geläutes. Die als Arbeitsergebnis im Jahre 1998 vorgelegte Dokumentation fand die Zustimmung der Stiftung. Bestandteil der Dokumentation war der Vorschlag, die genannte historische Glocke der Frauenkirche aus dem Jahre 1518 durch entsprechende Verhandlungen mit dem neuen Besitzer dieser Glocke zurückzuführen. Der Ausgang dieses Unternehmens war mehr als spannend, war es doch zunächst vollkommen unklar, wie sich der zuständige Kirchenvorstand entscheiden würde. Die Kirchgemeinde Dittmannsdorf im Landkreis Meißen, bei der diese Glocke seit 1960 läutete, gab sie, wenn auch schweren Herzens, gegen großzügige Ersatzleistung an die Frauenkirche zurück. Dort läutete sie im Baustellenbereich nach ihrer 73-jährigen Abwesenheit in einem temporären Glockenträger und erfolgter Wiedereinweihung von 1998 bis 2003 zu den Gottesdiensten und ökumenischen Andachten in der Unterkirche des Gotteshauses.

Die bis zur Erteilung der Aufträge für den Guss der sieben neuen Frauenkirchenglocken, für die Herstellung der Glockenarmaturen und für die zimmermannsmäßige Fertigung der beiden Eichenholzglockenstühle verbliebene Zeit von mehr als vier Jahren wurde für die Modifizierung und Vervollkommnung der Geläuteplanung im Sinne einer wichtigen liturgischen Aufgabe genutzt.

Die historischen Glocken waren zu groß für die relativ kleinen Treppentürme, was durch schon wenige Jahre nach der 1734 erfolgten Weihe des Geläutes beobachtete Rissbildungen unterstrichen wurde. Bauliche, denkmalpflegerische und musikalische Überlegungen waren maßgebend für die Neudisposition des Glockengeläutes.

Bereits in einem ersten Informationsgespräch zum neuen Frauenkirchengeläut zwischen beiden Autoren im Laufe des Jahres 1993 wurden gemeinsam Positionen erarbeitet, die über einen Zeitraum von zehn Jahren Bestand hatten: Es sollte ein „fröhliches vielstimmiges Geläut" mit zahlreichen Teilgeläuten einschließlich abschließendem Cymbel-Teilgeläut werden, das sowohl den vielfältigen liturgischen Läuteanlässen als auch vor allem gegenüber dem historischen Vorbild der geringen Größe der Seitentürme Rechnung trägt. Mussten für den ersten Entwurf der Geläutdisposition noch die historisch überlieferten Abmessungen der Glockenstuben mit ihren maximalen Breiten quer zur vorgesehenen Läuterichtung von 2.100 mm zugrunde gelegt werden, standen für die letztlich realisierte Disposition die um 180 mm breiteren Räume in den Südwest- und Nordwest-Treppentürmen (C und E) zur Aufnahme der Glockenstühle zur Verfügung. Zwischenzeitlich nahm auch die Planung der künftig die Frauenkirche umgebenden Bebauung des Neumarktes konkrete Gestalt an. Daraus wurde ersichtlich: Im Bereich der Frauenkirche wird in Zukunft unverändert gut das Glockengeläut der Kathedrale St. Trinitatis wahrzunehmen sein.

Das gab dann den Ausschlag für die gegenüber ursprünglicher Geläuteplanung veränderte Disposition mit d', e', g', a', b', c'', d'' und f''. Dieses achtstimmige Geläut ergänzt jeweils die recht tief gestimmten Geläute der Nachbarkirchen Kreuzkirche und Kathedrale St. Trinitatis. Von der Abstimmung auf das Kreuzkirchengeläut mit seiner verzogenen Nominallinie wurde Abstand genommen. Andere Geläute sind im Hörbereich der Frauenkirchenglocken, wenn überhaupt, dann bedingt durch Entfernung, Bebauung und Verkehrsgeräusche zwischen den betreffenden Kirchen nur sehr gering wahrnehmbar.

Durch die sehr dankenswerterweise frühzeitige Verpflichtung der Fördergemeinschaft Dresdner Frauenkirche e.V. Remagen, das neue Geläut vollständig zu finanzieren, bestand die glückliche und einmalige Chance für Sachsen und darüber hinaus, allseits großzügig planen zu dürfen. So konnten schwere und damit besonders klangreiche Glockenrippen mit starker Progression wie bei keinem anderen

Die Frauenkirche mit den beiden Glockenstuben in den Seitentürmen C und E (Mitte und links).

der seit der Wende in Sachsen bis 2003 gegossenen 29 neuen Geläute und darüber hinaus in Deutschland geplant werden. Mit normal mittelschwerer Rippe hätte die kleinste Glocke mit Nominal f'' HANNA ein Gewicht von 110 kg gehabt, ausgeführt worden ist sie mit 291 kg.

Die Zuordnung der liturgischen Funktionen und die Festlegung von Bibelversen für die neuen Glocken erfolgten in Übereinstimmung mit ihrer biblischen Namensgebung:

Glocke Jesaja mit vollständig angelegter Inschrift und Zier, Avers der „falschen Glocke".

Nominal	Glocke	Funktion	Spruch
d'	JESAJA	Friedensglocke	„Sie werden ihre Schwerter zu Pflugscharen machen" (Jesaja 2,4)
e'	JOHANNES	Verkündigungsglocke	„Bereitet dem Herrn den Weg" (Matthäus 3,3)
g'	JEREMIA	Stadtglocke	„Suchet der Stadt Bestes" (Jeremia 29,7)
a'	JOSUA	Trauglocke	„Ich und mein Haus wollen dem Herrn dienen" (Josua 24,15)
c''	DAVID	Gebetsglocke	„Erhöre mein Gebet" (Psalm 4,2)
d''	PHILIPPUS	Taufglocke	„Ein Herr, ein Glaube, eine Taufe" (Epheserbrief 4,5)
f''	HANNA	Dankglocke	„Mein Herz ist fröhlich in dem Herrn" (1. Samuel 2,1)

Glocke Jesaja, vorbereitet zur Werkabnahmeprüfung im Februar 2003.

Der erhalten gebliebenen historischen Frauenkirchenglocke b'-5,5 MARIA wurde die Funktion der Gedächtnisglocke zugeordnet. Für die
Gestaltung der Glockenzier wurde ein Wettbewerb mit dem Ziel ausgelobt, Vorschläge für
die Zier der Kronen mit sechs Bügeln, für das
am Hals der Glocken umlaufende Schriftband
Frauenkirche zu Dresden mit Jahreszahl des
Glockengusses, für Zierreliefs auf Avers und
Revers der Glocken in Abhängigkeit von ihren
Namen und für ein umlaufendes Schmuck-
band auf dem Wolm der Glocken zu erarbeiten. Die wenigen Vorgaben, die den einbezogenen Künstlern schöpferische Betätigung
ermöglichen sollten, waren dabei die Buch-
stabenform der zerstörten historischen Glocke
von 1734, die auf ihren erhalten gebliebenen
Scherben überliefert ist, für die Halsinschrift
einzusetzen und für das Revers der Gebetsglocke DAVID den bei der Zerstörung der
Dresdner Synagoge in der Reichspogrom-
nacht 1938 geretteten Davidstern, der heute
die Tür der neuen Synagoge schmückt, als
Zeichen von Trauer, Erinnerung und der Bitte
um Vergebung abzubilden. Christoph Feuerstein, Neckarsteinach, wurde eindeutig zum
Sieger des Gestaltungswettbewerbes erklärt.
Für den Guss der neuen Glocken erfolgte eine
beschränkte Ausschreibung unter drei deutschen Glockengießern mit detaillierten Vorgaben in einer entsprechenden Leistungs-
beschreibung unter Bezugnahme auf DIN 4178
„Glockentürme".

Zur Umsetzung der ausgearbeiteten Entwürfe
einer ungewöhnlich reichen Glockenzier, die
der beauftragte Künstler Christoph Feuerstein entworfen hatte, fehlten die praktischen
Erfahrungen. Deshalb wurden vor der Ausschreibung des Glockengusses den drei in
Aussicht genommenen Gießern die Wachs-
modelle für Zier und Inschriften mit der Frage
vorgelegt, ob deren praktische Ausführung
ohne guss- und klangtechnische Probleme
möglich sei. Von den drei Glockengießern
wurden nach damaligem Kenntnisstand und

Glocke David nach dem zweiten Guss 2003 mit
Zier in verminderter Ausführung, Oberfläche im
Zwischenzustand.

gründlicher Begutachtung keine Bedenken
angemeldet. Nach gewissenhafter Auswer-
tung wurde der Auftrag zum Glockenguss
an die vollkommen überraschte Glockengießerei Bachert, Karlsruhe, als günstigstem An-
bieter erteilt, die – sich der großen Verpflichtung dieses hoch bedeutsamen Auftrages
wohl bewusst – im Monat Oktober 2002 mit
der Herstellung der Formen für den Guss
der sieben Bronzeglocken begann.

Zuvor hatte die Glockengießerei Bachert seit
der Wende im Zeitraum von 1991 bis 2002
bereits zur Zufriedenheit der betreffenden
Auftraggeber 51 sehr klangschöne Glocken
nach Sachsen geliefert. So erhielten die Kirchgemeinden Altenberg, Dresden-Gorbitz, Jons-
dorf, Mittelherwigsdorf, Cossebaude, Nieder-
crinitz, Pirna-Sonnenstein und Grünstädtel

Dipl.-Ing. Hosfeld erläutert dem Baudirektor der Frauenkirche Eberhard Burger die mechanische Bearbeitung der Klöppel.

sammelten Glockengussgemeinde in der Gieß-halle Bad Friedrichshall-Kochendorf. Zahlreiche Pressevertreter und sieben Kamerateams verschiedener Fernsehanstalten drängten sich so dicht wie möglich an die Gießbühne, um besonders anschaulich von diesem Großereignis der Glockengießkunst berichten zu können.

Nach Schriftlesung, dem Gebet des Frauenkirchenpfarrers Stephan Fritz und einem

neue Geläute. Dazu kamen noch jeweils ein bis zwei Glocken für Geläueergänzungen in weiteren 17 sächsischen Kirchen in diesem Zeitraum. Unterdessen läuten 75 Bachert-Glocken in Kirchgemeinden der Ev.-Luth. Landeskirche Sachsens.

Nach monatelangem klassischem Lehmform-verfahren für jede einzelne neue Glocke und dem Wachsausschmelzen der vom Künstler aufgetragenen Inschriften und Zier konnte der Glockenguss vorbereitet werden.

Am Morgen des Gusstages wird die „Glocken-speise", bestehend aus 78% Kupfer und 22% Zinn, im ölbeheizten Schmelzofen bereitet. Zuerst wird „Kreislaufbronze" genanntes Rest-material aus früheren Güssen eingeschmolzen, dann erfolgt der Einsatz von Kupfer in Form von Masseln und später wird die ebenfalls ge-nau berechnete Menge Reinzinn der Schmelze zugefügt.

Nach alter Tradition gießt die Glockengießerei Bachert freitags um 15 Uhr – in Erinnerung an die Sterbestunde Christi –, so auch am 20. Dezember 2002 vor der zahlreich ver-

Glocke Johannes: Im Beisein des Künstlers wird die erste Zierlehmschicht des Mantels der Glockenform durch den Glockengießer aufgetragen.

Vorbereitung der Glockenspeise für den ersten Guss der Glocken am 20. Dezember 2002 in der Glockengießerei A. Bachert in Bad Friedrichshall-Kochendorf.

Segensspruch floss die flüssige Bronze in die Glockenformen. Der Glockengießer und seine Mitarbeiter konnten nach dem gut verlau-fenen Gießvorgang beruhigt in die wohl ver-dienten Weihnachtsferien gehen.

Nach dem Abkühlvorgang und nach dem „Aus-packen" aus den Formen bis Ende Januar 2003 wurde erst ganz allmählich deutlich, dass die Glocken zwar gusstechnisch hervorragend („Kunstwerke") gelungen waren, aber das Klangbild der Glocken einen Makel hatte. Nach dem Anschlagen der Glocke mit dem Klöppel war die Prime als einer der für den Klangeindruck und für den Zusammenklang der Glocken deutlich vernehmbaren Prinzipaltöne doppelt zu hören bzw. sie hatte sich aufgespalten.

Erst allmählich wurde mit der genauen Kontrolle durch den Glockengießer der volle Umfang des aus diesen Klangphänomenen resultierenden Ausmaßes weiterer Arbeiten in der Glockengießerei erschreckend deutlich: Es blieben nach der für Februar 2003 angesetzten Werkprüfung für alle sieben Glocken, bei der aber nur die größte Glocke 1 JESAJA zur Abnahme vorgestellt und allseitig für gut befunden wurde, der Glockengießerei Bachert ganze acht Wochen, um in einem neuen Anlauf sechs Glocken ein zweites Mal neu zu formen, zu verzieren und zu gießen. Weder Glockengießer noch Sachverständige kannten sicher die Ursachen für die Klangphänomene des ersten Gusses. Der gleiche Fehler durfte keinesfalls noch einmal auftreten. Die üppige Zier der Glocken auf den Flanken und auch am Wolm wurde als einzig mögliche Erklärung für die klanglichen Mängel der Glocken gefunden.

Man stelle sich für alle Beteiligten noch einmal die Situation vor: Ende Februar 2003 war man nicht vollkommen sicher, ob die Ursachen für den Fehlguss von sechs Glocken erkannt waren, aber der Termin für die Glockenweihe war unumstößlich der 3. Mai 2003. Tag und Nacht haben die Beschäftigten der Karlsruher Glockengießerei gearbeitet, um die fast unmögliche Zielstellung dennoch zu schaffen. Auch der Künstler hat seine Pläne ganz kurzfristig umstoßen müssen, um die Zier in ihrer Stärke entscheidend zu reduzieren, ohne ihre Ausdruckskraft in irgendeiner Form zu beeinträchtigen. Das schier Unglaubliche –

bei winterlichen Außentemperaturen machte darüber hinaus die lange Trockenzeit der Glockenformen Sorge – wurde geschafft: am 4. April 2003 konnte der zweite Glockenguss nach sorgfältiger Vorbereitung erfolgen. Auch bei diesem Ereignis sprach der Dresdner Frauenkirchenpfarrer Stephan Fritz das Gebet, bevor der Glockengießer sagte: „In Gottes Namen!"

Bei der Abnahme der sechs Glocken am 23./24. April 2003 wurde nach der ersten Klangprüfung in der Gießhalle laut gejubelt. Die Glocken 2 JOHANNES, 3 JEREMIA, 4 JOSUA, 6 DAVID, 7 PHILIPPUS und 8 HANNA bestanden die Werkabnahmeprüfung mit Bravour, die für alle Beteiligten zehn Tage vor der lange vorher festgelegten festlichen Ankunft der sieben Glocken in Dresden nicht spannender sein konnte.

Die Glocken waren nicht nur gut gelungen, sondern von außergewöhnlich schönem Klang bei hervorragendem äußerem Erscheinungsbild aus dem Guss gekommen. Damit brachte auch der erste Fehlguss für die gesamte Glockenkunde einen wichtigen Zugewinn an Erkenntnissen.

Die Glocken Johannes, Jeremia (mit vormontiertem Joch) und Josua am 1. Mai 2003 bei ihrer Ankunft auf der Baustelle der Frauenkirche.

Selbst „Glockenpapst" Kurt Kramer, der zusammen mit Wolfram Menschick und dem sächsischen Mitautor nach gründlicher Prüfung die Freigabe der sechs Glocken für ihre Reise von Karlsruhe nach Dresden erteilte, sprach über die sieben neuen Bronzeglocken aus der Gießerei Bachert von „einem der schönsten Geläute Deutschlands".

Die sieben neuen Glocken der Frauenkirche, festlich geschmückt zu ihrer Weihe am 4. Mai 2003.

An der Begrüßung dieser Glocken in Dresden, ihrer Präsentation auf dem Schlossplatz und ihrer Weihe durch den Landesbischof der Evangelisch-Lutherischen Landeskirche Sachsens, Volker Kreß, an der sich noch der Vorsitzende des Stiftervereins aus Remagen, Dr. Fritz Büttner, beteiligen konnte und damit sein Lebenswerk gekrönt sah, nahmen im Zeitraum

vom 2. bis 4. Mai 2003 nach Urteil Dresdner Zeitungen mehr als 120.000 Menschen teil. Man hatte bei dem „Bilderbuchwetter" schon viele Teilnehmer erwartet. Der Schlossplatz mit Augustusbrücke, Brühlsche Terrasse und die Umgebung der Frauenkirche waren voller Menschen, nicht selten viele in Tränen: „Wir haben unsere Glocken wieder", konnte man hören, oder überaus dankbar: „Dass ich das noch erlebe!" Alle kühnen Erwartungen hinsichtlich des öffentlichen Interesses für ein derartiges Ereignis wurden übertroffen, ein in der Glockengeschichte wohl einmaliger Vorgang hinsichtlich des Umfanges an öffentlicher Anteilnahme und Begeisterung. Man kann sich sicher lebhaft vorstellen, dass die Glockenweihe nach so spannungsreichem Verlauf der Glockenherstellung bei den Planern des Geläutes und beim Glockengießer sowohl große Freude als auch Befreiung von einer erheblichen Last auslösten, eine größere Belohnung für alle Strapazen der letzten Monate konnte es für den Glockengießer, für alle Beteiligten, für den verantwortlichen Glockenbeauftragten und die einbezogenen Glockensachverständigen nicht geben.

Nach erfolgter Glockenmontage und -intonation lauschten mehr als 40.000 Dresdner und zahlreiche Gäste aus ganz Deutschland und dem Ausland beim ersten Läuten am Pfingstsonnabend, dem 7. Juni 2003, andächtig dem Klang der neuen Glocken zusammen mit ihrer älteren Schwester von 1518 und erlebten mit großer Freude, wie nach über 58-jähriger Pause „das Herz der Frauenkirche wieder zu schlagen begann": erst einzeln geläutet, dann in Teilgeläuten und ausklingend im Plenum, in das am Schluss Kathedrale und Kreuzkirche mit ihren jeweils fünf Glocken einstimmten.

Das vielstimmige Musikinstrument Geläut wird in seiner Klangwirkung und -entfaltung neben seinen Bronzeglocken wesentlich vom Glockentragwerk, den Glockenarmaturen (Joche und Klöppel mit allem Zubehör und den Glockenantrieben) und der Glockenstube mit ihrer Geometrie, Wandausbildung und mit ihren Schallläden maßgeblich beeinflusst. Deshalb wurde im Zuge der Planung des Geläutes diesem „Glockenzubehör" besondere Aufmerksamkeit gewidmet.

Unter Berücksichtigung von Glockengröße und -zusammenklang wurde festgelegt, je vier Glocken in den Glockenstuben der beiden westlichen Treppentürme C (Südwest) und E (Nordwest) aufzuhängen.

Die dafür notwendigen Eichenholzstühle mit ihren Holzverbindungen und nachspannbaren Strebenanschlüssen wurden von Werner Höfgen als Kastenkonstruktion mit einem Fach und zwei Etagen entworfen. Mit diesem Konzept der Glockentragwerke wurden die Hinweise, die bereits im Jahre 1738 (!) in Baugutachten im Zusammenhang mit beobachteten Rissbildungen am Bauwerk Frauenkirche gegeben worden waren, beachtet – „diese Glocken auf zwey Türme zu bringen und ordentlich verbundene Glocken-Stühle darzu fertigen".

Während das sieben Jahre abgelagerte Eichenholz aus Baden-Württemberg bezogen wurde, erfolgte die Fertigung und Montage der Glockenstühle durch die Dresdner Zimmerei O. J. Krause & Co., dem Sieger der beschränkten Ausschreibung unter acht sächsischen Holzfachbetrieben.

Die Glockenjoche aus Eichenholz wurden in ihrer Gestaltung an die überlieferten spätbarocken Dresdner Jochformen angelehnt, die endgültige Ausführung für eine ausgewogene Intonation des Geläutes wurde gemeinsam mit dem Glockengießer festgelegt.

Die Glockenklöppel, nach Kramer „wichtigste Komponente für die Klangentfaltung der Glocke", wurden unter Einhaltung der Vorgaben für die Ausbildung des Ballens als schwaches Ellipsoid vom Glockengießer in Abhängigkeit von den jeweiligen Glockengewichten und -dimensionen (unterer Durchmesser, Schlagringstärke, Höhe, Schwerpunktlage) berechnet.

Auch die Fertigung der Klöppel in freiformgeschmiedeter Ausführung erfolgte in Baden-Württemberg: Der renommierte Betrieb Edelstahl Roßwag, Pfinztal, hatte den Auftrag für acht neue Klöppel erhalten.

Der Klöppelhersteller lud am 22. Februar 2003 den Auftraggeber und zahlreiche interessierte Fachleute ein, um alle technologisch notwendigen Arbeitsgänge bei der Fertigung vorzuführen und zu erläutern: Freiformschmieden der Rohlinge mit der 1.250 t-Presse bzw. unter dem Lufthammer, Vergüten durch Wärmebehandlung, mechanische Bearbeitung auf Fertigmaße und eine umfangreiche Werkstoffprüfung. Vom Hersteller wurde für alle Klöppel ein TÜV-Abnahmeprüfzeugnis übergeben, mit dem die Durchführung der Prüfungen und die Einhaltung der Qualitätsparameter nachgewiesen worden sind.

Zur akustischen Entkopplung von Klöppel und Glocke und zwecks einwandfreier Kontrollmöglichkeiten bei der Wartung sind alle Klöppel mit Mehrfachledereinbindung, mindestens in drei Lagen verklebt, ausgeführt worden.

Für die Glockenantriebe wurden die seit Jahren in Sachsen an inzwischen mehr als 130 Glocken im Gewichtsbereich von 50 bis 4.830 kg erfolgreich erprobten Linearmotoren ausgewählt, die praktisch ohne Verschleißteile arbeiten.

Ausgehend von den wenigen bisher bekannt gewordenen Details der „Frankfurter Glockenkatastrophe" wurden für den Linearantrieb drei Sicherheitsstufen vorgesehen, die ein Läuten der Glocken über die mit dem maximal zulässigen Läutewinkel eingestellte Läutehöhe vollkommen ausschließen.

Die Läuteordnung wurde unter wesentlicher Mitwirkung von Domkapellmeister i. R. Professor Wolfram Menschick ausgearbeitet und dann von der Stiftung Frauenkirche in Abstimmung mit dem Ev.-Luth. Landeskirchenamt Sachsens beschlossen.

Das Läuten der Glocken erfolgt nach dem Uhrschlag. Für das werktägliche Stundengeläut (außer Karsamstag) sind folgende Festlegungen getroffen:

7.02 – 7.05 Uhr	Morgen-läuten	Glocke 6 c" DAVID
12.02 – 12.05 Uhr	Mittags-läuten	Glocke 1 d' JESAJA
18.02 – 18.05 Uhr	Abend-läuten	Glocke 3 g' JEREMIA

Die den Läuteanlässen zugeordneten Läutemotive enthalten eine überschaubare, wohl klingende Auswahl aus den vielfachen Läutemöglichkeiten des achtstimmigen Geläutes:

Plenum mit MARIA
Plenum aller sieben neuen Glocken
Plenum der neuen Glocken ohne JESAJA

Gloria: d' e' g';
                 g' a' c";
                 c" d" f" (Cymbel-Geläut);
Te Deum: e' g' a';
                 a' c" d";
Idealquartett: c" a' g' e';
                 f" d" c" a';
Mariageläut: f" b' g' d'.

Die einzelnen Läutevorgänge wurden so variiert, dass die Hörer aus der Läuteart auf den Läuteanlass schließen können.
Seit dem 7. Juni 2003 läuten die sieben neuen Bachert-Glocken zusammen mit ihrer wesentlich älteren Schwester täglich zur Ehre Gottes und den Menschen zur Freude. Sie laden ein zu Andacht und Gebet und verkündigen auch in der säkularisierten Umwelt, dass sich die christliche Gemeinde versammelt.

Die Glocken der Dresdner Frauenkirche:

Glocke	Name	Nominal	Gussjahr	Gießer	Unterer Durch-messer in mm	Gewicht in kg
1	JESAJA	d' +2	2002	A. Bachert	1404	1750
2	JOHANNES	e' +3	2003	A. Bachert	1251	1228
3	JEREMIA	g' +2	2003	A. Bachert	1086	900
4	JOSUA	a' +2	2003	A. Bachert	964	645
5	MARIA	b' -5,5	1518	M. Hilliger	846	328
6	DAVID	c" +4	2003	A. Bachert	850	475
7	PHILIPPUS	d" +4	2003	A. Bachert	785	392
8	HANNA	f" +6	2003	A. Bachert	694	291

Die Glocken- und Uhrenstube
im Treppenturm C mit bereits
fertig montierten Schallläden.

George Bähr (1666-1738) –
der Architekt der Frauenkirche

Es hat sich kein Porträt des Meisters George Bähr erhalten. Spärlich sind die Zeugnisse über sein Leben. Von seinem Wirken zeugen im Wesentlichen seine Entwürfe und seine Bauten.

1666, 15. März – George Bähr wird in Fürstenwalde im Osterzgebirge als Sohn eines Leinewebers geboren und wächst in ärmlichen Verhältnissen auf. Für eine erste schulische Ausbildung sorgt der Dorfgeistliche.

1680 – Zimmermannslehre in Lauenstein, Osterzgebirge.

1686 – Seine Gesellenwanderung soll George Bähr nach dem Süden führen. Doch kommt er anscheinend nicht aus Sachsen heraus. Mit einiger Wahrscheinlichkeit lernt er den gerade im Bau befindlichen protestantischen Zentralbau in Carlsfeld, Westerzgebirge, kennen.

1689 – George Bähr zieht nach Dresden, wo bereits der Architekt Matthias Daniel Pöppelmann aus Herford in Westfalen, der Erbauer des Dresdener Zwingers, wirkt, und kurz darauf der bayerische Bildhauer Balthasar Permoser eintrifft.
Bähr wird als „Künstler in mechanici", als „Zivilarchitekt" sowie als „Orgelmacher" bezeichnet. Eine seiner Hausorgeln wird an den Großherzog von Parma verkauft.

1698-1699 – Die erste Frau George Bährs stirbt, worauf er eine zweite Ehe eingeht.

1705 – Ernennung George Bährs zum Ratszimmermeister.

1705-1708 – Bau der Dorfkirche in Loschwitz.

1708 – Beteiligung an der Errichtung der Waisenhauskirche in Dresden.

1711 – George Bähr kauft sich das Haus Ecke See- und Mauerstraße in Dresden. Die Mansarde im vierten Geschoss richtet er als Atelier ein. In den folgenden Jahren leitet George Bähr den Bau mehrerer Dorfkirchen.

1713-1716 – Bau der Dreifaltigkeitskirche in Schmiedeberg, Osterzgebirge.

1716-1719 – Bau der Kirche in Beitsch (heute polnisch: Biecz).

1719-1726 – Bau der Kirche in Forchheim bei Pockau, Westerzgebirge.

Um 1720 – George Bähr entwirft die Stadtpalais der Herren von Beichlingen und von Hoym in der Moritzstraße. Diese prachtvollen Gebäude fallen dem Bombardement vom 13./14. Februar 1945 zum Opfer.

1723-1726 – George Bähr leitet den Innenausbau der Dorfkirche zu Kesselsdorf, westlich von Dresden bei Wilsdruff gelegen.

1724-1728 – Auf den Umfassungsmauern einer älteren Anlage in Hohnstein (Sächsische Schweiz) errichtet George Bähr einen zentralen Kirchenbau.

1724-1727 – In dem nördlich von Meißen gelegenen Seußlitz richtet George Bähr das in diesem Weinanbaugebiet gelegene Schloss und die Schlosskirche des Herren von Bünau her.

1726 – George Bähr ist am Bau des Schlosses von Sorau (heute polnisch: Żary) beteiligt, der im Auftrag der Grafen von Promnitz von Julius Giovanni Simonetti geleitet wird.

1726-1738 – George Bähr leitet den Aufbau der Frauenkirche in Dresden und setzt sich dabei in zahlreichen Auseinandersetzungen mit Widersachern wie z. B. dem Architekten Johann Christoph Knöffel durch.

1729-1730 – Die zweite Frau George Bährs stirbt, worauf der Meister die dritte Ehe eingeht.

1730 – Bezeichnung George Bährs als „Architekt".

1732-1733 – Beaufsichtigung des von M.D. Pöppelmann begonnenen Baus der Dreikönigskirche in Dresden-Neustadt.

1738, 16. März – Tod George Bährs in seinem Wohnhaus in Dresden.

1739 – Für die Umbauten im Schlosse Hermsdorf nördlich von Dresden sowie in der Schlosskapelle von Weesenstein im Müglitztal hatte George Bähr in seiner Zeichenstube Vorarbeiten geleistet.

Unter den Trümmern der Ruine der Frauenkirche wurden im Mai 1994 die Reste des Grabmals und das Gefäß mit den Gebeinen George Bährs gefunden.

Chronologische Übersicht zur Geschichte der Frauenkirche

11./12.Jh. – Im Zuge der Kolonisation wird in der Nähe der Elbe die Hafensiedlung Nisani angelegt.

1144 – Die Blütezeit einer kolonialen Siedlung setzt ein. Ungefähr zu dieser Zeit entsteht die erste Frauenkirche.

1268 – Der sächsische Markgraf Heinrich der Erlauchte übergibt die Frauenkirche samt Patronat der Pfarrei Dresden an das flussabwärts von Meißen an der Elbe gelegene Klarissenkloster Seußlitz.

1297 – Das nach der gleichnamigen Kirche benannte Frauentor wird urkundlich erwähnt.

1316 – Die Nonnen des Klosters in Seußlitz treten das Patronat der Pfarrei Dresden an den Bischof von Meißen ab.

1404 – Die Frauenkirche befindet sich als eine Pfründe für die Domherren im Besitz des Meißener Domkapitels.

1477 – Der Chor der Frauenkirche wird im gotischen Stil ausgebaut, zwei Kapellen und weitere Anbauten werden angefügt. Die Frauenkirche ist formell die Pfarrkirche in Dresden, steht aber in ihrer Bedeutung hinter der Kreuzkirche zurück.

1519 – Ein „George, Prediger zu unserer lieben Frauen" wird erwähnt.

1522 – Der Stadtpfarrer Dr. Peter Eisenberg (1472-1539, 1503 Rektor der Universität Leipzig), wird im Zuge reformatorischer Bestrebungen des „saufen und fressen voll und toll" bezichtigt.

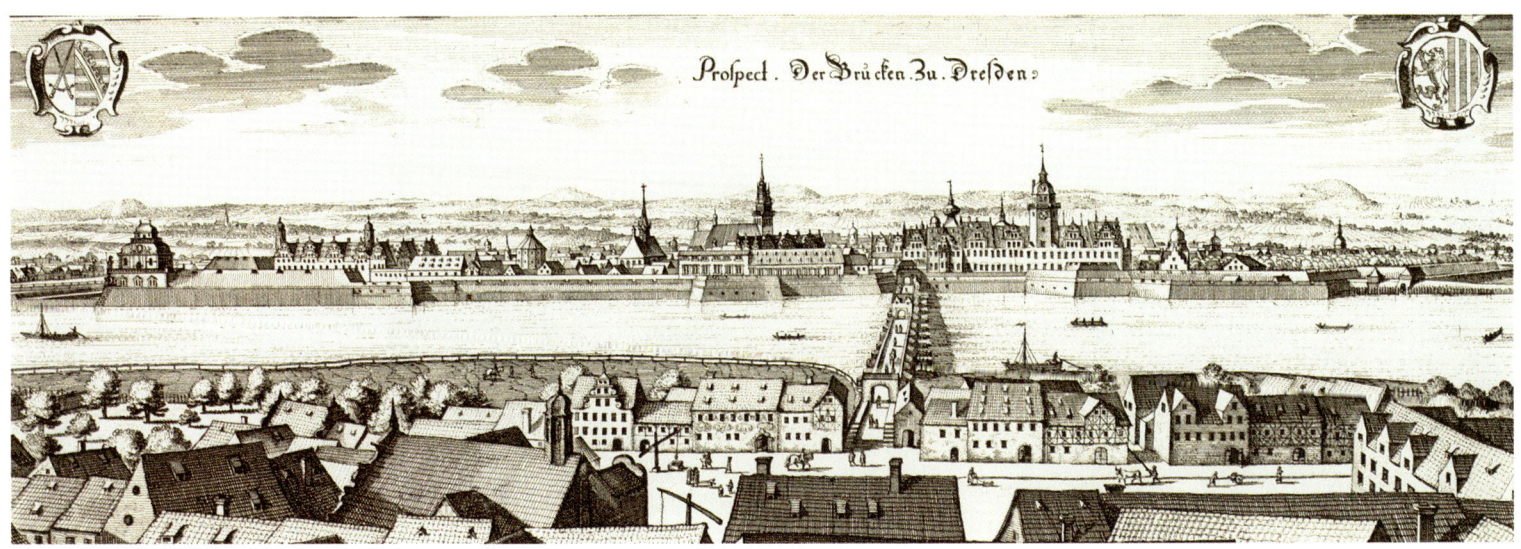

Prospect. Der Brücken Zu Dresden.

Stadtansicht Dresdens um 1650. Kupferstich von Caspar Merian (1627-1686) nach Wilhelm Dilich.

1533 – Die Frauenkirche wird als „Haupt- und Parochialkirche" Dresdens bezeichnet.

1539 – Herzog Heinrich übernimmt die Regierung in Sachsen, und die Reformation wird eingeführt. Danach werden die acht ursprünglich vorhandenen Seitenaltäre der Frauenkirche abgerissen.

1715 – Der westliche Teil des Kirchhofes der alten Frauenkirche weicht dem Neubau eines Wachgebäudes. Damit wird die Umgebung des Gotteshauses verändert.

1717, Oktober – Das 200-jährige Jubiläum des Beginns der Reformation wird in Dresden festlich begangen. Angesichts des Übertritts des Kurprinzen zur katholischen Kirche wird die Kurfürstin Christiane Eberhardine als Verteidigerin des lutherischen Glaubens in Sachsen verehrt.

1722, 2. April – An der mittelalterlichen Frauenkirche werden gravierende Bauschäden entdeckt.

1722, 12. April – Ratszimmermeister George Bähr legt den ersten Entwurf für den Neubau der Frauenkirche vor.

1722, 12. Mai – Der Rat der Stadt stellt den Plan eines Neubaus der Frauenkirche vor, der von George Bähr entworfen wurde.

1725 – In der alten Frauenkirche, die 1.600 Gläubige fasst, muss das Läuten der Glocken wegen Baufälligkeit des Gebäudes eingestellt werden.

1726, 21. Mai – Der Mord an dem Magister Hermann Joachim Hahn, verübt durch den Konvertiten Franz Laubler, sorgt in Dresden für Empörung.
Gegen die Katholiken gerichtete Unruhen beginnen, sodass der Gouverneur von Dresden, Graf Wackerbarth, Militär einmarschieren lässt.

1726, 26. August – Die Grundsteinlegung zum Neubau der Frauenkirche erfolgt mit einer Predigt Valentin Ernst Löschers.

1732 – Als der Erzbischof von Salzburg die Protestanten aus seinem Territorium vertreibt, regt Valentin Ernst Löscher eine Kollekte für die durchreisenden Salzburger Emigranten an. 28.366 Taler und 21 Groschen werden gespendet. Der Erlös kommt jedoch nicht den Flüchtlingen zugute, da man ihnen vorwirft, sie seien in Kursachsen nur auf der Durchreise. Das Geld wird für den Bau der Frauenkirche verwendet.

August der Starke auf einem Gemälde des Pariser Malers Louis de Silvestre (1675–1760) von 1718.

1733, 13. Juli – Der Ratsmaurermeister Johann Gottfried Fehre, der bisher die Pläne George Bährs unterstützt hat, äußert Zweifel an der Konstruktion einer steinernen Kuppel und stellt somit das Projekt ernsthaft in Frage. Diese Meinungsäußerung fällt umso mehr ins Gewicht, als Fehre über eine große Erfahrung bei der Ausführung steinerner Bauten verfügte.

1733, 27. August – Das Gutachten des Generals Jean de Bodt wird verlesen, der als Architekt bereits an zahlreichen Bauten in Berlin und Dresden mitgewirkt hat. Er befürwortet die Konstruktion einer Kuppel.

1734, 28. Februar – Nachdem der Innenausbau der Frauenkirche im Wesentlichen abgeschlossen ist, wird in ihr der erste Gottesdienst abgehalten.

1734, 2. April – Die beiden alten und zwei neue Glocken der Frauenkirche werden aufgezogen. Die größte der neuen Glocken wurde von Johann Gottfried Weinhold gegossen.

1739, 28. Juli – Es erfolgt die Grundsteinlegung zur Katholischen Hofkirche.

1739, 4. Juli – Entsprechend einem Gutachten des vor allem in Leipzig tätigen Baumeisters David Schatz, der die bisherigen Bedenken zu entkräften sucht, entscheidet sich der kurfürstlich-sächsische Hof für den Weiterbau der Frauenkirche.

1739, November – Der von Johann Christian Feige d. Ä. hergestellte Altar der Frauenkirche wird fertig gestellt.

1743, 27. Mai – Turmknopf und Kreuz werden auf die Laterne der Frauenkirche aufgesetzt. Damit findet der 18 Jahre währende Bau seine Vollendung.

Benjamin Gottfried Weinart

„Topographische Geschichte der Stadt Dresden" (1777)

„Jeder Einwohner trug etwas darzu bey, dieses Werk bald zu Stande gebracht zu sehen, und 1734. stund der prächtigste Tempel in Sachsen, das wahre Ebenbild der berühmten Peterskirche in Rom, vollendet da, so daß schon den 28. Febr. der erste Gottesdienst darinne gehalten werden konnte. Es ist ein wahres Meisterstück der Baukunst, das auch im letztern Kriege bey der Belagerung Dresdens die verwüstenden Bomben und Haubitzen unbeschädiget haben stehen lassen müssen. Dieser geheiligte Tempel stehet noch fest unter dem Schutz der gütigsten Vorsehung, und hat seit seiner Erbauung wenig Ausbesserungen nöthig gehabt. Nach der Ausrechnung des Zimmermeisters Bährs enthält diese Kirche:

3573 Quadratellen im Lichten in ihrer ganzen Fläche,
2808 Quadratellen die Fläche des Schiffs,
765 Quadratellen die Fläche des Chors,
62 Ellen die Hauptbreite mit dem Winkel,
86 Ellen die ganze Länge der Kirche im Lichten.

Ueberdieß hat sie:
1674 Männerstände, ohne das Chor,
1324 Weiberstände,
350 Anschlagebänkgen,
48 Betstübchen oder Emporkirchen vor Familien.

[...] Unter der Kirche sind sehr geraume Gewölber und Grüfte für die Leichen vornehmer Familien angelegt, und seit der Erbauung schon beynahe zweyhundert in derselben beygesetzt worden."[1]

1760, 15. bis 19. Juli – Preußische Truppen beschießen auf Befehl König Friedrichs II. die Stadt Dresden, die von österreichischen Truppen besetzt gehalten wird. Ganze Straßenzüge und die Kreuzkirche werden in Schutt und Asche gelegt. Die Kuppel der Frauenkirche widersteht dem Bombardement.

1848, 15. November – Der Deutsche Vaterlandsverein in Dresden hält in der Frauenkirche nach der Erschießung von Robert Blum eine Gedenkfeier für den als Demokraten Gefeierten ab. Die Veranstaltung ist als kirchliche, nicht als politische Veranstaltung genehmigt worden. Ein langer Trauerzug bewegt sich zur Frauenkirche. Die Trauerrede hält Diakon Pfeilschmidt. Der gemeinsame Gesang von Luthers „Eine feste Burg ist unser Gott" bezeugt, dass viele Dresdener die demokratischen Ideale Blums teilen und sie mit einem Bekenntnis zu einem kämpferischen Luthertum zu verbinden wissen.

1850, 28. Juli – Anlässlich des 100. Todestages von Johann Sebastian Bach wird in der

Frauenkirche ein Säkular-Musikfest zu Ehren des Komponisten durchgeführt.

1867-1890 – Ernst Julius Meier, Prediger auf der Kanzel der Frauenkirche, leitet eine Luther-Renaissance im Gewand des deutschnationalen Geistes ein. Der Deutsch-Französische Krieg von 1870 wird in der Predigt allerdings als „Verhängnis und Gottesgericht" bewertet.

1877, 1878 – Die Matthäus-Passion von Johann Sebastian Bach wird in der Frauenkirche aufgeführt.

1914-1918 – Im Ersten Weltkrieg werden die Glocken der Frauenkirche abgenommen und eingeschmolzen, wie das auch in den meisten anderen Gotteshäusern der Fall ist.

1920 – Die 8. Symphonie Gustav Mahlers wird in der Frauenkirche mit 900 Sängern aufgeführt.

1924 – Nachdem zentnerschwere Steine von der Kuppel der Frauenkirche abgestürzt sind,

Dresden auf einem Stahlstich um 1840.

muss sie bauaufsichtlich gesperrt werden. Eine umfassende Sanierung der Frauenkirche beginnt unter der Leitung des Stadtbaurates Paul Wolf.

1925 – Die für die Frauenkirche neu gegossenen Glocken werden in einer feierlichen Prozession eingeholt, die vom Hauptbahnhof durch die Altstadt führt. Alle evangelischen Kirchgemeinden, die Verbände und Vereine säumen den Straßenrand, um so ihre Verbundenheit mit der Kirche zu zeigen.

1930 – Nachdem die Restaurationsarbeiten fast abgeschlossen sind, werden weitere Schäden im Inneren der Kirche festgestellt.

1932 – Die Weltwirtschaftskrise zeigt ihre verheerenden Wirkungen. Die Bauarbeiten an der Frauenkirche müssen wegen Geldmangels eingestellt werden.

Das geschmückte Luther-Denkmal vor der Frauenkirche bei einem Festumzug 1928. Im ausgehenden 19. Jahrhundert hatte es eine Luther-Renaissance im Gewand des deutschnationalen Geistes gegeben, in zahlreichen deutschen Städten wurden Denkmäler zu Ehren des Reformators errichtet.

1933 – Nach der Machtübertragung an die Nationalsozialisten wird die erste Bischofspredigt unter das Motto gestellt: „Ein guter Hirte ist uns geschenkt worden". Damit meinten die Vertreter der „Deutschen Kirche" Adolf Hitler.
Anlässlich des Pfingstfestes werden die regimetreuen „Deutschen Christen" von Hugo Hahn, seit 18. Mai 1930 Superintendent und Pfarramtsleiter, von der Kanzel der Frauenkirche aus als „Ärgernis in der Kirche" bezeichnet.
NS-Gaufachberater Friedrich Coch bekommt alle kirchenleitenden Organe unter seine Kontrolle und entlässt alle Mitglieder des Landeskirchenamtes.

1933, 20. September – Die Gründung des sächsischen Pfarrernotbundes ist die Geburtsstunde der „Sächsischen Bekennenden Kirche", deren Vorsitzender Hugo Hahn als Geistlicher an der Frauenkirche wirkte, während der zweite Pfarrer dieser Kirche, Arthur Schuknecht, sich den regimetreuen „Deutschen Christen" anschloss.

1934, Mai – Nachdem Coch die erste Verhaftung Hugo Hahns und seiner Frau erreicht hat, hält der Geistliche nach seiner Haftentlassung die Eröffnungspredigt der 1. Deutschen Bekenntnissynode in Barmen.

1934, 13. Oktober – Reichsbischof Müller lässt die Frauenkirche zum „Dom in Dresden" ausrufen.
Die Frauenkirche wird nun von der „Deutschen Kirche" als „Dom- und Bischofskirche" bezeichnet. Die „Bekennende Kirche" lehnt das als Großmannssucht ab und behält den Namen Frauenkirche bei.

1937 – In das Gebäude der Frauenkirche dringt Regenwasser ein – ein Zeichen für die Notwendigkeit weiterer Restaurationsarbeiten.

1937, 9. August – Johannes Klotsche, Träger des goldenen Parteiabzeichens der NSDAP, dringt mit dem Revolver in das Landeskirchenamt, zu dessen Präsidenten ihn der Gauleiter Mutschmann ernannte. Die nationalsozialistische „Gleichschaltung" der Kirchenleitung wird vollzogen und der Widerstand der „Bekennenden Kirche" eingedämmt.

1938, 27. Februar – Mit einem dänischen Bischof kann ein Bekenntnisgottesdienst in der Frauenkirche abgehalten werden.

1938, 12. Mai – Hugo Hahn wird von den nationalsozialistischen Machthabern des Landes verwiesen.

Die Frauenkirche auf einer Luftaufnahme aus dem Jahre 1935.

Gerhart Hauptmann

Aus dem Notizkalender

„9.2.45: Erste Nacht ohne Hustenanfälle hinter mir. Was für ein dumpfes Brummen und fernes Donnern überall?
Um menschliche Wohnungen und Werke zu zerstören und Menschen zu töten. Blick auf das herrliche Elbtal unter mir. Ich möchte nicht wieder nach Agnetendorf vor meinem Ende."

„14.2.45: Vom 13. zum 14. Furchtbarer Terrorangriff über Dresden, Sanatorium inbegriffen. Bellevue vernichtet. Benvenuto kam von dort zu Fuß hierher. Lieber an jeder Front: hier ist Mut ohne Widerstand der sogenannte passive Mut."

„15.2.45: Furchtbarer Untergang des geliebten, göttlichen Dresden noch im Gange: Sturm und Feuerraserei."

März 1945
„Wer das Weinen verlernt hat, der lernt es wieder beim Untergang Dresdens. Dieser heitere Morgenstern der Jugend hat bisher der Welt geleuchtet. Ich weiß, daß in England und Amerika gute Geister genug vorhanden sind, denen das göttliche Licht der Sixtinischen Madonna nicht fremd war und die von dem Erlöschen dieses Sternes, allertiefst schmerzlich getroffen, weinen."[2]

Der aus Niederschlesien stammende Gerhart Hauptmann (1862-1946) war einer der erfolgreichsten deutschen Dichter seiner Zeit und zugleich skandalumwittert. Kaiser Wilhelm II., der im „Deutschen Theater" Hauptmanns sozialkritisches Drama „Die Weber" angesehen hatte, erklärte, dass er nie wieder einen Fuß in dieses Theater setzen würde, und kündigte 1895 seine Loge.

1901 zog der Dichter in das neu erbaute Haus Wiesenstein im schlesischen Agnetendorf. Während der Zeit des Nationalsozialismus verblieb Gerhart Hauptmann, der 1912 den Nobelpreis für Literatur erhalten hatte, in „innerer Emigration" in Deutschland, nahm jedoch an seinem 80. Geburtstag durchaus die offiziellen Ehrungen von Machthabern des Regimes, wie Joseph Goebbels, entgegen. Den Untergang Dresdens in der Nacht vom 13. zum 14. Februar 1945 erlebte er in den Kuranlagen auf dem „Weißen Hirsch" in Dresden-Neustadt.

Anders als noch in seinem Tagebuch gewünscht, suchte er, mit einem polnischen Schutzbrief ausgestattet, dennoch wieder Agnetendorf auf und starb dort am 6. Juni 1946.

1938-1942 – Die Frauenkirche ist wegen Einsturzgefahr und dringend notwendiger Restaurationsarbeiten geschlossen, es finden in ihr keine Konzerte mehr statt.

1942, November – Nach der umfassendsten Sanierung der Frauenkirche seit ihrer Fertigstellung vor mehr als zweihundert Jahren wird ein Festgottesdienst abgehalten. Die Bitte um eine Evakuierung der Silbermannorgel wird abgelehnt.

1942-1944 – Der Dresdener Kreuzchor tritt in der erneuerten Frauenkirche auf.

1942, 13. Dezember – Während der Aufführung des Weihnachts-Oratoriums von Johann Sebastian Bach werden die Gäste Sehnsucht nach Frieden verspürt haben.

1945, 13./14. Februar – Während des Bombardements Dresdens durch die Luftstreitkräfte der USA und Großbritanniens gerät die Inneneinrichtung der Frauenkirche in Brand. Den sich in der Kirche aufhaltenden Menschen gelingt die Flucht aus dem Gebäude.

1945, 15. Februar – Die bei dem Brand entstandenen hohen Temperaturen führen zum Ausglühen der Sandsteinquader. Die Konstruktion der Frauenkirche hält nicht mehr stand, das Gebäude bricht zusammen.

1947, 31. Oktober – Hugo Hahn, der als Vertreter der „Bekennenden Kirche" dem nationalsozialistischen Regime widerstanden hatte, wird sächsischer Landesbischof.

1957, 8. November – Nach dem Tode Hugo Hahns zieht die Trauergemeinde der Kreuzkirche mit dem Sarg zu seinem Gedenken vor die Ruine der Frauenkirche.

Dresden im Mai 2005 –
Die Aussichtsplattform auf der
Frauenkirchenkuppel lädt ihre
Besucher wieder zu einem
Blick über das Elbtal ein.
Die für den 30. Oktober 2005
angesetzte Weihe ist vorläufi-
ger Höhepunkt des bewegten
Schicksals des wiedererstande-
nen Gotteshauses.

Michael Schippan – Die Frauenkirche in Krieg und Frieden, Seiten 12-31

[1] Charles Burney: Tagebuch einer musikalischen Reise durch Frankreich und Italien, durch Flandern, die Niederlande und am Rhein bis Wien, durch Böhmen, Sachsen, Brandenburg, Hamburg und Holland 1770-1772, Reclams Universal-Bibliothek, Bd. 382, Leipzig 1968, S. 352-353.

[2] Wassili Nikolajewitsch Sinowjew: Zhurnal putehestvija W.N. Sinowjewa po Germanii, Italii, Frantsii i Anglii w 1784-1788 gg. [Journal der Reise W. N. Sinowjews durch Deutschland, Italien, Frankreich und England in den Jahren 1784-1788]. In: Russkaja starina (1878), S. 213-214. Übersetzung: Michael Schippan.

[3] Zit. nach: Dresden zur Goethezeit 1760-1815. Hrsg. von Günter Jäckel. Hanau 1988, S. 318-320.

Quellen:

Burney, Charles: Tagebuch einer musikalischen Reise durch Frankreich und Italien, durch Flandern, die Niederlande und am Rhein bis Wien, durch Böhmen, Sachsen, Brandenburg, Hamburg und Holland 1770-1772 (Reclams Universalbibliothek, Bd. 382). Leipzig 1968.

Crell, Johann Christian (Iccander): Das fast auf dem höchsten Gipfel seiner Vollkommenheit und Glückseligkeit prangende königliche Dresden. Leipzig 1726.

Dresden in alten und neuen Reisebeschreibungen. Ausgewählt von Wolfgang Paul (Drostes Bibliothek der Städte und Landschaften). Düsseldorf 1990.

Dresden zur Goethezeit 1760-1815. Hrsg. von Günter Jäckel. Berlin, Hanau 1988.

Freyberg, Christian August: Historie der Frauen-Kirche in Neu-Dreßden, wie auch Lebens-Geschichte der Herren Stadt- und Mittags-Prediger bey diesem Gottes-Hause. Dresden 1728.

Goethe, Johann Wolfgang: Dichtung und Wahrheit. In: Goethes Poetische Werke, Autobiographische Schriften I (Berliner Ausgabe, Bd. 13). Berlin 1960.

Löscher, Valentin Ernst: Als am 26. August An. 1726 der Grund-Stein zu dem neuen Bau der Frauen-Kirche in Dresden geleget ward, hat aus Jes. XXVIII, 16. Das Göttliche Glück zu! In einer Predigt vorgestellt Valentin Ernst Löscher. Dresden 1726, Reprint hrsg. von Karl Nolle. Dresden 1994.

Löscher, Valentin Ernst: Evangelische Predigt Von unterschiedlichen Hörern der Göttlichen Rede, So zu erst in der neu=erbauten Frauen=Kirche. Domin. Sexagesima 1734 ... gehalten worden ... Dreßden 1734.

Marperger: Der blinde Religions=Eiffer als der grösseste Irrthum in der Religion (Predig Exaudi 1726). Dresden 1726.

Reinholdt, Thodor Christlieb: Einige zur Music gehörige poetische Gedancken. Bey Gelegenheit der neuen in der Frauen-Kirche in Dreßden verfertigten Orgel aufgesetzet. Dresden (1736).

Rothe, Johannes Andreas: Kurtzer, doch zuverlässiger Bericht Von denen Solennitäten, Welche bey beschehener Legung des Grund-Steins zu der Neuen Frauen-Kirche in Dreßden. Am 26. Augusti, Anno 1726, vorgegangen, und observiret worden ... Dresden 1726.

Wagner, Richard: Das Liebesmahl der Apostel. Sächsische Landesbibliothek – Staats- und Universitätsbibliothek Dresden. Hrsg. von der Kulturstiftung der Länder. Redaktion: Karl Wilhelm Geck. Dresden 1996.

Literatur:

Barock in Dresden 1694-1763. Katalog zur Ausstellung in der Villa Hügel zu Essen vom 8. Juni bis 2. November 1986. Leipzig 1986.

Bechtoldsheim, Sophie von: Die staatstreue Opposition: Die bekennende Kirche und der Kirchenkampf in Dresden 1933-1939. In: Dresden unterm Hakenkreuz. Hrsg. von Reiner Pommerin (Dresdner Historische Studien, Bd. 3). Köln, Weimar, Wien 1998, S. 67-93.

Becker, Astrid, Gedlich, Dirk: Kunst für Könige. Malerei in Dresden im 18. Jahrhundert. Eine Ausstellung der Gemäldegalerie Alter Meister im Wallraf-Richartz-Museum. Köln 2003.

Bräuer, Siegfried: Die Dresdner Frauenkirche und die Anfänge des Kirchenkampfes. In: Die Dresdner Frauenkirche. Jahrbuch zu ihrer Geschichte und zu ihrem archäologischen Wiederaufbau. Bd. 6, 7. Weimar 2000, S. 173-194; 2001, S. 137-183.

Butte, Heinrich: Geschichte Dresdens bis zur Reformationszeit (Mitteldeutsche Forschungen, Bd. 54). Köln, Graz 1967.

Delau, Reinhard: Die Frauenkirche. Eine Chronik von 1722 bis heute. 3. Geänderte Auflage, Dresden 2004.

Die Dresdner Frauenkirche. Geschichte ihres Wiederaufbaus (Dresdner Hefte. Beiträge zur Kulturgeschichte, Bd.71. Hrsg. vom Dresdner Geschichtsverein e.V. 20,3). Dresden 2002.

Fischer, Horst: Forschungen zu George Bähr und dem Sächsischen Barock. Bd. 1-2. Dresden 1967.

Franz, Heinrich Gerhard: Die Frauenkirche in Dresden und ihr Erbauer George Bähr im Kontext der kursächsischen Barockbaukunst. In: Jahrbuch des Zentralinstituts für Kunstgeschichte München IV (1988), S. 143-190.

George Bähr. Die Frauenkirche und das bürgerliche Bauen in Dresden. Ausstellung im Georgenbau des Dresdner Schlosses 21. Dezember 2000 bis 4. März 2001. Staatliche Kunstsammlungen Dresden und Landesamt für Denkmalpflege Sachsen. Dresden 2001.

Greschat, Martin: Valentin Ernst Löscher in Dresden. In: Die Dresdner Frauenkirche. Jahrbuch zu ihrer Geschichte und zu ihrem archäologischen Wiederaufbau. Bd. 5. Weimar 1999, S. 125-131.

Greß, Frank-Harald: Die Orgeln der Frauenkirche zu Dresden. Freiberg 1994.

Gretzschel, Matthias: Die Dresdner Frauenkirche. Hamburg 1994.

Haake, Paul: Christiane Eberhardine und August der Starke. Eine Ehetragödie. Dresden 1930.

Haenel, Erich/Kalkschmidt, Eugen: Das alte Dresden. Bilder und Dokumente aus zwei Jahrhunderten. Bindlach 1995.

Hammer-Schenk, Harold: Der protestantische Kirchenbau der Barockzeit in Europa. In: George Bähr. Die Frauenkirche und das bürgerliche Bauen in Dresden. Ausstellung im Georgenbau des Dresdner Schlosses 21. Dezember 2000 bis 4. März 2001. Staatliche Kunstsammlungen Dresden und Landesamt für Denkmalpflege Sachsen. Dresden 2001, S. 48-61.

Heckmann, Hermann: Baumeister des Barock und Rokoko in Sachsen. Berlin 1996.

Helfricht, Jürgen: Die Dresdner Frauenkirche. Eine Chronik von 1000 bis heute. 2. Auflage. Husum 2004.

Hempel, Eberhardt: Gaetano Chiaveri. Der Architekt der Katholischen Hofkirche zu Dresden. Dresden 1955.

Hennig, Gitta Christine: Der Verlauf der Bautätigkeit an der Frauenkirche in den Jahren 1724-1727. Vorbereitungen, Baubeginn und erster Bauabschnitt; Der Verlauf der Bautätigkeit an der Frauenkirche in den Jahren 1729-1729; [...] in den Jahren 1730-1732; [...] in den Jahren 1733-1736; [...] in den Jahren von 1737 bis zum Bauende. In: Die Dresdner Frauenkirche. Jahrbuch zu ihrer Geschichte und zu ihrem archäologischen Wiederaufbau. Bd. 1, 2, 3, 4. Weimar 1996, 1997, 1998, 1999, S. 85-110; 15-51; 59-99; 165-177; 35-62.

Hentschel, Walter: Die Zentralbauprojekte Augusts des Starken.

Ein Beitrag zur Rolle des Bauherrn im deutschen Barock (Abhandlungen der Sächsischen Akademie der Wissenschaften zu Leipzig. Philosophisch-historische Klasse, Bd. 60, Heft 1). Berlin 1969.

Herrmann, Matthias: Die Musikpflege an der Frauenkirche zwischen 1897 und 1945. In: Die Dresdner Kirchenmusik im 19. und 20. Jahrhundert. Hrsg. von Matthias Herrmann. Laaber 1998, S. 311-321.

Hertzig, Stefan: ... gleichsam nur ein einiger Teil ... Der Weg zum Bährschen Kuppelbau. In: Die Dresdner Frauenkirche. Jahrbuch zu ihrer Geschichte und zu ihrem archäologischen Wiederaufbau. Bd. 10. Weimar 2004, S. 33-47.

Hoch, Karl-Ludwig: Die Frauenkirche im Kirchenkampf des Dritten Reiches. In: Sächsische Heimatblätter 46 (2000) 2, S. 64-67.

Hoch, Karl-Ludwig: Goethes Besuche auf der Kuppel der Frauenkirche. In: Die Dresdner Frauenkirche. Jahrbuch zu ihrer Geschichte und zu ihrem archäologischen Wiederaufbau. Bd. 6. Weimar 2000, S. 269-271.

John, Hans: Das Musikleben in der Frauenkirche und der Sophienkirche während des 19. Jahrhunderts. In: Die Dresdner Kirchenmusik im 19. und 20. Jahrhundert. Hrsg. von Matthias Herrmann. Laaber 1998, S. 23-37.

Kötzschke, Rudolf/Kretzschmar, Hellmut: Sächsische Geschichte. Augsburg 1995.

Kuke, Hans-Joachim: Die Frauenkirche in Dresden. „Ein Sankt Peter der wahren evangelischen Religion". Worms 1996.

Lange, Werner: Die Frauenkirche Dresden (Das christliche Denkmal, Heft 2). Berlin 1955.

Löffler, Fritz: Die Frauenkirche zu Dresden (Das christliche Denkmal, Heft 2). Berlin 1984.

Löffler, Fritz: Das alte Dresden. 12. Auflage. Leipzig 1994.

Magirius, Heinrich: Die Frauenkirche Dresden (Kunstführer Nr. 2384/Das christliche Denkmal, Heft 2). Regensburg 1991.

Magirius, Heinrich: George Bährs Frauenkirche in Dresden – Auf der Suche nach Leitbildern für die Gestaltung des protestantischen Kuppelbaus. In: Internationales Kolloquium am 18. November 1995 „Gemauerte Kuppelbauten und der Wiederaufbau der Frauenkirche". Wissenschaftliche Zeitschrift der Technischen Universität Dresden. Sonderheft 45 (1996), S. 18-24.

Magirius, Heinrich: Die Gloriole des Altars der Dresdner Frauenkirche als Zeichen der Theophanie. In: Die Dresdner Frauenkirche. Jahrbuch zu ihrer Geschichte und zu ihrem archäologischen Wiederaufbau. Bd. 7. Weimar 2001, S. 221-229.

Magirius, Heinrich: George Bährs erste Bauideen zur Dresdner Frauenkirche – Analyse einer wohl 1723 entstandenen Plangruppe. In: Die Dresdner Frauenkirche. Jahrbuch zu ihrer Geschichte und zu ihrem archäologischen Wiederaufbau. Bd. 7. Weimar 2001, S. 289-291.

May, Walter: Raumstruktur und Bauform der Dresdner Frauenkirche. In: Dresdner Hefte 32 (1992), S. 17-24.

May, Walter: August Christoph Graf von Wackerbarth (1662-1734) und seine Rolle bei der Planung der Dresdner Frauenkirche. In: Die Dresdner Frauenkirche. Jahrbuch zu ihrer Geschichte und zu ihrem archäologischen Wiederaufbau. Bd. 6. Weimar 2000, S. 65-87.

Menzhausen, Joachim: Der Altar der Dresdner Frauenkirche und der Bildhauer Johann Christian Feige d. Ä. In: Die Dresdner Frauenkirche. Jahrbuch zu ihrer Geschichte und zu ihrem archäologischen Wiederaufbau. Bd. 4. Weimar 1998, S. 135-163.

Menzhausen, Joachim: Neue Fragen und Antworten zum Grabdenkmal George Bährs. In: Die Dresdner Frauenkirche. Jahrbuch zu ihrer Geschichte und zu ihrem archäologischen Wiederaufbau. Bd. 5. Weimar 1999, S. 245-250.

Möllering, Wilhelm: George Bähr. Ein protestantischer Kirchenbaumeister des Barock. Dissertation Dresden 1931. Leipzig 1933.

Müller, Frank-Bernhard/Ullmann, Ernst: Bibliographie zur Kunstgeschichte in Sachsen (Abhandlungen der Sächsischen Akademie der Wissenschaften zu Leipzig. Philologisch-Historische Klasse, 77). Leipzig 2000. (ca. 120 Einträge zur Frauenkirche 1956-1998)

Müller, Peter: Die Frauenkirche zu Dresden. Köln, Weimar, Wien 1994.

Müller, Werner: Gottfried Silbermann. Persönlichkeit und Werk. Eine Dokumentation. Leipzig 1982.

Münchow, Christoph: „...damit das Werk zu vollkommenem Stande gebracht werde". Valentin Ernst Löscher und der Bau der Frauenkirche. In: Die Dresdner Frauenkirche. Jahrbuch zu ihrer Geschichte und zu ihrem archäologischen Wiederaufbau. Bd. 5. Weimar 1999, S. 133-143.

Nadler, Hans: Sorgen um die Ruine der Frauenkirche. In: Die Dresdner Frauenkirche. Jahrbuch zu ihrer Geschichte und zu ihrem archäologischen Wiederaufbau. Bd. 5. Weimar 1999, S. 159-174.

Nadolski, Dieter: Die Frauenkirche zu Dresden. Taucha 1994.

Neidhardt, Hans-Joachim: Dresden, wie es Maler sahen. Leipzig 1983, 2. Verbesserte Auflage, Leipzig 1997.

Neidhardt, Hans-Joachim: Die Dresdner Frauenkirche in künstlerischer Darstellung. In: George Bähr. Die Frauenkirche und das bürgerliche Bauen in Dresden. Ausstellung im Georgenbau des Dresdner Schlosses 21. Dezember 2000 bis 4. März 2001. Staatliche Kunstsammlungen Dresden und Landesamt für Denkmalpflege Sachsen. Dresden 2001, S. 142-148.

Paul, Jürgen: Das Bild der Dresdner Frauenkirche in der kunst-und architekturgeschichtlichen Literatur. In: Die Dresdner Frauenkirche. Jahrbuch zu ihrer Geschichte und zu ihrem archäologischen Wiederaufbau. Bd. 2. Weimar 1996, S. 165-180.

Paul, Jürgen: Der protestantische Kirchenbau des Barock und die Dresdner Frauenkirche. In: Die Dresdner Frauenkirche. Jahrbuch zu ihrer Geschichte und zu ihrem archäologischen Wiederaufbau. Bd. 6. Weimar 2000, S. 131-160.

Petzoldt, Klaus: Der unterlegene Sieger. Valentin Ernst Löscher im absolutistischen Sachsen. Leipzig 2001.

Quaiser, Rudolf: Frauenkirche Dresden. Bibliographie 1680-1989. In: Die Dresdner Frauenkirche. Jahrbuch zu ihrer Geschichte und zu ihrem archäologischen Wiederaufbau. Bd. 10. Weimar 2004, S. 247-287.

Röttgen, Steffi: Hofschule – Kunstschule – Akademie – Werkstatt. Texte und Kommentare zur Kunstpflege von August III. von Sachsen und Polen bis zu Ludwig I. von Bayern. In: Münchner Jahrbuch für bildende Kunst 36 (1985), S. 131-181.

Schlesinger, Walter: Kirchengeschichte Sachsens im Mittelalter. Bd. 1-2. (Mitteldeutsche Forschungen, Bd. 27). Köln, Graz 1962.

Schmidt, Gerhard: Dresden und seine Kirchen. 2. Auflage. Berlin 1977.

Spehr, Reinhard: Archäologische Sondierungen in der mittelalterlichen Frauenkirche von Dresden. In: Die Dresdner Frauenkirche. Jahrbuch zu ihrer Geschichte und zu ihrem archäologischen Wiederaufbau. Bd. 4. Weimar 1998, S. 39-58.

Sponsel, Jean Louis: Die Frauenkirche in Dresden. Geschichte ihrer Entstehung von George Bährs frühesten Entwürfen bis zur Vollendung nach dem Tod ihres Erbauers. Dresden 1893, Nachdruck Halle 1994.

Steude, Wolfram: Das Grab von Heinrich Schütz in der alten Dresdner Frauenkirche. In: Schütz-Jahrbuch 20 (1998), S. 155-164.

Titze, Mario: George Bähr. Die Frauenkirche und das bürgerliche Bauen in Dresden. Wissenschaftliche Ergebnisse der Ausstellung vom 21. Dezember 2000 bis 4. März 2001 im Georgenbau des

Dresdner Schlosses. In: Die Dresdner Frauenkirche. Jahrbuch zu ihrer Geschichte und zu ihrem archäologischen Wiederaufbau. Bd. 7. Weimar 2001, S. 213-219.

Vogel, Hans-Jochen: Wo Steine reden. Die Dresdner Frauenkirche als Mahnung gegen das Vergessen. In: Die Dresdner Frauenkirche. Jahrbuch zu ihrer Geschichte und zu ihrem archäologischen Wiederaufbau. Bd. 7. Weimar 2001, S. 37-47.

Voigt, Ulrich: Frauenkirche Dresden. Bibliographie 1990-1996. In: Die Dresdner Frauenkirche. Jahrbuch zu ihrer Geschichte und zu ihrem archäologischen Wiederaufbau. Bd. 2. Weimar 1997, S. 247-262.

Voigt, Ulrich: Frauenkirche Dresden. Bibliographie 1997-2000. In: Die Dresdner Frauenkirche. Jahrbuch zu ihrer Geschichte und zu ihrem archäologischen Wiederaufbau. Bd. 7. Weimar 2001, S. 373-398.

Walcha, Otto: Die steinerne Glocke. Leipzig 1955, 7. Auflage 1964.

Weinert, Hermann: Die Frauenkirche im Lichte ihrer Geschichte. Dresden 1926.

Wetzel, Christoph: Liturgisch-theologische Grundanschauungen in der Bauzeit der Frauenkirche und die kirchengeschichtliche Bedeutung des Bauwerkes. In: George Bähr. Die Frauenkirche und das bürgerliche Bauen in Dresden. Ausstellung im Georgenbau des Dresdner Schlosses 21. Dezember 2000 bis 4. März 2001. Staatliche Kunstsammlungen Dresden und Landesamt für Denkmalpflege Sachsen. Dresden 2001, S. 80-84.

Wetzel, Christoph: Das kirchliche Leben an der Frauenkirche zu Dresden von ihrer Weihe 1734 bis zu ihrer Zerstörung 1945. 1. Teil; 4. Teil 1914-1934. In: Die Dresdner Frauenkirche. Jahrbuch zu ihrer Geschichte und zu ihrem archäologischen Wiederaufbau. Bd. 7, 8, 9, 10. Weimar 2001-2004, S. 137-135; 123-149.

Wolf, Paul: Die Dresdner Frauenkirche – ihre Entstehung und ihre Erneuerung. In: Sächsische Bau- und Kunstdenkmäler. Dresden 1933, S. 111-141.

Worauf man sich verlassen kann. Festakt zur Verleihung des Valentin-Ernst-Löscher-Preises der Vereinigten Evangelisch-Lutherischen Kirche am 23. Februar 2003 in der Frauenkirche zu Dresden. Hannover 2003.

Zumpe, Günter: Die Frauenkirche zu Dresden – Untersuchungen über die Kuppel als „Steinerne Glocke". In: Internationales Kolloquium am 18. November 1995 „Gemauerte Kuppelbauten und der Wiederaufbau der Frauenkirche". Wissenschaftliche Zeitschrift der Technischen Universität Dresden. Sonderheft 45 (1996), S. 25-41.

Karl-Günther von Hase – Großbritannien und Dresden, Seiten 58-69

[1] Vgl. Gina Thomas, „Die unerträgliche Frage. Briten fragen: Muß sich die Königin für Dresden entschuldigen?", in: FAZ vom 2. November 2004. Noch am 11. Mai 2004 hatte der „Daily Telegraph" im Zusammenhang mit dem von den Alliierten gemeinsam mit Bundeskanzler Gerhard Schröder begangenen 60. Jahrestag der alliierten Landung in der Normandie getitelt: „A time to forgive".

[2] Vgl. Thomas, „Die unerträgliche Frage.", a.a.O.

[3] Der britische Militärhistoriker Robin Neillands räumt mit diesen Legenden gründlich auf. Vgl. ders., Der Krieg der Bomber. Arthur Harris und die Bomberoffensive der Alliierten 1939-1945, Berlin 2002, S. 371f.; vgl. ebenfalls dazu Karl-Siegbert Rehberg, „Die unwiderlegbare Stadt", in: FAZ vom 15. Februar 2005.

[4] Vgl. Reiner Burger, „Dresden und der 13. Februar. Eine Initiative bekämpft die ideologische Instrumentalisierung der Bombennacht von 1945", in: FAZ vom 6. Januar 2005, und Reiner Burger „Im Zeichen der weißen Rose. Wie Dresden der Zerstörung vor 60 Jahren gedenkt und sich gegen Rechtsextremisten wehrt", in: FAZ vom 14. Februar 2005; vgl. dazu ebenfalls „Zehntausend Kerzen zum Gedenken an die Zerstörung Dresdens"; Erik-Michael Bader, „Dresden" sowie die Sonderseiten „Vor sechzig Jahren – Die Zerstörung Dresdens", in: FAZ vom 12. Januar 2005.

[5] Auf der Grundlage von deutschem und ausländischem Archivmaterial beleuchtet der in Dresden geborene Autor und Augenzeuge Götz Bergander eingehend die Diskussion um die tatsächliche Zahl der Opfer. Vgl. Götz Bergander, Dresden im Luftkrieg. Vorgeschichte – Zerstörung – Folgen, Weimar/Köln/ Wien 1994, S. 210-231. Den Angaben Berganders steht die von Wolfgang Schaarschmidt ermittelte Zahl der Opfer gegenüber, die sich auf 130.000 bis 150.000 Tote beziffert. Schaarschmidt zieht größtenteils wenig überzeugende Aussagen von einigen Zeitzeugen (Militärärzte, Leiter der Vermisstennachweiszentrale, sowjetische Schätzungen) heran und verweist auf die Tatsache, dass bei Kriegsende noch nicht alle Opfer geborgen und gezählt worden waren. Vgl. ders., Dresden 1945. Dokumentation der Opferzahlen, München 2005, S. 14 und S. 235-237.

[6] Vgl. Jörg Friedrich, Der Brand. Deutschland im Bombenkrieg 1940-1945, München 2002, S. 358.

[7] Vgl. Neillands, Der Krieg der Bomber, a.a.O., S. 373.

[8] Vgl. ebd., S. 250-252; vgl. ebenfalls Bergander, Dresden im Luftkrieg, a.a.O., S. 180.

[9] Rolf-Dieter Müller, Historiker am Militärgeschichtlichen Forschungsamt in Potsdam, legt eine kenntnisreiche und sachliche Studie über die Geschichte des deutschen und alliierten Bombenkrieges im Zweiten Weltkrieg vor. Vgl. Rolf-Dieter Müller, Der Bombenkrieg 1939-1945, Berlin 2004, S. 220f.

[10] Golo Mann, „Deutschland in Flammen. Warum Dresden zur Frontstadt wurde". Radiokommentar gesendet von American Broadcasting Station in Europe am 18. Februar 1945, Abdruck in: FAZ vom 18. Februar 2005. Zu den unterschiedlichen Gründen für die Bombardierung vgl. Neillands, Der Krieg der Bomber, a.a.O., S. 373-377.

[11] Vgl. ebd., S. 407.

[12] Vgl. ebd., S. 408. Bergander hingegen sieht die Wirkung der Bombenangriffe auf die Psyche der deutschen Bevölkerung in ihrer Nachhaltigkeit. Vgl. Bergander, Dresden im Luftkrieg, a.a.O., S. 312.

[13] Vgl. Karl-Günther von Hase, Großbritannien und die Wiedervereinigung, in: Reinhard Appel (Hrsg.), Einheit, die ich meine 1990-2000, Köln 2000, S. 122-127 (S. 123f.); vgl. ebenfalls dazu Karl-Günther von Hase, Großbritannien und Deutschland in der zweiten Hälfte des 20. Jahrhunderts, in: Reinhard Appel (Hrsg.), 50 Jahre Bundesrepublik, Köln 1999, S. 110-113 (S. 112).

[14] Deutsche Übersetzung vom Verfasser. Originaltext vgl. Karl-Günther von Hase, Begrüßung zum 41. Deutsch-Englischen Gespräch, in: 41. Deutsch-Englisches Gespräch. Königswinter Konferenz in Dresden, 14.-17. März 1991, veranstaltet von der Deutsch-Englischen Gesellschaft e.V., S. 3f. (S. 3).

[15] Vgl. Sven Felix Kellerhoff, „Der Mann, der seine Befehle ausführte", in: Die Welt vom 3. November 2004; vgl. ebenfalls Anthony Clayton, Großbritannien und Dresden, 1939 bis 1945. Strategische Bombenangriffe und ihre Kritiker, in: Dresdner Hefte. Beiträge zur Kulturgeschichte. 20. Jg., Heft 7: Großbritannien und Sachsen – Erfahrungen gemeinsamer Kultur, S. 65-73 (S. 66).

[16] Vgl. Müller, Der Bombenkrieg 1939-1945, a.a.O., S. 218.

[17] Vgl. Clayton, Großbritannien und Dresden, a.a.O., S. 69.

[18] Zitiert nach Müller, Der Bombenkrieg 1939-1945, a.a.O., S. 218.

[19] Zu den Ausführungen Stokes' vgl. Matthias Neutzner, Vom Alltäglichen zum Exemplarischen, Dresden als Chiffre für den Luftkrieg der Alliierten, in: Oliver Reinhard/Matthias Neutzner/Wolfgang Hesse: Das rote Leuchten. Dresden und der Bombenkrieg, Dresden 2005, S. 110-127 (S. 123). Bereits im Februar 1944 hatte der Bischof von Chichester, George Bell, in seiner Rede vor dem Unterhaus die alliierten Bombenangriffe gegeißelt. Bell stand in enger Verbindung zu deutschen Widerstandsgruppen und bemühte sich um eine Vermittlung mit der britischen Regierung.

[20] Vgl. Alan Russell, Das Engagement des Dresden-Trust, in: Dresdner

Hefte. Beiträge zur Kulturgeschichte. 20. Jg., Heft 7: Großbritannien und Sachsen. – Erfahrungen gemeinsamer Kultur, S. 87-94 (S. 89).

[21] Vgl. Paul Oestreicher, Coventry and Dresden –
A Story of Crime and Reconciliation (unveröffentlicht), S. 2.

[22] Vgl. ebd., S. 1.

[23] Vgl. Paul Oestreicher, Out of the Fire – The Enduring Friendship of Coventry and Dresden. Canon Paul Oestreicher, Director of International Ministry at Coventry Cathedral, 1986-97, in: Anthony Clayton/ Alan Russell (Hrsg.), Dresden: A City Reborn, Oxford 2001, S. 46-49 (S. 46f.).

[24] Vgl. ebd.

[25] Alan Russell, Deutschland – Dresden – Dresden Trust. Bekenntnisse eines Engländers, in: Die Dresdner Frauenkirche. Jahrbuch zu ihrer Geschichte und zu ihrem archäologischen Wiederaufbau, Bd. 7, hrsg. von der Gesellschaft zur Förderung des Wiederaufbaus der Frauenkirche Dresden e.V. unter Mitwirkung der Stiftung Frauenkirche Dresden, Weimar 2001, S. 67-76 (S. 73).

[26] Vgl. Der Dresden Trust, in: Warum Dresden? Brücken bauen, Versöhnung leben, hrsg. vom Dresden Trust, zusammengestellt von Brigitte Pierce und Alan Russell, Dresden 2001, S. 161f.

[27] Peter Torry, „Symbol für die Versöhnung zwischen Großbritannien und Deutschland", in: Die Welt vom 22. Juni 2004.

[28] Deutsche Übersetzung vom Verfasser. Originaltext vgl. Speech given by Her Majesty The Queen in Zeughaus, State Banquet, 2. November 2004, in: www.britischebotschaft.de/statevisit/en/press/state_ banquet.htm.

[29] Alan W. Cooper veröffentlichte 1995 „Target Dresden". Der Autor setzt den über Deutschland gefallenen Piloten der RAF ein Denkmal und vertritt die Auffassung, dass die Schuld nicht bei den Bomberpiloten, sondern bei den Politikern zu suchen sei; diese hätten schließlich den Einsatzbefehl gegeben. Der Feuersturm von Dresden sei in diesem Ausmaß nicht von der RAF intendiert worden, sondern u. a. ein Ergebnis unberechenbarer meteorologischer Bedingungen gewesen. Zudem sei der Krieg aus Sicht der Alliierten zum damaligen Zeitpunkt noch lange nicht zu Ende, sondern im vollen Gange gewesen. Die V 1 und V 2-Angriffe sowie die deutschen Aktivitäten in der Atomforschung hätten die Verstärkung des Luftkrieges notwendig erscheinen lassen. Vgl. Alan W. Cooper, Target Dresden, Bromley 1995, S. 8. Im Jahr 2004 veröffentlichte Frederick Taylor seine Studie „Dresden: Tuesday, 13 February 1945". Taylor gelingt es, die Vorgeschichte und die Nacht von Dresden aus britischer und deutscher Sicht dicht und anschaulich zu beschreiben sowie abgewogen zu schildern. Vgl. Paul Oestreicher, „The legacy of Dresden", in: The Guardian vom 3. März 2004. Im Dezember 2004 erschien die Abhandlung „Armageddon" von Max Hastings über die Kampfhandlungen der letzten Kriegsjahre. Vgl. „Armageddon by Max Hastings. Reviewed by David Stafford", in: The Times vom 30. Oktober 2004. Im Kapitel „Firestorms: War in the Sky" behandelt Hastings die Angriffe auf deutsche Städte, auch die Nacht von Dresden. Hier beruft er sich hauptsächlich auf die Darstellung von Götz Bergander. Vgl. Max Hastings, Armageddon. The Battle for Germany 1944-45, London 2004, insbesondere S. 382–388.

[30] Vgl. Jörg Friedrich, Der Brand. Deutschland im Bombenkrieg 1940-1945, München 2002; ders., Brandstätten. Der Anblick des Bombenkrieges, München 2003.

Literatur:

Götz Bergander: Dresden im Luftkrieg. Vorgeschichte – Zerstörung – Folgen, 2. überarbeitete und erweiterte Auflage, Weimar/Köln/Wien 1994.

Anthony Clayton: Großbritannien und Dresden, 1939 bis 1945. Strategische Bombenangriffe und ihre Kritiker, in: Dresdner Hefte. Beiträge zur Kulturgeschichte. 20. Jg., Heft 7: Großbritannien und Sachsen – Erfahrungen gemeinsamer Kultur, S. 65-73.

Ders./Alan Russell (Hrsg.): Dresden: A City Reborn, Oxford 2001.

Alan W. Cooper: Target Dresden, Bromley 1995.

Warum Dresden? Brücken bauen, Versöhnung leben, hrsg. vom Dresden Trust, zusammengestellt von Brigitte Pierce und Alan Russell, Dresden 2001.

Jörg Friedrich: Der Brand. Deutschland im Bombenkrieg 1940-1945, München 2002.

Ders.: Brandstätten. Der Anblick des Bombenkrieges, München 2003.

41. Deutsch-Englisches Gespräch. Königswinter Konferenz in Dresden, 14.-17. März 1991, veranstaltet von der Deutsch-Englischen Gesellschaft e.V.

Karl-Günther von Hase: Großbritannien und Deutschland in der zweiten Hälfte des 20. Jahrhunderts, in: Reinhard Appel (Hrsg.): 50 Jahre Bundesrepublik, Köln 1999, S. 110-113.

Ders.: Großbritannien und die Wiedervereinigung, in: Reinhard Appel (Hrsg.): Einheit, die ich meine 1990-2000, Köln 2000, S. 122-127.

Max Hastings: Armageddon. The Battle for Germany 1944-45, London 2004.

Peter Johnson: The Withered Garland – Reflections and Doubts of a Bomber, London 1995.

Alexander McKee: The Devils Tinderbox, St. Albans 1982.

Franz Kurowski: Dresden Februar 1945, Wien 2003.

Rolf-Dieter Müller: Der Bombenkrieg 1939-1945, Berlin 2004.

Robin Neillands: Der Krieg der Bomber. Arthur Harris und die Bomberoffensive der Alliierten 1939-1945, Berlin 2002.

Richard Overy: Bomber Command 1939-1945, London 1997.

Oliver Reinhard/Matthias Neutzner/Wolfgang Hesse: Das rote Leuchten. Dresden und der Bombenkrieg, Dresden 2005.

Denis Richards: The Hardest Victory: RAF Bomber Command in the Second World War, New York/London 1995.

Alan Russell: Deutschland – Dresden – Dresden Trust. Bekenntnisse eines Engländers, in: Die Dresdner Frauenkirche. Jahrbuch zu ihrer Geschichte und zu ihrem archäologischen Wiederaufbau, Bd. 7, hrsg. von der Gesellschaft zur Förderung des Wiederaufbaus der Frauenkirche Dresden e.V. unter Mitwirkung der Stiftung Frauenkirche Dresden, Weimar 2001, S. 67-76.

Ders.: Das Engagement des Dresden-Trust, in: Dresdner Hefte. Beiträge zur Kulturgeschichte. 20. Jg., Heft 7: Großbritannien und Sachsen – Erfahrungen gemeinsamer Kultur, S. 87-94.

Wolfgang Schaarschmidt: Dresden 1945: Dokumentation der Opferzahlen, München 2005.

Frederick Taylor: Dresden: Tuesday 13 February, 1945, London 2004.

Klaus Zimmermann – Der Dresdner Kreuzchor in der erneuerten Frauenkirche 1942-44, Seiten 144-147

[1] Erstveröffentlichung in: Die Dresdner Frauenkirche. Jahrbuch zu ihrer Geschichte und zu ihrem archäologischen Wiederaufbau. Bd. 4, hrsg. von der Gesellschaft zur Förderung des Wiederaufbaus der Frauenkirche Dresden e.V. unter der Mitwirkung der Stiftung Frauenkirche Dresden. Weimar 1998, S. 251-256.

Chronologie, Seiten 180-187

[1] Benjamin Gottfried Weinart: Topographische Geschichte der Stadt Dresden. Dresden 1777, Reprint Leipzig 1987, S. 137-138.

[2] Zit. nach: Dresden in alten und neuen Reisebeschreibungen. Ausgewählt von Wolfgang Paul, Droste Bibliothek der Stadt und Landschaften, Düsseldorf 1990, S. 164, 166.

Abbildungsnachweis

© 2005 by Lingen Verlag, 50679 Köln
Herausgeber: Reinhard Appel
Redaktion: Heinrich Hengst
Redaktionsassistenz: Nicole Constabel
Titelgestaltung: Andrea Poss
Titelbild: picture alliance, Walter-Bau-AG vereinigt mit DYWIDAG
Druck: Druckerei Uhl, Radolfzell